CARL-EUGEN EBERLE

Organisation der automatisierten Datenverarbeitung in der öffentlichen Verwaltung

Schriften zum Öffentlichen Recht

Band 301

Organisation der automatisierten Datenverarbeitung in der öffentlichen Verwaltung

Eine Untersuchung unter besonderer Berücksichtigung organisationsrechtlicher Fragen

Von

Dr. Carl-Eugen Eberle

DUNCKER & HUMBLOT / BERLIN

CIP-Kurztitelaufnahme der Deutschen Bibliothek

Eberle, Carl-Eugen

Organisation der automatisierten Datenverarbeitung in der öffentlichen Verwaltung: e. Unters. unter bes. Berücks. organisationsrechtl. Fragen. — 1. Aufl. — Berlin: Duncker und Humblot, 1976.
(Schriften zum Öffentlichen Recht; Bd. 301)
ISBN 3-428-03683-2

Gedruckt 1976 bei Buchdruckerei Bruno Luck, Berlin 65
Printed in Germany
ISBN 3 428 03683 2

Vorwort

Die vorliegende Arbeit ist im Wintersemester 1975/76 vom Fachbereich Rechtswissenschaft der Universität Regensburg als Dissertation angenommen worden.

Sie wurde von Herrn Prof. Dr. W. Steinmüller betreut, dem mein besonderer Dank gilt. Aufrichtig danke ich auch Herrn Prof. Dr. F. Mayer, der die Schrift als Zweitreferent begutachtete, und Herrn Prof. Dr. W. Brohm, die beide durch ihren Rat die Arbeit gefördert haben. Für vielfältige Hilfen und Unterstützung bei der Anfertigung der Arbeit danke ich besonders herzlich meiner lieben Frau.

Nicht zuletzt gebührt mein Dank Herrn Ministerialrat a. D. Prof. Dr. J. Broermann für die Aufnahme der Arbeit in seine Reihe „Schriften zum Öffentlichen Recht“.

Konstanz, im Mai 1976

Carl-Eugen Eberle

Inhaltsverzeichnis

Abkürzungsverzeichnis

ADV	= automatisierte Datenverarbeitung
ADVG NW	= Gesetz über die Organisation der automatisierten Datenverarbeitung in Nordrhein-Westfalen
AKDB	= Anstalt für kommunale Datenverarbeitung in Bayern
Amtsbl.	= Amtsblatt
bay.	= bayerisch
Bay.EDVG	= Gesetz über die Organisation der elektronischen Datenverarbeitung im Freistaat Bayern
BayVBl.	= Bayerische Verwaltungsblätter
Berl.	= Berliner
BFH	= Bundesfinanzhof
BGBl.	= Bundesgesetzblatt
Brem.	= Bremer
BSozG	= Bundessozialgericht
BStBl.	= Bundessteuerblatt
BT	= Bundestag
BVerfGE	= Sammlung von Entscheidungen des Bundesverfassungsgerichts
d. i.	= das ist
DÖV	= Die Öffentliche Verwaltung
DV	= Datenverarbeitung
DVBl.	= Deutsches Verwaltungsblatt
EADVG Nds.	= Entwurf eines Gesetzes über die Organisation der automatischen Datenverarbeitung in Niedersachsen
EDV	= elektronische Datenverarbeitung
EDVA	= elektronische Datenverarbeitungsanlage
GG	= Grundgesetz
GKD	= Gemeinsame Kommunale Datenverarbeitungszentrale
GVBl.	= Gesetzes- und Verordnungsblatt
GVVSTR	= Verordnung über die Geschäftsverteilung der Bayerischen Staatsregierung
H.	= Heft

hess.	= hessisch
Hess.EDVG	= Gesetz über die Errichtung der Hessischen Zentrale für Datenverarbeitung und Kommunaler Gebietsrechenzentren
HZD	= Hessische Zentrale für Datenverarbeitung
i. d. F.	= in der Fassung
i. e. S.	= im engeren Sinne
Jg.	= Jahrgang
JuS	= Juristische Schulung
KGRZ	= Kommunale Gebietsrechenzentren
KGSt	= Kommunale Gemeinschaftsstelle für Verwaltungsvereinfachung
MABl.	= Ministerialamtsblatt
MinBl.	= Ministerialblatt
MIS	= Management-Informationssystem
nds.	= niedersächsisch
NJW	= Neue Juristische Wochenschrift
NRW	= Nordrhein-Westfalen
ÖVD	= Öffentliche Verwaltung und Datenverarbeitung
rh.-pf.	= rheinland-pfälzisch
schl.-h.	= schleswig-holsteinisch
Schl.-H. EDVG	= Gesetz über die Datenzentrale Schleswig-Holstein
sl.	= saarländisch
Sp.	= Spalte
VVDStRL	= Veröffentlichungen der Vereinigung der Deutschen Staatsrechtslehrer
ZDV	= Zentrale Datenverarbeitungsstelle

1. Einleitung

Otto Mayers berühmt gewordener Ausspruch „Verfassungsrecht vergeht, Verwaltungsrecht besteht“ kündet von einer Zeit, in der die Strukturen öffentlicher Verwaltung weitgehend unberührt den Wechsel von der monarchischen Staatsform zur parlamentarischen Demokratie überdauerten. Angesichts dieser Erfahrungen muß es nahezu unvorstellbar erscheinen, daß in unseren Tagen die Veränderungskraft des technischen Fortschritts bewirken kann, was selbst revolutionäre Kräfte nicht auf Anhieb zustande brachten: die Erscheinungsformen öffentlicher Verwaltung in wachsendem Maße nachhaltig zu verändern. Es ist eine Tatsache, daß sowohl die Beziehungen Verwaltung - Bürger — man denke nur an die geplante Einführung des Personenkennzeichens — wie auch der Arbeitsablauf innerhalb der Verwaltung ihr typisches Gepräge mehr und mehr durch den Einsatz automatisierter Datenverarbeitung (ADV) erhalten. Ein weiteres sichtbares Zeichen ist die Errichtung spezifischer, auf den Einsatz von ADV ausgerichteter Institutionen auf der Basis von ADV-Organisationsgesetzen einer Reihe von Bundesländern.

Obwohl diese Entwicklung stürmisch voranschreitet, wird sie doch von der rechtswissenschaftlichen Literatur weitgehend unbeachtet gelassen. Der Verdacht liegt nahe, daß der von *Otto Mayer* formulierte Glaube an die Beständigkeit der Erscheinungsformen öffentlicher Verwaltung jedenfalls in diesem Bereich fortbesteht. Dies hat zur Folge, daß die Planungen von der Verwaltungspraxis vorwiegend unter dem Gesichtspunkt der Zweckmäßigkeit vorangetrieben werden und rechtliche Schranken möglicherweise unbeachtet bleiben.

Um so dringender scheint es geboten, diese Entwicklung auch unter rechtswissenschaftlichen Aspekten zu überdenken. Die vorliegende Untersuchung beschränkt sich dabei auf Fragen im Zusammenhang mit der organisatorischen Einbettung der ADV in den Bereich der öffentlichen Verwaltung, wobei der Schwerpunkt bei Problemen der organisationsrechtlichen Ausgestaltung insbesondere im Rahmen der ADV-Organisationsgesetze einzelner Bundesländer liegt. Diese ist vor allem an tragenden Grundsätzen der Staatsorganisation wie dem Ressortprinzip und der kommunalen Selbstverwaltung zu messen. Angesichts der hierbei zutage tretenden Mängel der organisatorischen Konzeptionen wird sodann versucht, Prinzipien zur Organisation der ADV in der öffentlichen Verwaltung in der Form des Denkmodells der modularen Datenverarbeitung zu entwickeln.

Die Behandlung der in diesem Zusammenhang stehenden Fragen wirft methodische Probleme auf, gilt es doch, Tatbestände aus dem Bereich der ADV zunächst zu beschreiben, bevor sie einer juristischen Argumentation zugänglich gemacht werden können. Zu ihrer Lösung wird auf Ergebnisse der Rechts- und Verwaltungsinformatik zurückgegriffen, einer Disziplin, deren Gegenstandsbereich gerade das Berührungsfeld von Recht und Automation ist. Soweit diese nicht ausreichen, werden sie durch einen eigenen Vorschlag zum methodischen Vorgehen ergänzt; die Arbeit versteht sich deshalb zugleich auch als ein Beitrag der Rechts- und Verwaltungsinformatik zu einem aktuellen Problemfeld im Bereich der öffentlichen Verwaltung.

2. Theoretische Ansätze

Die Beurteilung der ADV-Organisation im Bereich der öffentlichen Verwaltung wirft schwierige methodische Vorfragen auf; gilt es doch, den Bereich der ADV, bislang vorwiegend unter informatischen Aspekten diskutiert, und den Bereich der Organisation, in dem betriebswirtschaftliche Betrachtungsweisen vorherrschen, einer juristischen Argumentation zu erschließen. Es ist in erster Linie ein Verdienst der Rechtsinformatik[1], daß Ansätze zu einer wissenschaftstheoretisch befriedigenden Verknüpfung der genannten Disziplinen entwickelt wurden, wenngleich die gefundenen Ergebnisse oftmals noch als vorläufig angesehen werden müssen und einer Verifizierung bedürfen.

Im folgenden soll zunächst vor allem die im Rahmen der Rechtsinformatik entwickelte Methodik[2] aufgegriffen werden, soweit diese für eine Anwendung auf die Fragen der Untersuchung geeignet ist. Im Vordergrund stehen hierbei die theoretischen Abhandlungen von *Fiedler* und *Steinmüller*. Fruchtbare Ansätze ergeben sich jedoch auch aus verwaltungswissenschaftlichen Arbeiten von *Luhmann*[3]. Es wird sich jedoch zeigen, daß darüber hinaus ein weitergehender methodischer Ansatz zur Klärung der mit der ADV-Organisation zusammenhängenden Fragen notwendig ist.

2.1. Rechtsinformatik

Im Bereich der Rechtsinformatik sind es vor allem die Arbeiten von *Fiedler* (Abschnitt 2.1.1.) und von *Steinmüller* (Abschnitt 2.1.2.), die wichtige neue Erkenntnisse über die methodischen Probleme für die Behandlung von Fragen im Berührungsfeld von ADV und Recht vermitteln.

2.1.1. Anwendungsorientierte Strukturtheorie der Automation in der öffentlichen Verwaltung (Fiedler)

Die Einführung automatisierter Datenverarbeitung bringt — anders als die Mehrzahl technischer Neuerungen — tiefgreifende Veränderun-

[1] Zum Begriff der Rechtsinformatik vgl. *Steinmüller* u. a. (1970), (1971 a); (1972 b); (1972 c); insbesondere (1972 d); *Fiedler* (1970 b - d); (1971 a, b); *Eberle / Garstka / Köth* (1971); *Haft* (1970); (1972).

[2] Vgl. hierzu vor allem die Arbeiten von *Fiedler* (1970 a); (1970 c); (1971 c); *Steinmüller* u. a. (1970); (1972 b - d); *Haft* (1972) mit Anmerkungen von *Garstka / Eberle* (1972).

[3] *Luhmann* (1964); (1966 a); (1966 b).

gen für Methodik und Organisation von Informationsverarbeitung, gleich, ob es sich dabei um ihre gesellschaftlichen Erscheinungsformen oder um individuelle geistige Tätigkeit handelt[4]. Dies gilt in besonderem Maße für den Bereich der Automation in der öffentlichen Verwaltung (Verwaltungsautomation)[5], wo die Einführung der ADV nicht ohne Rückwirkung auf Verfahren und Organisation der öffentlichen Verwaltung geblieben ist[6]. Gleichwohl wird die Bedeutung der Verwaltungsautomation weitgehend verkannt. Aus diesen Erkenntnissen leitet *Fiedler* die Notwendigkeit einer Theorie der Automation in der öffentlichen Verwaltung ab[7]. Die Theoriebildung sollte dabei insbesondere zwei Erfordernisse beachten: Neben einer stark anwendungsbezogenen Orientierung sollte sie zugleich interdisziplinäre Verbindungen zwischen verschiedenen, an der wissenschaftlichen Durchdringung der Verwaltungsautomation beteiligten Theoriebereichen (Rechtswissenschaft, Betriebswirtschaft, Soziologie, Politologie) herstellen[8].

Diese Überlegungen führten zur Entwicklung einer „anwendungsorientierten Strukturtheorie der Automation in der öffentlichen Verwaltung"[9]. Kennzeichen dieser Theorie sind ihre spezielle Methodik unter Verwendung strukturierender Elemente der Mathematik und formalen Logik und ihr multidisziplinärer Ansatz.

(1) Strukturierung als Methode

Der strukturelle Ansatz geht auf die ursprüngliche Fragestellung zurück, die sich mit den Automationsbemühungen verband: Sie war gerichtet auf die Möglichkeiten und Grenzen der Ersetzung menschlicher Tätigkeiten durch EDVA[10]. So setzt der Einsatz von ADV ein formales Verfahren voraus; ein solches Verfahren — auch algorithmisches Verfahren genannt — liegt dann vor, wenn mit bestimmten Symbolen nach bestimmten Regeln operiert wird, ohne daß die Bedeutung der Symbole zu berücksichtigen ist[11]. Die Regeln hierfür liefern die „for-

---

[4] Vgl. *Fiedler* (1971 c) S. 92.

[5] Die Begriffe „Automation in der öffentlichen Verwaltung" und „Verwaltungsautomation" werden von *Fiedler* synonym gebraucht (erstmals (1970 a) S. 469).

[6] Vgl. *Fiedler* (1970 c) S. 552.

[7] *Fiedler* (1970 a) S. 469.

[8] *Fiedler* (1970 a) S. 470 f.

[9] Die „anwendungsorientierte Strukturtheorie der Automation in der öffentlichen Verwaltung" wird erstmals in *Fiedler* (1970 a) vorgestellt; Fortentwicklungen dieser Theorie finden sich in *Fiedler* (1971 b) und (1971 c).

[10] Anwendungsfragen standen lange im Vordergrund der Diskussion der Verwaltungsautomation; vgl. z. B. die Veröffentlichungen von *Fiedler* (1962) bis (1968).

[11] Zur methodischen Bedeutung von Mathematik und formaler Logik eingehend *Fiedler* (1962), insbesondere S. 150 f.

malen" Disziplinen Mathematik und moderne Logik. Als vordringlichste Aufgabe galt es deshalb zunächst, mit Hilfe der genannten Disziplinen formale Strukturen im Bereich der öffentlichen Verwaltung auszuweisen, die den Ansatz für die Automation darstellen. Die hierbei gewonnenen Ergebnisse werden mit Hilfe definierter Grundbegriffe wie System, Struktur, Organisation, Modell dargestellt[12]. Die Verwendung formaler Elemente aus Mathematik und formaler Logik wird von *Fiedler* — über die spezielle Einsatzvorbereitung automatisierter Verfahren hinaus — als methodisches Kennzeichen einer allgemeinen Theorie der Automation angesehen.

(2) Multidisziplinärer Ansatz

Die anwendungsorientierte Strukturtheorie der Automation in der öffentlichen Verwaltung bedarf schließlich der inhaltlichen Ausfüllung durch die mit der Automation berührten „klassischen Theoriebereiche" Rechtswissenschaft, Betriebswirtschaftslehre, Soziologie und Politologie[13]. Dieser multidisziplinäre Ansatz greift auf eine in der modernen Verwaltungslehre vereinzelt anzutreffende Betrachtungsweise zurück[14].

Die inhaltliche Ausprägung[15] wird im Rahmen der Strukturtheorie dergestalt vorgenommen, daß jeweils einzelne Gegenstandsbereiche der Verwaltungsautomation mit Aussagen der einschlägigen Disziplinen belegt werden. So sollten von der Rechtswissenschaft normative Regelungen von Organisation und Verfahren der öffentlichen Verwaltung, insbesondere mit den Themen der juristischen Qualifikation maschinell erstellter Entscheidungen und Fragen der Kontrolle, vor allem in Form der Rechnungsprüfung, diskutiert werden. Daneben sollte die Rechtswissenschaft Vermittlungsstelle für Rechtsfortbildung unter Berücksichtigung der Notwendigkeiten der Automation sein (automationsgerechte Rechtssetzung, verfassungsrechtliche Grenzziehungen bezüglich Personaldatenbanken)[16].

Der Betriebswirtschaftslehre bleiben Fragen der „Integration" (insbesondere bezüglich der Zusammenarbeit verschiedener Verwaltungsträger) der DV, die im Rahmen einer „quasi-betriebswirtschaftlichen Organisationstheorie" gelöst werden sollen; darüber hinaus sollen auch

[12] Zur Definition und Verwendung dieser Begriffe bei *Fiedler* vgl. (1971 b) S. 230.

[13] So *Fiedler* (1971 c) S. 92 u. S. 94 f.; ebenso (1970 a) S. 470 f.; (1971 b) S. 228.

[14] Vgl. *Fiedler* (1970 a) S. 470.

[15] Nähere Ausführungen hierzu in *Fiedler* (1970 a) S. 470 f.

[16] Auffällig ist die enge inhaltliche Beschränkung der rechtswissenschaftlichen Fragestellung, die auch in späteren Veröffentlichungen nicht wesentlich erweitert wird.

die Möglichkeiten des Operations Research in der öffentlichen Verwaltung sowie eine betriebswirtschaftliche Analyse von Kommunikation und Information, etwa im Rahmen der Konzeption von Management-Informationssystemen, einbezogen werden.

Die Soziologie soll vor allem in Gestalt der Organisationssoziologie die kritische Funktion der Theorie der Verwaltungsautomation implizieren.

Im Rahmen der Politologie[17], insbesondere der Verwaltungspolitologie oder Regierungslehre, schließlich sind Probleme hinsichtlich der totalitären Tendenzen der Automation (z. B. Machtmaximierung mittels zentralistisch organisierter Regierungs- und Verwaltungsinformationssysteme bei gleichzeitigem Funktionsverlust des Parlaments) und andererseits die Möglichkeiten größerer Demokratisierung (Vorteile zentraler Stellen werden über Datenfernverarbeitung ausgeglichen) zu behandeln.

(3) Kritik der anwendungsorientierten Strukturtheorie

Die beiden Hauptkennzeichen der Strukturtheorie, ihre strukturierende Methodik sowie ihr multidisziplinärer Ansatz, sind notwendige, nicht hinreichende Voraussetzung einer wissenschaftlichen Behandlung der Verwaltungsautomation. Die Grenzen der Strukturtheorie in ihrer Anwendbarkeit für die vorliegende Arbeit sollen im folgenden aufgezeigt werden.

Zunächst ist davon auszugehen, daß eine Theoriebildung zur Verwaltungsautomation unterschiedlichen Fragestellungen Rechnung tragen muß[18]. Neben der Frage „nach der Anwendung formaler (logischer, mathematischer) Methoden im Recht" bzw. in der öffentlichen Verwaltung steht die Frage nach den rechtlichen Auswirkungen (geplanter oder bereits verwirklichter) Vorhaben der Verwaltungsautomation. Aus der starken Betonung der methodischen Anknüpfung der Strukturtheorie an die Formalwissenschaften (Logik, Mathematik) ergibt sich, daß die Strukturtheorie zunächst mehr für die Frage nach den Möglichkeiten und Grenzen der Automation als für die Behandlung ihrer rechtlichen Auswirkungen konzipiert ist[19]. Für die Frage der

---

[17] Mit der Einbeziehung der Politologie in *Fiedler* (1971 c) S. 94 wird der multidisziplinäre Bezug um eine Disziplin erweitert, deren Bedeutung in (1970 a) noch nicht anklingt.

[18] Vgl. etwa *Steinmüllers* Hinweis auf die „gegenseitigen" Beziehungen von EDV und Recht, daraus resultierend als eine Art Polarisierung von Anwendungs- und Rechtsfragen ((1971 a) S. 2 f.). An dieser Stelle sei jedoch im Anschluß an Steinmüller darauf hingewiesen, daß beide Fragerichtungen eng miteinander verbunden sind und nicht ohne weiteres getrennt behandelt werden können.

[19] *Fiedler* (1971 b) S. 228 f.

rechtlichen Implikationen scheint ihre Methodik jedoch insoweit brauchbar, als mit ihrer Hilfe eine Transparenz bezüglich der Verwaltungsautomation hergestellt werden kann, die Ansatzpunkte für rechtliche Überlegungen bietet. Zu diesem Zweck müßte jedoch der Bezug zwischen strukturierender Methode und inhaltlicher Ausfüllung durch die einzelnen Disziplinen eine eingehende und klare Ausprägung erhalten[20].

Auch der multidisziplinäre Ansatz der Strukturtheorie scheint allzusehr von der Frage nach den Voraussetzungen und Möglichkeiten der Automation geprägt zu sein mit der Folge, daß die Funktion der Rechtswissenschaft sich weitgehend darin beschränkt, das Recht im Wege der Rechtsfortbildung den Notwendigkeiten der Automation anzupassen (etwa im Wege der automationsgerechten Rechtsetzung), während Zielsetzung und Ausgestaltung der Automation anderen Disziplinen überlassen bleiben[21]. So sieht beispielsweise die Strukturtheorie die Integration (einschließlich der Forderung nach Zusammenarbeit verschiedener Verwaltungsträger) lediglich als ein Problem der Betriebswirtschaftslehre, ohne daß die erheblichen Konsequenzen der integrierten Datenverarbeitung für Verfassungs- und Verwaltungsrecht gewürdigt werden[22]. Dies mag eine Folge des multidisziplinären Ansatzes der Strukturtheorie sein, der über das Verhältnis der einzelnen Teildisziplinen, über die möglicherweise unterschiedliche Gewichtung ihrer Postulate und Ergebnisse explizit keine Aussage trifft[23]. Eines jedoch zeigt diese Theorie recht deutlich: Das Recht ist im Begriff, seine Rolle als ziel- und richtungsbestimmender Faktor in dieser Entwicklung zu verlieren, um selbst Gegenstand von Veränderungsprozessen zu werden, deren Zielsetzungen von anderen Disziplinen formuliert werden. Der multidisziplinäre Ansatz der anwendungsbezogenen Strukturtheorie der Automation in der öffentlichen Verwaltung, wie sie von *Fiedler* vertreten wird, bedarf deshalb, insbesondere was die Berücksichtigung rechtlicher und rechtspolitischer Zielsetzungen der

---

[20] Von den vielen, in diesem Zusammenhang noch offenen Fragen sei hier nur eine herausgegriffen: So ergeben sich strukturierende Elemente nicht nur aus den Formalwissenschaften Mathematik und Logik, sondern beispielsweise auch aus der betriebswirtschaftlichen Organisationslehre (vgl. z. B. *Fiedler* (1970 c) S. 553, wo die Verwaltungsautomation mit Hilfe organisationstheoretischer Kategorien beschrieben wird). Das Verhältnis dieser formalen Elemente zu denen aus Mathematik und Logik ist jedoch noch ungeklärt.

[21] Vgl. *Fiedler* (1970 a) S. 470.

[22] *Fiedler* (1970 a) S. 471.

[23] Gerade das Beispiel der Integration zeigt, daß die betriebswirtschaftlichen Erkenntnisse u. U. rechtswissenschaftlichen (verfassungsrechtlichen) Postulaten widersprechen können (Gewaltenteilungsgrundsatz, Selbstverwaltungsgarantie). Die Schwierigkeit besteht nun gerade darin, zwischen widersprüchlichen Aussagen zu vermitteln.

Automation anbelangt, einer das Zusammenwirken der einzelnen Disziplinen regelnden Ergänzung.

2.1.2. Theorie der Rechtsinformatik (Steinmüller)

Der Ansatz *Steinmüllers* zu einer Theorie der Rechtsinformatik[24], deren Gegenstandsbereich u. a. auch Fragen der Automation der öffentlichen Verwaltung umfaßt, ist gekennzeichnet durch die Entwicklung eines Begriffsapparates als Hilfsmittel theoretischer Überlegungen. Diese Vorgehensweise ist getragen von der Absicht, zwei bisher wohl überwiegend als heterogen angesehene Phänomene wie Recht einerseits und Automation andererseits mit Hilfe gemeinsamer Grundbegriffe einer einheitlichen wissenschaftlichen Betrachtung zuzuführen.

Ausgangspunkt für die gemeinsame Begriffsbildung ist die Erkenntnis, daß sowohl ADV als auch Recht (dieses jedoch eingeschränkt auf die Form der juristischen Entscheidung und Entscheidungsvorbereitung)[25] unter dem Aspekt der Informationsverarbeitung gesehen werden können[26]. Datentechnische Fragestellungen und rechtliche Probleme lassen sich dann über semiotische Kategorien[27] des Grundbegriffs Information verknüpfen[28]. So wird etwa die Formalisierbarkeit rechtlicher Entscheidungen, Vorbedingung ihrer Automatisierbarkeit, der Syntaktik zugeordnet, die Aussagen über Struktur und Quantifizierbarkeit von Information trifft. Teilfragen des juristischen Entscheidungsprozesses dagegen, etwa die nach der Auslegung von Gesetzen, werden im Gegenstandsbereich der Semantik abgehandelt, die Information unter dem Aspekt ihrer „Bedeutung" untersucht. Unter dem pragmatischen Aspekt wird vor allem die Zuordnung bestimmter Informationen zu bestimmten Verwaltungsträgern diskutiert[29].

---

[24] Vgl. zum folgenden insbesondere *Steinmüller* (1972 d).

[25] *Steinmüller* (1972 d) S. 116.

[26] *Steinmüller* (1972 d) S. 116.

[27] Unter Semiotik wird eine allgemeine Theorie der Zeichen verstanden, wie sie etwa von *Peirce, Morris* und insbesondere *Klaus* (vgl. die Darstellung in *Klaus* (1969 b) S. 56 ff.) entwickelt worden ist; vgl. hierzu auch unten Abschnitt 3.2.1. Fn. 58.

[28] So *Steinmüller* (1972 d) S. 117 ff., den semiotischen Ansatz in *Steinmüller* u. a. (1970) S. 8 konkretisierend.

[29] Das von *Steinmüller* (1972 d) S. 120 in diesem Zusammenhang gebrachte Beispiel „Was die Fürsorgerin erfahren darf, geht den Polizeipräsidenten noch lange nichts an" berücksichtigt allerdings nicht ausreichend die administrative Hierarchie innerhalb der Kommunalverwaltung (vorausgesetzt, es handelt sich um kommunale Polizei): Der Oberbürgermeister führt die Aufsicht sowohl über die Fürsorgerin als auch über den Polizeipräsidenten; er hat deshalb Einsichtsmöglichkeiten bezüglich der bei der Fürsorgerin vorhandenen Informationen und kann von diesen Informationen andererseits im Rahmen einer Weisung an den Polizeipräsidenten Gebrauch machen. Zur hierarchischen Strukturierung der öffentlichen Verwaltung vgl. auch *Podlech*

Über den sigmatischen Aspekt der Information, der das Verhältnis der Information zu dem Objekt, das sie darstellt, behandelt, gelangt *Steinmüller* zum Begriff des Modells, verstanden als „rudimentäres Abbild eines beliebigen Objekts“[30]. Der Modellbegriff soll eine abstrakte Behandlung juristisch relevanter Information ermöglichen. Eine Strukturierung bringt dabei die Einführung des Systembegriffs einer allgemeinen kybernetischen Systemtheorie[31]. Hiernach wird System als „Menge von (mindestens zwei) Elementen und ihren Relationen“ definiert[32]. Diese eher formale Strukturierung tritt neben eine inhaltliche Strukturierung, die sich als Folge der inhaltlichen Ausrichtung auf Informationssysteme[33] in der Form der einzelnen Phasen der Informationsverarbeitung[34] anbietet. Diese Phasen — Informationsein- und -ausgabe, Informationsspeicherung und -entspeicherung sowie Informationsveränderung — kennzeichnen die möglichen Zustände des Informationssystems und legen damit gleichzeitig seine Struktur fest. Mit den einzelnen Phasen des Informationsverarbeitungsprozesses verbinden sich toposartig rechtswissenschaftliche Problemstellungen, beispielsweise Fragen des Urheberrechts im Hinblick auf automatisierte Dokumentationssysteme mit dem Topos Informationsspeicherung.

Die Bedeutung des vorgestellten theoretischen Ansatzes ist zunächst darin zu sehen, daß er eine Beschreibung bisher nur unzureichend erfaßter Phänomene des Zusammenwirkens von Automation und Recht ermöglicht. Eine exakte Beschreibung des Gegenstandsbereichs ist Voraussetzung dafür, daß problematische Zusammenhänge überhaupt sichtbar werden; ihre Bedeutung für die Problemlösung sodann versteht sich von selbst.

(1972) S. 158, dessen Vorschlag zur Begrenzung des Informationsflusses unter Datenschutzgesichtspunkten jedoch eine weitgehende Korrektur herkömmlicher Verwaltungsstrukturen erfordert; vgl. dazu auch unten Abschnitt 6.

30 *Steinmüller* (1972 d) S. 120 f.

31 Vgl. *Klaus* (1969 a).

32 *Steinmüller* (1972 d) S. 122.

33 *Steinmüllers* Begriff des Informationssystems in der (1972 d) S. 122 f. gegebenen vorläufigen Fassung ist per definitionem sehr viel weiter als z. B. der der Betriebswirtschaftslehre (vgl. etwa den engen Begriffsrahmen des Management-Informationssystems MIS bei *Fischer / Walter* (1971 S. 132) oder der der Informationswissenschaften (Einrichtungen, welche Informationsprozesse ermöglichen, auslösen und unterstützen sollen, *Kunz / Rittel* (1972) S. 41): „Jedes System, dessen Relationen ‚überwiegend‘ informationeller Art sind (z. B. Gerichte, Behörden der öffentlichen Verwaltung).“

34 Eine Strukturierung des Vorgangs „Informationsverarbeitung“ ist unabdingbare Vorbedingung, will man diesen Vorgang automatisieren. So unterscheidet man bei ADV zwischen den Phasen (Schritten, Stadien) der Ermittlung, Erfassung, Speicherung, Veränderung, Ausgabe (Weitergabe, Austausch) und Löschung von Information. *Steinmüller* u. a. (1972) S. 57 ff. erkannten, daß die jeweiligen Phasen von unterschiedlicher rechtlicher Relevanz sind, d. h. daß sie jeweils verschiedene rechtliche Problemkreise an sich binden können.

Darüber hinaus jedoch stellt der Theorienansatz einen ersten Versuch dar, die Phänomene Recht und Automation mit einem gemeinsamen Begriffsapparat darzustellen, der über das Setzen rein formaler Aussagen hinaus durch seinen informationswissenschaftlichen Bezug eine inhaltliche Ausprägung erhalten hat[35]. Daß diese inhaltliche Ausrichtung einer weitergehenden Verifizierung bedarf, zeigt beispielsweise die Verknüpfung des Informationsrechts lediglich mit dem Topos der Informationsintegration[36]: Verfassungsrechtliche Fragen etwa treten nicht nur bei integrierter Datenverarbeitung in Informationssystemen auf, sie sollten ebenso mit dem Topos Informationseingabe, -speicherung und -ausgabe verbunden sein, wo dann etwa ein Teilbereich der Datenschutzproblematik anzusiedeln wäre. Die Aussage wäre jedoch dann richtig, wenn Informationsintegration — was nicht deutlich ausgeführt ist — auch die Topoi Informationseingabe und -speicherung umfassen sollte.

Einer Interpretation bedarf schließlich vor allem der systemtheoretische Ansatz *Steinmüllers*. Unter formalen Aspekten kann zunächst festgestellt werden, daß der überaus weite Begriffsrahmen (Definition des Systems als Menge von Elementen und Relationen) eine Vielzahl theoretischer Ableitungen zuläßt. Unter Berücksichtigung begrifflicher Unterscheidungsmerkmale wie dynamisch-statisch, real-abstrakt, offen-geschlossen usw. gelingt eine weitreichende Differenzierung des Systembegriffs[37].

Die Vielfalt dieser Begriffsmodifikationen offenbart jedoch gerade die Problematik, der jeder systemtheoretische Ansatz unterliegt: Es gilt nämlich zunächst, die Anwendung bestimmter systemtheoretischen Kategorien bei der Lösung der jeweilig gestellten Fragen zu rechtfertigen. Es kann also nicht um die Übernahme des allgemeinen Systembegriffs gehen, vielmehr sind die Bedingungen, unter denen von Elementen und Relationen gesprochen werden kann, näher zu spezifizieren und zu begründen. Dieser Untersuchungsabschnitt wird von der konkreten inhaltlichen Ausgestaltung des Untersuchungsgegenstandes determiniert[38]. Das bedeutet, daß die Systemtheorie zunächst lediglich ein begrenztes methodisches Hilfsmittel darstellt: Geboten wird ein umfangreicher Begriffsapparat, dessen Anwendungsregeln jedoch bei

---

[35] *Steinmüller* gelangt so zu normativ-wertenden Aussagen auch in Bereichen, wo *Fiedler* entsprechend seinem formalen Ansatz lediglich strukturierend-deskriptive Aussagen gewinnt.

[36] *Steinmüller* (1972 d) S. 126.

[37] Vgl. *Steinmüller* u. a. (1970) S. 15 ff.

[38] Für den Untersuchungsgegenstand „Recht und öffentliche Verwaltung" etwa wird der allgemeine Systembegriff in Gestalt des Begriffes „Informationssystem" konkretisiert, *Steinmüller* (1972 d) S. 122.

Steinmüller noch nicht in allgemeingültiger Form explizit gemacht sind, die vielmehr im Einzelfall jeweils zu erarbeiten sind.

Von dieser Vorarbeit, nämlich der Entscheidung über die Anwendbarkeit spezifischer Kategorien eines systemtheoretischen Ansatzes, hängen sodann im wesentlichen alle weiteren Untersuchungsergebnisse weitgehend ab, die durch einen Vergleich verschiedener Systeme und daraus resultierend aus ihrer Bewertung und Beurteilung zustande kommen. Gerade hier fällt es aber schwer, einheitliche Regeln für einen systemtheoretischen Ansatz zu erkennen. Dies soll an einem Beispiel verdeutlicht werden, in dem die unterschiedlichen Bedingungen einer systemtheoretischen Darstellung von Rechtsanwendung und Rechtsgestaltung idealtypisch betrachtet werden[39].

Rechtsanwendung, im Beispielsfall vereinfachend und verkürzt interpretiert als Subsumtion eines Ausschnitts der Realität unter einen gesetzlichen Tatbestand, kann als Vergleich zweier Systeme abgebildet werden; Elemente und Relationen des einen Systems erhält man aufgrund einer abstrahierenden Darstellung des Realitätsausschnitts, während die Elemente und Relationen des anderen Systems dem gesetzlichen Tatbestand zu entnehmen sind. Ergibt die vergleichende Darstellung beider Systeme, d. h. der durch die Elemente und Relationen gebildeten Strukturen, deren Übereinstimmung, so ist der gesetzliche Tatbestand verwirklicht.

Dieses Verfahren läßt sich nun jedoch nicht auf die Rechtsgestaltung anwenden. Unter Rechtsgestaltung soll im Beispielsfall, ebenfalls vereinfachend und verkürzt, die Regelung eines Ausschnittes der Realität durch rechtssetzende Maßnahmen, z. B. durch den Erlaß eines Gesetzes, verstanden werden. Rechtsgestaltung ist in ihrem logischen Ablauf final: Rechtssetzung ist Ausdruck und Konkretisierung vorgegebener (rechtspolitischer und anderer) Zielsetzungen. Die Darstellung dieses finalen Ablaufs vermag jedoch der (konditionale) systemtheoretische Ansatz, wie er für die Rechtsanwendung beschrieben wurde, nicht zu leisten, da er von dem Vorhandensein, der Beschreibbarkeit und Vergleichbarkeit von Systemstrukturen ausgeht. Zwar läßt sich bei der Rechtsgestaltung der zu regelnde Ausschnitt der Realität ebenfalls als System darstellen, doch gelingt dies nicht für die der Regelung zugrunde liegenden Zielsetzungen. Eine systemtheoretische Darstellung wird erst dann möglich, wenn man neben der durch Elemente und Relationen bestimmten Struktur des Systems eine weitere Kate-

---

[39] Der hohe Abstraktionsgrad dieses Beispiels, das nicht von *Steinmüller* stammt, und die damit verbundene Unschärfe der Aussage sollen an dieser Stelle in Kauf genommen werden, gilt es doch nur, Typen systemtheoretischer Ansätze aufzuzeigen.

gorie, nämlich die Leistung des Systems, d. i. seine Gestaltungswirkung im Hinblick auf die Systemumwelt, einführt[40]. Es lassen sich dann Ziele als nach Art und Umfang geforderte Leistungen des Systems darstellen und mit den tatsächlichen Leistungen des Systems vergleichen. Aus den festgestellten Differenzen können sodann im Wege der Optimierung die erforderlichen (gesetzlichen oder sonstigen) Regelungen abgeleitet werden[41].

Dieses Beispiel macht deutlich, daß von einem einheitlichen systemtheoretischen Ansatz i. S. eines konsistenten Regelvorrats für die Anwendbarkeit systemtheoretischer Kategorien noch nicht gesprochen werden kann, zusehr wird die Anwendung der Systemtheorie vom Untersuchungsgegenstand her bestimmt. Während jedoch *Fiedler* einer vorwiegend strukturellen Betrachtungsweise den Vorzug gibt, findet man bei *Steinmüller* eine systemtheoretische Betrachtungsweise mit partiell ausgeprägterem inhaltlichem Bezug mit der Folge, daß er auch z. B. in Fragen des Datenschutzes zu konkreten inhaltlichen Aussagen gelangt[42]. Gerade dieser inhaltliche Bezug verbietet es jedoch, Steinmüllers systemtheoretischen Ansatz ohne weiteres zu übernehmen, vielmehr sind seine methodischen Aussagen von Fall zu Fall zu verifizieren.

2.2. Verwaltungswissenschaft (Luhmann)

Neben der Rechtsinformatik ist es vor allem eine von *Luhmann* konzipierte Theorie der Verwaltungswissenschaft, die den Anspruch erhebt, für Fragen der Automation in der öffentlichen Verwaltung theo-

---

[40] Der Leistungsbegriff und seine Bedeutung für eine Systemtheorie wird vor allem von *Luhmann* in den Vordergrund gerückt, vgl. dazu den folgenden Abschnitt 2.2.

[41] Beachtet man den Unterschied dieser systemtheoretischen Ansätze nicht, so kann dies zu Ergebnissen führen, deren Begründung nur scheinbar rational ist. Bringt man etwa Management-Informationssysteme mit dem Prinzip der Gewaltenteilung (das an dieser Stelle nicht weiter vertieft werden soll) in Verbindung, so zwingt ein Vergleich von Systemstrukturen zu dem Ergebnis, daß die monokratisch-hierarchische Struktur solcher Management-Informationssysteme mit dem Gedanken der Gewalten-(„drei"-)Teilung nicht vereinbar ist. Dies führt zu dem Schluß, daß die Organisation von Management-Informationssystemen nur bedingt als Vorlage für die Organisation von Planungs-Informationssystemen der öffentlichen Verwaltung dienen sollte (vgl. *Steinmüller* (1972 d) S. 141 Fn. 115). Die Richtigkeit dieser stark generalisierenden Aussage muß jedoch schon im Hinblick darauf bezweifelt werden, daß etwa im Bereich der öffentlichen Verwaltung eine hierarchische Organisationsform weithin vorherrscht. Ein weit differenzierteres Ergebnis würde man erhalten, wenn man den Gedanken der Gewaltengliederung nicht von vornherein als bestimmte Struktur eines Systems versteht, sondern ihn als Zielsetzung begreift, deren Verwirklichung auch Planungsinformationssysteme dienen sollen: Gewaltenteilung wird dann nicht als Struktur, sondern als Leistung dieser Systeme interpretiert.

[42] Vor allem *Steinmüller* (1972 g).

retisches und methodisches Rüstzeug vermitteln zu können[43]. *Luhmann* selbst hat diesen Anspruch in einer bemerkenswerten Abhandlung über die Verwaltungsautomation schon zu einem Zeitpunkt formuliert, als deren rapide Entwicklung noch keineswegs allgemein erkannt wurde und erst in den Anfängen stand[44].

Die Einbeziehung von Aspekten der Verwaltungswissenschaft sollte nicht mit dem Hinweis herabgewürdigt werden, daß diese das Recht nur als eine von vielen Kategorien anerkennt, die für die Behandlung des Gegenstandsbereichs öffentliche Verwaltung maßgeblich sind; zeigen doch gerade die Erfahrungen aus der Praxis der Verwaltungsautomation, daß sich die Rechtswissenschaft nicht mehr auf ihren Hegemonieanspruch berufen kann, zur Klärung von Fragen der öffentlichen Verwaltung vorrangig berufen zu sein. Vielmehr scheint es gerechtfertigt, besonders bei Problemen der Gestaltung von Verwaltungsrealität, wie etwa hier bei der Frage nach der Organisation der Datenverarbeitung in der öffentlichen Verwaltung, den Stellenwert, der dem Recht bei der Beantwortung dieser Fragen zukommt, zu berücksichtigen[45].

Luhmanns Theorie der Verwaltungswissenschaft erfährt ihre Prägung zunächst durch den systemtheoretischen Ansatz[46]. In einer spezifischen Deutung des Systembegriffs versteht er zunächst System nicht als Ordnung des analytischen Instrumentariums einer Wissenschaft, sondern vielmehr als Ordnung des Forschungsgegenstandes selbst[47].

Nach einer herkömmlichen Interpretation des Systembegriffs, wie sie etwa von *Steinmüller*[48] und *Fiedler*[49] vertreten wird, ist Kennzeichen des Systems eine Gesamtheit von Teilen, die sich zu einem Ganzen zusammensetzen. Das Interesse richtet sich dabei auf die innere Ordnung des Systems: Elemente und Relationen zwischen den Elementen werden definiert und bestimmen die Systemstruktur. Dies ist der Ausgangspunkt für Erkenntnisse über das System und insbesondere über seine Beziehungen zur Systemumwelt. Zu Aussagen über das System gelangt man, indem seine Struktur (eine bestimmte Ordnung zwischen seinen Elementen und deren Relationen) mit anderen Systemen vergleicht und Abweichungen bewertet. Zu Aussagen über die Umweltbeziehungen des Systems gelangt man, indem man die Struktur eines Systems in einem bestimmten Zeitpunkt als Zustand des Sy-

---

[43] *Luhmann* (1966 a); (1966 b).

[44] *Luhmann* (1966 b).

[45] Vgl. auch *Fiedler* (1971 c) S. 94.

[46] Vgl. vor allem *Luhmann* (1964) S. 23 ff.; (1966 a) S. 64 ff.; (1966 b) S. 21 ff.

[47] *Luhmann* (1966 a) S. 64.

[48] *Steinmüller* u. a. (1970) S. 15 ff.

[49] *Fiedler* (1971 b) S. 230.

stems definiert und diesen Zustand mit anderen Zuständen im Zeitablauf vergleicht.

Luhmann macht gegenüber diesem Systembegriff geltend, er stelle die innere Ordnung des Sysems zu stark in den Vordergrund und erfasse deshalb die Problematik des System-Umweltbezuges nicht ausreichend, da die Seinsqualitäten des Systems und nicht seine Leistungsqualitäten, die eben diesen Umweltbezug widerspiegeln, im Vordergrund stünden[50]. Wohl unter Bezugnahme auf diese Seinsqualitäten spricht Luhmann von einem ontologischen Systembegriff[51].

Zum Ausgangspunkt des Systembegriffs von *Luhmann* werden dagegen die Leistungen des Systems im Rahmen seiner Umweltbeziehungen; nach ihm ist es nicht die Systemstruktur, die die Umweltbeziehung bestimmt, vielmehr führt umgekehrt die Umweltbeziehung zur Bildung bestimmter Systemstrukturen.

Luhmann definiert deshalb sein System als Handlungssystem, d. i. die „Identifikation eines Sinnzusammenhanges von Handlungen, die gegenüber einer äußerst komplexen, unbeherrschbaren, vielfältig und rasch veränderlichen Umwelt relativ einfach und konstant gehalten wird"[52]. Demnach besteht die „Leistung" des Systems in der „Reduktion von Komplexität und Veränderlichkeit der Umwelt" durch die Herausbildung geeigneter Systemstrukturen[53].

Merkmal des Verwaltungssystems als spezielle Ausprägung des allgemeinen Systembegriffs ist die „Herstellung bindender Entscheidungen"[54]. Entscheidung wird hierbei als empirischer Prozeß angesehen: Unter dem Einfluß der Entscheidungstheorie wird sie verstanden als Mitteilung des Ergebnisses einer Informationsverarbeitung[55]. Es entspricht dem systemtheoretischen Ansatz, daß die Bindungswirkung der Entscheidung nicht unter dem Blickwinkel der jeweiligen Einzelhandlung, sondern im Hinblick auf die Leistung des Systems zur Charakterisierung der „Funktion, um deretwillen die Verwaltung existiert" eingeführt wird.

---

[50] *Luhmann* (1966 a) S. 65.

[51] *Luhmann* (1966 a) S. 65.

[52] *Luhmann* (1966 a) S. 65.

[53] *Luhmann* (1966 b) S. 23 nennt zwei verschiedene Möglichkeiten, nach denen Komplexität verarbeitet werden kann: die eine besteht darin, daß das System einen Anpassungsvorgang mitmacht, im Rahmen dessen gemeinsame Werte und auf sie bezogene Kooperationsformen in System und Umwelt institutionalisiert werden; eine andere Möglichkeit ist die Erhöhung der internen Systemkomplexität, z. B. durch Arbeitsteilung oder Hierarchiebildung.

[54] *Luhmann* (1966 a) S. 67 ff.

[55] *Luhmann* (1966 a) S. 69; zum Entscheidungsprozeß vgl. auch (1966 b) S. 35 ff. u. unten Abschnitt 3.1.2.

Neben dem systemtheoretischen Ansatz verdienen vor allem *Luhmanns* Überlegungen zur vergleichenden Methodik Aufmerksamkeit. Er lehnt die Methode des „strukturellen Vergleichs" ab, eine Methode, die über das Aufsuchen und Zusammenfassen von gleichen Strukturen zu Klassifikationen nach Art und Gattung führt[56]. Er stellt ihr die „funktional-vergleichende Methode" gegenüber[57], die Phänomene nicht auf ihre gemeinsamen Wesensmerkmale untersucht; er macht — wohl mit Rücksicht auf sein Konzept der funktionalen Systemtheorie — die System/Umweltrelation in Form des Leistungsaustauschs zum Gegenstand vergleichender Untersuchungen. Im Brennpunkt steht die Möglichkeit, verschiedenartiges „unter abstrakten Gesichtspunkten als funktional äquivalent (zu) behandeln". Die Bedeutung dieser Methode wird besonders klar, wenn — wie bei der Rechtsgestaltung — eine Auswahl zwischen mehreren Alternativen getroffen werden muß: Hier helfen Klassenbildung und Aussagen über wesensmäßige Ähnlichkeiten nicht weiter, sondern erschweren vielmehr die Auswahl, indem sie Unterscheidungsmerkmale der Alternativen abbauen. Der funktionale Vergleich dagegen lenkt den Blick auf die Unterscheidbarkeit von Alternativen als notwendige, wenn auch nicht hinreichende Bedingung einer Auswahl.

Luhmanns system- und entscheidungstheoretischer Ansatz, der insbesondere über die Umweltbeziehungen von Verwaltungssystemen neue und brauchbare Erkenntnisse vermittelt, bedarf jedoch hinsichtlich der Erscheinung der internen Systemdifferenzierung einer Ergänzung[58]. Unter Systemdifferenzierung versteht er dabei die Bildung von Untersystemen als Leistungseinheiten, denen ein „gewisses Primat" (Kompetenz) hinsichtlich ihrer spezifischen Funktionen zukommt. Luhmann selbst leitet die Funktion der Systemdifferenzierung nicht unmittelbar aus der Leistungsbeziehung Gesamtsystem/Umwelt (in der Form der Reduktion von Umweltkomplexität) ab; er sieht sie vielmehr im Rahmen der Bestandsprobleme des Gesamtsystems, aus denen sich Bedürfnisse ableiten, die durch die Zuweisung von Leistungsaufgaben an Untersysteme abgedeckt werden. An dieser Stelle scheint jedoch die einheitliche Konzeption Luhmanns unter dem Gesichtspunkt der „Reduktion von Komplexität" nicht schlüssig: Die Leistung dieser Untersysteme läßt sich schwerlich als Reduktion von Komplexität der Umwelt dieser Untersysteme deuten, sind sie doch gerade durch die Zuweisung von Leistungsaufgaben unter funktionalen Gesichtspunkten mit einer strukturierten (d. i. nicht komplexen) Umwelt versehen. Während also die Leistung des Gesamtsystems in der Strukturbildung als Form der Komplexitätsreduzierung zu sehen ist, wird diese Struktur-

[56] *Luhmann* (1966 a) S. 103.
[57] *Luhmann* (1966 a) S. 103 ff.
[58] Zum Begriff der Systemdifferenzierung vgl. *Luhmann* (1964) S. 73 ff.

bildung der Untersysteme eben nicht von letzteren selbst bewirkt, sondern ihnen vom Gesamtsystem zugewiesen. Art und Ursprung der Bestandsprobleme bzw. der Bedürfnisse, die oftmals mit dem Zweck des Gesamtsystems in Widerspruch stehen können, bleiben unklar. Ein befriedigender theoretischer Ansatz scheint hinsichtlich der Fragen der internen Systemorganisation demnach insoweit noch nicht gefunden.

Eine weitere Einschränkung erfährt *Luhmanns* theoretisches Konzept durch eine enge Sicht der Aufgabe, die das Recht im Verwaltungssystem wahrnimmt[59]. Anknüpfend an die Vorstellung, daß die Funktion des Verwaltungssystems in der Herstellung bindender Entscheidungen besteht, sieht er im Recht bezüglich der Verwaltung einen „Komplex von Entscheidungsprämissen, welche die Verbindlichkeit der Entscheidungen begründen". Luhmann versteht dieses Setzen von Entscheidungsprämissen als Programmierung, die lediglich zwei Formen annehmen kann: Die konditionale Programmierung setzt eine Ursache als Entscheidungsprämisse voraus, deren Wirkung die Entscheidung selbst ist. Dies ist beispielsweise der Fall, wenn in der gesetzesvollziehenden Verwaltung aufgrund des Vorliegens eines bestimmten Tatbestandes eine bestimmte Entscheidung getroffen wird. Anders die Form der Zweckprogrammierung: Hier ist die Wirkung bzw. der Zweck der Entscheidung vorgegeben, die Entscheidung selbst bestimmt sich in Relation zu dieser Wirkung. Es ist dies beispielsweise die typische Entscheidungsform der gestaltenden Verwaltung, etwa wenn zum Zweck der Krankenversorgung eine Entscheidung über einen Krankenhausneubau getroffen wird.

Unter Zugrundelegung dieser Unterscheidung sieht *Luhmann*, zumindest im Gegenstandsbereich der Automation in der öffentlichen Verwaltung, das Recht lediglich als Form der konditionalen Programmierung an. Aufgrund dieser engen Betrachtungsweise gelingt ihm zwar eine einheitliche Betrachtungsweise von Recht und Automation mit dem wichtigen Ergebnis, daß die Automation in der öffentlichen Verwaltung dem Gedanken des Rechtsstaates nicht zuwider läuft. Diese einheitliche Betrachtungsweise wird jedoch nur dadurch erreicht, daß „Recht" auf den Bereich der Rechtsanwendung, diese wiederum nur auf die spezifische Form der Vollziehung positiven Rechts reduziert wird. Diese Einschränkung kann jedoch nicht für den Bereich der Rechtsgestaltung (wie hier der Gestaltung der ADV-Organisation) gelten, die als eine Form der Zweckprogrammierung zu verstehen ist. Luhmanns Ansatz ist deshalb zu ergänzen durch Überlegungen, die zu einem methodischen Vorgehen auch im Bereich der Zweckprogrammierung führen.

---

[59] Vgl. zum folgenden *Luhmann* (1966 a) S. 81 ff.; (1966 b) S. 24 ff., S. 35 ff.

2.3. Entwurf

Der Überblick über Methodiken, mit deren Hilfe Probleme aus dem Berührungsfeld von öffentlicher Verwaltung und ADV angegangen werden können, hat in Form der Strukturtheorie des Rechts und der Verwaltung *(Fiedler)*, der Theorie der Rechtsinformatik *(Steinmüller)* und der Systemtheorie *(Luhmann)* ein umfangreiches methodisches Instrumentarium vermittelt, mit dessen Hilfe eine befriedigende Lösung vieler Fragen möglich erscheint. Gleichzeitig wurde jedoch sichtbar, daß diese Fragen vorwiegend dem Problembereich „Ersetzung menschlicher Tätigkeiten durch ADV" zugerechnet werden müssen, einem Bereich, in dem menschliche Informationsverarbeitungsprozesse in Form von Konditionalprogrammen *(Luhmann)* abbildbar und mit Hilfe von Maschinen simulierbar sind.

Zieht man lediglich die Auswirkungen der ADV-Organisation in Betracht, die sich auf die Erkenntnisbereiche Verwaltungsorganisation, ADV und Recht beziehen, dann geht es in erster Linie darum, den Zusammenhang zwischen diesen Bereichen darzustellen. Aus der Vielzahl der denkbaren Bezüge können im Rahmen dieser Arbeit jedoch nur zwei Problembereiche behandelt werden. Der erste Problembereich ist durch die Frage gekennzeichnet, die zuerst untersucht werden soll (Abschnitt 3.): Wie und mit welcher organisationsrechtlicher Bedeutung verändert sich der Verwaltungsablauf durch den Einsatz von ADV? Geht man davon aus, daß sowohl Verwaltungsablauf wie auch ADV Informationsverarbeitungsprozesse[60] in der Form von Entscheidungsprozessen darstellen, dann liegt der Versuch nahe, diese Veränderungen auf der Grundlage entscheidungstheoretischer Erkenntnisse aufzuzeigen und zu bewerten.

Die so gewonnenen Ergebnisse sind die Basis für die Behandlung des zweiten Problemkreises (Abschnitte 4. und 5.): Welches sind die (verwirklichten oder geplanten) Organisationsmodelle für die Einbettung der ADV in die öffentliche Verwaltung, und wie sind sie rechtlich zu beurteilen? Für die hierzu notwendige organisationale Analyse wird auf die Ergebnisse der (betriebswirtschaftlichen) Organisationstheorie zurückgegriffen, deren Gestaltungsprinzipien auch, wie noch zu zeigen sein wird, das organisationale Gefüge der öffentlichen Verwaltung beeinflußt haben.

In den abschließenden Überlegungen (Abschnitt 6.) wird versucht, ein Organisationsmodell der ADV zu entwickeln (Denkmodell der modularen Datenverarbeitung), das zwingende Grundsätze der Staatsorganisation mit den Erfordernissen der ADV vereint.

---

[60] Vgl. *Luhmann* (1966 a) S. 69; *Steinmüller* (1971 b) S. 26; (1972 d) S. 116, 124.

3. Verwaltungsentscheidung und ADV

Veränderungen im organisationalen Gefüge der öffentlichen Verwaltung durch die Einführung von ADV lassen sich erst aufdecken, wenn spezifische organisationale Strukturen wenigstens ansatzweise aufgezeigt werden (Abschnitt 3.1.). Die herkömmliche Betrachtungsweise (Abschnitt 3.1.1.) ist dabei zu ergänzen durch entscheidungstheoretische Überlegungen (Abschnitt 3.1.2.).

Aufbauend auf der isolierten Darstellung von Besonderheiten der ADV (Abschnitt 3.2.) kann dann der Versuch unternommen werden, die Auswirkungen des ADV-Einsatzes idealtypisch zu analysieren (Abschnitt 3.3.).

3.1. Öffentliche Verwaltung

3.1.1. Herkömmliche Betrachtungsweise

Die inhaltliche Beschränkung der vorliegenden Arbeit auf den Bereich der öffentlichen Verwaltung macht es zunächst erforderlich, den Gegenstandsbereich dessen, was als öffentliche Verwaltung verstanden werden soll, zu umgrenzen. Die Schwierigkeit, den Begriff öffentliche Verwaltung zu definieren, spiegeln die zahlreichen Definitionsversuche wider, die in der wissenschaftlichen Literatur unternommen worden sind[1]. Dabei sind zumindest zwei Kategorien erkennbar, in die sich diese Begriffsbestimmungen einordnen lassen: Sie führen zur Unterscheidung eines institutionellen und eines funktionellen Verwaltungsbegriffs[2].

---

[1] Vgl. etwa (ohne Anspruch auf Vollständigkeit) *Otto Mayer* (1924) S. 2 ff.; *Walter Jellinek* (1948) S. 2 ff.; *Peters* (1949) S. 5 ff.; *Poul Meyer* (1962) S. 18; *Forsthoff* (1973) S. 2 ff.; *Thieme* (1967) S. 2 f.; *Damkowsky* (1969) S. 15 ff.; *Wolff / Bachof* (1974) S. 10 ff.

[2] Eine detaillierte Kategorisierung des Begriffs öffentliche Verwaltung geben *Wolff / Bachof* (1974); sie unterscheiden zwischen öffentlicher Verwaltung im organisatorischen (dies entspricht dem hier verwendeten institutionellen Begriff) und formellen Sinne; darüber hinaus entwickeln sie als Grundkategorie den materiellen Begriff der öffentlichen Verwaltung „aus einer Einschränkung des allgemeinen Verwaltungsbegriffs auf die Besorgung öffentlicher Angelegenheiten". Dieser entspricht jedoch, sieht man von wenigen Einschränkungen ab (S. 16), die hier vernachläßigt werden können, dem formellen Verwaltungsbegriff.

Die Unterscheidung zwischen institutionellem und funktionellem Verwaltungsbegriff wird nicht immer streng durchgeführt; sie entspricht weitgehend den zur Inhaltsbestimmung des Organisationsbegriffs verwendeten Kategorien Aufbau- und Ablauforganisation.

Verwaltung im institutionellen Sinne[3] ist die Gesamtheit der Staatsorgane, die nicht Organe der Rechtsprechung oder der Gesetzgebung sind. Die Definition beschränkt sich hier auf eine negative Abgrenzung der Institution öffentliche Verwaltung unter Zuhilfenahme der Gewaltenteilungslehre[4]. Gegenüber diesem institutionellen Verwaltungsbegriff kann jedoch eingewendet werden, daß die Unterscheidung zwischen Verwaltungsorganen einerseits und Rechtsprechungs- bzw. Gesetzgebungsorganen andererseits mitunter erhebliche Schwierigkeiten bereitet, man denke nur z. B. an die Justiz- und Bundestags-„Verwaltung".

Der Begriff der Verwaltung im funktionellen Sinne stellt deshalb auf die spezifischen Tätigkeitsmerkmale ab, die sich mit dem Verwaltungsbegriff verbinden. Erste Definitionsversuche in dieser Richtung beschränken sich auch hier auf eine negative Abgrenzung zur Tätigkeit von Rechtsprechung und Gesetzgebung im Sinne der Gewaltenteilungslehre. Dies führte jedoch zu keiner insgesamt befriedigenden Begriffsbestimmung, da einerseits z. B. rechtssetzende Tätigkeit wie der Erlaß von Verordnungen und Satzungen durchaus zum Bereich öffentlicher Verwaltung gerechnet werden kann, andererseits aber auch Verwaltungstätigkeit im Bereich von Rechtsprechung und Gesetzgebung erforderlich ist. Neuere Entwicklungen gehen deshalb dahin, den Begriff der Verwaltung im funktionellen Sinne positiv zu formulieren, ohne daß jedoch bisher eine allgemein anerkannte Definition gefunden worden ist[5].

Das Fehlen einer gesicherten Definition ist jedoch vorwiegend unter systematischen Gesichtspunkten von Nachteil. Die Abgrenzungsschwierigkeiten im einzelnen verlieren ihre Bedeutung, wenn, wie im folgenden, der Gegenstandsbereich der öffentlichen Verwaltung möglichst weit gefaßt werden soll:

— im institutionellen Sinne umfasse er alle Organe des Staates, die nicht als Organe der Rechtsprechung und der Gesetzgebung ausgewiesen sind;

— im funktionellen Sinne umfasse er alle Tätigkeiten der Organe, die im institutionellen Sinne als Verwaltung ausgewiesen sind, gleich ob

---

[3] Zum institutionellen Verwaltungsbegriff vgl. *Damkowsky* (1969) S. 15 ff.; *Wolff / Bachof* (1974) S. 16.

[4] Die negative Abgrenzung des Verwaltungsbegriffs (im institutionellen wie im funktionellen Sinne) geht auf *Otto Mayer* (1924) S. 2 ff., insbes. S. 7, zurück und wurde weitgehend von der Literatur übernommen, vgl. die Übersicht bei *Wolff / Bachof* (1974) S. 6 f.

[5] *Walter Jellinek* (1948) S. 6; *Forsthoff* (1973) S. 3 ff.; *Wolff / Bachof* (1974) S. 7 f.; ein neuerer, auf *Simon* (1955) zurückgehender Ansatz sieht in der Verwaltungstätigkeit vorwiegend „decision-making", d. i. Entscheidungstätigkeit; so *Poul Meyer* (1962) S. 18; *Luhmann* (1966 a) S. 67; *Thieme* (1967) S. 3; *Wolff / Bachof* (1974) S. 10.

es sich um verwaltende, gesetzgebende oder (vereinzelt) auch rechtsprechende Tätigkeiten handelt.

Zum Gegenstandsbereich öffentliche Verwaltung zählen demnach beispielsweise die Regierung (im institutionellen Sinne) und die Regierungstätigkeit (im funktionellen Sinne), nicht aber die Justizverwaltung[6] sowie die Verwaltungen der Landtage und des Bundestages (im institutionellen wie im funktionellen Sinne).

Öffentliche Verwaltung im funktionellen Sinne aktualisiert sich zum überwiegenden Teil in Rechtsverhältnissen, als deren Subjekte staatliche Organe einerseits und Bürger andererseits fungieren. Neben diesem vom Verhältnis Staatsorgan/Bürger bestimmten „Außenbereich“ gibt es einen „Innenbereich“ öffentlicher Verwaltung, dessen Grenzen durch den Begriff der Verwaltung im institutionellen Sinne bestimmt werden[7]. Ein nicht unerheblicher Teil der Verwaltungstätigkeit beschränkt sich auf diesen Innenbereich; hierdurch werden Beziehungen zwischen den Staatsorganen bzw. innerhalb der Staatsorgane geschaffen, ohne daß daraus unmittelbare Wirkungen für den Bürger (d. i. im Außenbereich) entspringen. Die Auswirkungen des Einsatzes automatisierter Datenverarbeitung in der öffentlichen Verwaltung erfassen sowohl den Innen- wie den Außenbereich; die vorliegende Arbeit muß sich jedoch weitgehend auf die Veränderungen beschränken, die im Innenbereich öffentlicher Verwaltung aufgezeigt werden können.

Die Beziehungen und Verhältnisse im Innenbereich öffentlicher Verwaltung können unterschiedlichster Art sein. Von diesen interessieren jedoch hier vorwiegend solche, denen eine rechtliche Relevanz zukommt. Die Gesamtheit aller rechtlichen Regelungen, die die Rechtssphäre, innerhalb der öffentlichen Verwaltung konstituieren, wird dabei als Organisationsrecht der öffentlichen Verwaltung verstanden[8].

Zunächst war es fraglich, ob der Innenbereich der öffentlichen Verwaltung überhaupt vom Recht erfaßt wird. Vorwiegend auf den beherrschenden Einfluß *Otto Mayers* ist es zurückzuführen, daß mon-

[6] Diese Abgrenzung hat insbesondere zur Folge, daß im Rahmen dieser Arbeit auf die Überlegungen zur Automation des Grundbuchs nicht näher eingegangen wird. Hingewiesen sei jedoch auf die Probleme, die sich aus der geplanten Zusammenlegung von Grundbuch und Kataster im Rahmen der Automation ergeben, vgl. etwa *Rattel* u. a. (1971) S. 7, 113 ff.; *Eberle* (1972 a); *Geiger* (1972); *Herzfeld* (1972); *Rapp* (1972); *Werner Schmidt* (1972); (1973); *Simmerding / Göttlinger* (1973).

[7] *Rupp* (1965) S. 4 f. spricht von einem organschaftlichen „Innenverhältnis“, einer „Verwaltung im organisatorischen Sinn“ und einem „‚Außenverhältnis‘ zwischen Bürger und der insoweit als geschlossene Einheit auftretenden Verwaltungsorganisation“.

[8] *Wolff* (1970) S. 10 spricht von Organisationsrecht im weiteren Sinne; *Rupp* (1965) S. 34 ff. von Innenrecht (im Gegensatz zum Außenrecht, das das Verhältnis Bürger/Verwaltung regelt).

archische Staats- und Verwaltungsprinzipien bis in die neueste Zeit die Strukturen der öffentlichen Verwaltung prägen[9]. Seine Vorstellungen von der öffentlichen Verwaltung als „Tätigkeit des Staates zur Erfüllung seiner Zwecke" machen deutlich, daß innerhalb der Verwaltung das Prinzip der Zweckmäßigkeit Vorrang besitzt gegenüber dem Prinzip der Rechtmäßigkeit. Konsequent entwickelt er deshalb die Theorie vom besonderen Gewaltverhältnis, innerhalb dessen Verwaltungshandlungen grundsätzlich nicht justiziabel seien[10]. Auf dieser Grundlage ist die auf *Laband* und *Jellinek* zurückgehende Theorie der rechtlichen Impermeabilität der Staatsperson zu sehen, nach der das Verhältnis des Staates zu seinen Organen und Organwaltern als personenintern vom Recht ausgeschlossen anzusehen sei[11]. Inzwischen besteht jedoch im Ergebnis Einigkeit darüber, daß diese Theorie abzulehnen ist, wenngleich auch im einzelnen streitig ist, welchen Umfang die Rechtssphäre innerhalb der öffentlichen Verwaltung hat[12]. Auf diese Fragen soll dort eingegangen werden, wo sie sich aufgrund der Auswirkungen der ADV auf den Innenbereich stellen.

Im folgenden sollen zunächst im Rahmen eines kurzen Überblicks wichtige Grundbegriffe des Organisationsrechts der öffentlichen Verwaltung dargestellt werden.

Der Differenzierung zwischen institutionellem und funktionellem Verwaltungsbegriff entspricht die Unterscheidung von Verwaltungsaufbau (Verwaltungsgliederung) und Verwaltungsablauf (Verwaltungsverfahren). Nach dieser Unterscheidung kann auch im Bereich des Organisationsrechts der öffentlichen Verwaltung unterschieden werden zwischen den rechtlichen Regelungen, deren Gegenstand der Verwaltungsaufbau und solchen, deren Gegenstand der Verwaltungsablauf ist[13].

---

[9] Typisch für seine Auffassung, daß die Einführung demokratischer Staatsformen das Verwaltungsrecht unberührt läßt, ist sein Vorwort zur 4. Auflage seines Lehrbuchs „Verwaltungsrecht", die im Jahre 1924 erstmals nach den Auflagen von 1914 und 1917 erschien: „Groß Neues ist ja seit 1914 und 1917 nicht nachzutragen. ‚Verfassungsrecht vergeht, Verwaltungsrecht besteht'."

[10] *Otto Mayer* (1924) S. 101 ff.

[11] *Laband* (1911) S. 181 ff.; *Georg Jellinek* (1905) S. 194 ff.

[12] Vgl. vor allem *Bachof* (1952); *Rupp* (1965) S. 81 ff.

[13] Diese Unterscheidung wird in der Literatur nicht streng durchgeführt; so unterscheidet etwa *Forsthoff* (1973) S. 431 „das Recht der Behördenorganisation, diese in einem unpersönlich-fachlichen Sinne als der Inbegriff der öffentlichen Amtsinstitutionen verstanden, und das Dienstrecht der innerhalb dieser Institutionen tätigen Personen, der Berufsbeamten, ehrenamtlich Tätigen und Angestellten", zählt jedoch im folgenden, ebenso wie *Wolff* (1970) S. 11, das Recht des öffentlichen Dienstes nicht mehr zum Gegenstandsbereich des nunmehr engeren Organisationsrechtsbegriffs. Dem ist insoweit zuzustimmen. *Wolff* (1970) S. 11 will darüber hinaus den Begriff des Verwaltungs-Organisationsrechts i. e. S. auf diejenigen Rechtssätze beschränken,

3.1.1.1. Verwaltungsaufbau

Die rechtlichen Regelungen, die eine Gliederung der öffentlichen Verwaltung im Hinblick auf die Subjekte öffentlicher Verwaltung sowie deren Funktionen konstituieren, werden in der verwaltungsrechtlichen Literatur als Verwaltungs-Organisationsrecht i. e. S. angesehen[14]. Die wichtigsten Rechtsinstitute in diesem Zusammenhang sind der Begriff der Zuständigkeit, der Organ- und der Amtsbegriff. Der Zusammenhang dieser Begriffe und damit die rechtliche Strukturierung der Verwaltungsgliederung wird von *Wolff* wie folgt dargestellt[15]:

„Jede Organisation verfolgt einen oder mehrere Zwecke. Aus ihnen ergeben sich Aufgaben, zu deren arbeitsteiliger Erfüllung Menschen bestellt werden müssen. Am Beginn jeder Organisation steht daher die Gliederung der Aufgaben (Aufgabengliederungsplan). Sie bildet die Grundlage für die Organisation i. e. S., die ihre rechtssatzmäßige Formulierung in der Verfassung (Satzung, Organisationsplan, Geschäftsverteilungsplan) einer Organisation findet. Die Verfassung einer Organisation beruft aber i. d. R. nicht einzelne Menschen, sondern schafft künstliche innerorganisatorische Subjekte (Organe), denen bestimmte Aufgaben oder Aufgabengruppen und die zu ihrer Erfüllung erforderlichen Befugnisse zugewiesen werden. Diese Organe sind freilich in größeren Organisationen selbst wieder organisiert, nämlich in Abteilungen, Gruppen, Dezernate und Referate, manchmal auch in unselbständige Anstalten gegliedert, denen jeweils bestimmte (Teil-)Aufgaben und Befugnisse zustehen. Zuletzt aber ist jede Aufgabenerfüllung auf das Handeln einzelner Menschen angewiesen. Die kleinste organisatorische Einheit ist daher das Amt als Aufgabenkreis nur eines Menschens.

Die Vielzahl der Subjekte namentlich innerhalb der Verwaltungsorganisation, denen die Gesetze die verschiedensten Aufgaben und Befugnisse zuweisen und denen sie mit Rücksicht auf die Art und Bedeutung ihrer Aufgaben eine ganz bestimmte Struktur geben, bedingt daher bei rationaler arbeitsteiliger Organisation eine genaue Abgrenzung ihrer (Teil-)Aufgaben, Befugnisse und Verbindlichkeiten gegeneinander. Diese Abgrenzung wird mit dem Begriff der Zuständigkeit erfaßt. Der Zuständigkeitsbegriff ist zugleich ein konstitutives Merkmal des Amts- wie des Organ- und des Behördenbegriffs."

Diese Ausführungen lassen eine Konzeption erkennen, deren Grundannahmen, weitgehende Parallelen zum Ansatz der klassischen Organisationstheorie[16] aufweisen. Dies gilt zunächst für die normative Inter-

„welche die (i. d. R. institutionalisierten) Subjekte öffentlicher Verwaltung konstituieren sowie ihre Funktionen und ihre Beziehungen untereinander regeln" und das Recht des Verfahrens der Erzeugung, Anwendung und Durchsetzung des objektiven Verwaltungsrecht nicht mit in die Definition einbeziehen. Dem wird hier jedoch nicht gefolgt, da Wolff den Organisationsbegriff in diesem Zusammenhang im Widerspruch zu vorausgehenden Überlegungen (S. 4 ff.) ohne Begründung auf die Aufbauorganisation beschränkt.

14 *Forsthoff* (1973) S. 431; *Wolff* (1970) S. 11.

15 *Wolff* (1970) S. 12 f.

16 Vgl. zu Begriff und Inhalt die unten in Abschnitt 4. Fn. 5 angegebene Literatur.

pretation des Aufgabenbegriffs, der auch im Organisationsrecht als Zwecksetzung für Tätigkeiten interpretiert wird. Der integrativen Strukturierung der Aufgaben und der daraus resultierenden Aufbauorganisation der klassischen Organisationstheorie entsprechen die Gliederung der Aufgaben und die damit verbundene Gliederung der öffentlichen Verwaltung im Organisationsrecht. Während die Schwerpunkte der Organisationstheorie jedoch bei Analyse und Synthese der Aufgaben liegen, zielt das Organisationsrecht darauf ab, die durch die Verteilung von Aufgaben geschaffenen Strukturen innerhalb der öffentlichen Verwaltung verbindlich und auf Dauer festzulegen. Dies kommt vor allem im Begriff der Zuständigkeit zum Ausdruck: Sie konstituiert die Berechtigung und Verpflichtung, bestimmte Aufgaben wahrzunehmen[17]. Subjekt der Zuständigkeit ist das Amt als kleinste organisatorische Einheit im Bereich des Organisationsrechts. Das Amt entspricht der organisationstheoretischen Stelle. Vielfach wird auch in der öffentlichen Verwaltung der Stellenbegriff unmittelbar für den Amtsbegriff verwendet. Amt oder Stelle kennzeichnen demnach den Inbegriff der wahrzunehmenden Aufgaben (Kompetenz), die einem menschlichen Individuum zur Wahrnehmung übertragen worden sind. Die Kompetenzen grenzen die Ämter oder Stellen gegeneinander ab, die im Rahmen der Aufgabengliederung (Aufgabensynthese) in einem weiteren organisatorischen Zusammenhang stehen (Abteilungen, Referate, Dezernate). Dem hierarchischen Zusammenhang der (Teil-)Aufgaben im Hinblick auf die Gesamtaufgabe entspricht der hierarchische Aufbau der öffentlichen Verwaltung; nach dem Grundsatz der „administrativen Hierarchie" ist jedes Amt (mit Ausnahme der obersten) Bestandteil einer hierarchischen Kette, in dem es einem oder mehreren Ämtern untergeordnet ist und (mit Ausnahme der untersten) seinerseits einem oder mehreren Ämtern übergeordnet ist[18].

Soweit bisher der Zuständigkeitsbegriff verwendet wurde, charakterisierte er lediglich die Regelung der Aufgabenverteilung innerhalb der öffentlichen Verwaltung. Diesem organisationsrechtlichen Zuständigkeitsbegriff ist der materiell-rechtliche Zuständigkeitsbegriff gegenüberzustellen, der für die Beziehung Verwaltung - Bürger von Bedeutung ist[19]. Die materiell-rechtliche Interpretation der Zuständig-

---

[17] Vgl. zum folgenden vor allem *Wolff* (1970), dessen Terminologie in modifizierter Form weitgehend übernommen wurde.

[18] Die organisationsrechtliche Interpretation des Hierarchiebegriffs konkretisiert damit weitgehend die organisationstheoretische Begriffsbestimmung, vgl. etwa *Grün* (1969) S. 677 (mit weiteren Nachweisen): „System aus mindestens zwei Rängen, die in einem Über- und Unterordnungsverhältnis stehen."

[19] *Wolff* (1970) spricht in diesem Zusammenhang von innerer und äußerer Zuständigkeit i. e. S. (S. 15).

keit besteht darin, daß das Handeln einer bestimmten Verwaltungsstelle im Rahmen der Beziehung Bürger - Verwaltung als Handeln des Staates anerkannt wird, diesem also als eigenes Handeln zugerechnet wird. Während die organisationsrechtliche Zuständigkeit das Verhältnis staatlicher Stellen untereinander regelt, berührt die materiell-rechtliche Zuständigkeit zunächst lediglich das Verhältnis Bürger - Staat. Subjekt materiell-rechtlicher Zuständigkeit ist das Organ. Das Organ handelt mit Wirkung für den Staat. Die Organqualität besteht demnach in einer materiell-rechtlichen Erweiterung der Zuständigkeit eines Amtes oder einer Ämtergesamtheit. Eine Ämtergesamtheit mit einer materiellrechtlichen Zuständigkeit, jedoch ohne Rechtsfähigkeit, ist die Behörde. Es gibt aber auch Ämtergesamtheiten mit materiell-rechtlicher Zuständigkeit und eigener Rechtsfähigkeit, zum Beispiel die Körperschaften des öffentlichen Rechts.

3.1.1.2. Verwaltungsablauf

Das Organisationsrecht als Gestaltungselement des Innenbereichs der öffentlichen Verwaltung erschöpft sich nicht in der Konstituierung von Zuständigkeiten und der damit geschaffenen Gliederung der öffentlichen Verwaltung. Sein regelnder Einfluß zeigt sich vielmehr auch bei der Gestaltung des Ablaufs der Arbeitsprozesse, deren Vornahme zur Erfüllung der Aufgaben der öffentlichen Verwaltung erforderlich ist. *Wolff* charakterisiert diesen Bereich wie folgt[20]:

> „Durch eine Organisation werden nicht nur Kompetenzen auf verschiedene Glieder und Organe verteilt. Vielmehr müssen, um die Zwecke der Organisation zu erreichen, die Organe und Glieder auch in formelle und materielle Beziehungen zueinander gebracht werden, die nicht nur eine wechselseitige Ergänzung, sondern auch ein möglichst gutes Zusammenwirken verschiedener Elemente einer Organisation bewirken, mindestens ihr Gegeneinanderwirken verhindern sollen."

Anders als der Aufbau der öffentlichen Verwaltung wird jedoch das Verwaltungsverfahren von der Systematik des öffentlichen Rechts nicht oder nur mit erheblichen Einschränkungen zum Bereich des Organisationsrechts gezählt[21]. Der Grund hierfür dürfte wohl darin liegen, daß eine strenge Unterscheidung zwischen dem Innenbereich öffentlicher Verwaltung und dem Außenbereich, zu dem das Verhältnis Verwaltung - Bürger zählt, bei der Beurteilung der Regelungen des Verwaltungsverfahrens nicht gemacht wird. Eine gewisse Berechtigung für diese systematische Behandlung läßt sich daraus herleiten, daß vor allem im Bereich der Eingriffsverwaltung das materielle Recht umfangreiche Verfahrensregelungen vorsieht. Die Verfahrensregelungen

---

[20] *Wolff* (1970) S. 93.

[21] Vgl. oben Abschnitt 3.1.1. Fn. 13.

des materiellen Rechts bedürfen jedoch in der Regel einer weitgehenden Ergänzung; Beispiel hierfür sind die unzähligen Durchführungsverordnungen und Verwaltungsvorschriften, von denen materiellrechtliche Verfahrensregelungen häufig begleitet werden. Darüber hinaus gibt es im weiten Bereich der Leistungsverwaltung nur wenige Verfahrensvorschriften im Bereich des materiellen Rechts.

Dies alles zeigt, daß das Verwaltungsverfahren als Teil des Organisationsrechts der öffentlichen Verwaltung bislang zu unrecht vernachlässigt worden ist. Die Untersuchungen beschränken sich vorwiegend auf Fragen des Zusammenwirkens innerhalb der Ämterorganisation. Aufsicht und Organisationsgewalt sind dabei die wichtigsten Rechtsinstitute, die für das Zusammenwirken der organisatorischen Einheiten innerhalb der öffentlichen Verwaltung bestimmend sind. Die Aufsicht ermöglicht die Beobachtung und vor allem Regelung des Ablaufs der Verwaltungstätigkeit einer organisatorischen Einheit durch eine übergeordnete. Diese Regelungen können genereller Art sein (z. B. Verwaltungsvorschriften), sie können jedoch auch punktuell ergehen (z. B. Weisungen im Einzelfall). Das Institut der Organisationsgewalt[22], vornehmlich in der Form der inneren Organisationsgewalt, erlaubt die ordnende Gestaltung des Verwaltungsablaufs innerhalb einer Ämtergesamtheit (eines Organs, insbesondere einer Behörde). Die Organisationsgewalt wird in der Regel vom aufsichtsführenden Organ oder vom Leiter des jeweiligen Organs ausgeübt.

Verwaltungsgliederung und Verwaltungsverfahren stehen in einem engen Abhängigkeitsverhältnis. Dies folgt nicht zuletzt daraus, daß Aufsicht und Organisationsgewalt als besondere Formen der Zuständigkeit interpretiert werden können. Das bedeutet, daß unter organisationsrechtlichen Aspekten bestimmte Zusammenhänge des Verwaltungsverfahrens bereits durch die organisatorische Gestaltung des Verwaltungsaufbaus determiniert werden. Dies mag eine Erklärung dafür sein, daß Fragen des Verwaltungsaufbaus im Vordergrund organisationsrechtlicher Überlegungen stehen, zugunsten derer verfahrensrechtliche Fragen unter organisationsrechtlichen Aspekten weitgehend vernachlässigt wurden.

3.1.1.3. Problematik

Die Automation — soviel sei an dieser Stelle vorweggenommen — ist die Ersetzung menschlicher Tätigkeit durch Automaten. Unter diesem Aspekt geht es also vorwiegend um die öffentliche Verwaltung im funktionellen Sinne, genauer: um den Verwaltungsablauf. Ist es auch

[22] Zum Begriff vgl. *Böckenförde* (1964) S. 21 ff.; *Forsthoff* (1973) S. 432 ff.; *Wolff* (1970) S. 122 f.

eine bedauerliche und in letzter Zeit verschiedentlich festgestellte Tatsache, daß der prozessuale Ablauf der Verwaltungstätigkeit zu Unrecht von der Wissenschaft vernachlässigt wurde[23], so enthebt diese Feststellung jedoch nicht von der Notwendigkeit, diesen prozessualen Ablauf näher kennenzulernen.

Geht man davon aus, daß sich jeder Verwaltungsablauf in menschlichen Handlungselementen konkretisiert, dann erscheint es sinnvoll, das menschliche Entscheidungsverhalten in den Vordergrund der Untersuchung zu rücken. Öffentliche Verwaltung wird dann verstanden als eine Vielzahl menschlicher Entscheidungsprozesse. Die Beschreibung dieser Prozesse bereitet jedoch Schwierigkeiten. So kann man insbesondere auf die organisationsrechtlichen Kriterien als Regelungsfaktoren dieser Prozesse nicht unmittelbar zurückgreifen. Diese Kriterien sind einerseits zu ungenau, weil sie sich zumeist nur auf die wahrnehmbaren Ergebnisse von Entscheidungsprozessen beziehen, während hier danach gefragt wird, wie es im Hinblick auf die organisationale Gebundenheit der Individuen zu diesen Ergebnissen kommt. Zum anderen ist die organisationsrechtliche Begrifflichkeit normativ ausgerichtet, sie setzt Handlungsmaximen, ohne jedoch das tatsächliche Handeln empirisch erfassen und beschreiben zu können.

Um diese Entscheidungsprozesse näher untersuchen zu können, wird deshalb bei der folgenden Analyse auf einige Ergebnisse der empirisch-deskriptiven Informationsverarbeitungstheorie des Entscheidungsverhaltens zurückgegriffen.

3.1.2. Entscheidungstheoretische Betrachtungsweise

3.1.2.1. Grundlagen

Der Begriff der Entscheidung als strukturierendes Merkmal von Organisationen wird inzwischen in einer wachsenden Zahl von organisationswissenschaftlichen Untersuchungen in den Vordergrund gestellt[24]; die Entscheidungstheorie entwickelte sich so auf der Grundlage der interdisziplinären Organisationstheorie.

Dabei ist es sicher kein Zufall, daß die Entwicklung verhaltenswissenschaftlicher Modelle menschlichen Entscheidungsverhaltens Hand in Hand ging mit den zum Teil erfolgreichen Versuchen, Entscheidungsprozesse mit Hilfe der ADV zu simulieren. Der Informationsverarbei-

---

[23] Für die Verwaltungsrechtswissenschaft vgl. *Brohm* (1972 a) S. 285 ff.; für die Verwaltungswissenschaft vgl. *König* (1970) S. 249.

[24] Vgl. vor allem die Arbeiten von *Simon* (1955); *March / Simon* (1958); *Gäfgen* (1968); *Luhmann* (1964); (1966 a); *Menges* (1969); *Kirsch* (1970); (1971 a); (1971 b).

tungsansatz[25] verbindet beide Richtungen, indem er davon ausgeht, daß die Strukturen der Informationsverarbeitung mit einer elektronischen Datenverarbeitungsanlage ein Pendant im menschlichen Organismus besitzen.

Der Wert dieser Informationsverarbeitungstheorie als deskriptiver[26] Theorie des Entscheidungsverhaltens bestimmt sich nach Zweckmäßigkeitsgesichtspunkten. Sie erfüllt ihren Zweck, wenn sie den Anforderungen genügt, die im Rahmen dieser Arbeit an sie gestellt werden. Es sind dies im wesentlichen zwei Erfordernisse: Sie muß sowohl eine Beschreibung der durch die ADV bewirkten Veränderungen in der Organisation der öffentlichen Verwaltung ermöglichen als auch, damit zusammenhängend, Sachverhalte beschreiben können, die in die Tatbestandsseite von ADV-Organisationsnormen eingehen können.

Grundidee dieses entscheidungstheoretischen Ansatzes ist es, die Theorie der Individualentscheidung zur Grundlage für die Analyse von Organisationen zu machen, „Gesetzmäßigkeiten, die das Verhalten sozialer Systeme erklären, ... auf Gesetzmäßigkeiten des individuellen Verhaltens zurückzuführen“[27].

Ausgangspunkt ist die Vorstellung vom Menschen als einem kybernetischen Verhaltenssystem[28]. Unter einem Verhaltenssystem wird hierbei eine Menge von aktiven Elementen verstanden. Alle diese Elemente besitzen Inputs und Outputs, die von stofflich-energetischer und informationeller Beschaffenheit sein können. Als Verhalten der Elemente wird die Transformation von Inputs in Outputs definiert. Die aktiven Elemente sind miteinander gekoppelt, wobei der Output des einen Elements jeweils zum Input eines anderen Elements wird und umgekehrt. Das Verhaltenssystem selbst soll jedoch wiederum als aktives Element eines größeren Systems (Umwelt) verstanden werden, mit dem es stofflich-energetisch und informationell gekoppelt ist. Veränderungen im Bereich der Umwelt, die das Verhaltenssystem als Input erfährt, können als Störungen verstanden werden, die das zwischen den

---

[25] Vgl. *Kirsch* (1971 a).

[26] Auf die Ergebnisse der normativen Entscheidungstheorie (geschlossenes Modell des Entscheidungsverhaltens) soll hier nicht näher eingegangen werden, da sie vorwiegend entscheidungslogische Abläufe zum Gegenstand ihrer Untersuchungen macht. Vgl. die Hinweise bei *Naschold* (1969) S. 30 ff.; *Dinkelbach* (1969); *Kirsch* (1970) S. 25 ff. Zur Interpretation der juristischen Entscheidung auf der Basis der normativen Entscheidungstheorie vgl. die richtungsweisende Studie von *Kilian* (1974) S. 162 ff.

[27] *Kirsch* (1971 b) S. 95. Bei der Darstellung der entscheidungstheoretischen Grundlagen wird im wesentlichen dem Ansatz von *Kirsch* (1970), (1971 a), (1971 b) gefolgt.

[28] Zur Systemtheorie vgl. *v. Bertalanffy* (1972); *Klaus* (1969 a); *Steinmüller* u. a. (1970) S. 15 ff.; (1972 d) S. 122; zum Begriff des Verhaltenssystems vgl. *Luhmann* (1966 a) S. 64 ff.; *Kirsch* (1971 a) S. 76 ff.

aktiven Elementen bestehende Gleichgewicht beeinträchtigen. Diese Störungen können durch Rückkoppelungen[29] kompensiert werden. Hierunter ist eine besondere Art der Verknüpfung der aktiven Elemente zu verstehen. Stellt man sich diese Verknüpfungen als eine Kette von aufeinanderfolgenden Inputs und Outputs vor, so wird die Kompensation dadurch bewirkt, daß diese Kette in Form einer Schleife zum Input desjenigen aktiven Elements wird, von dem sie als Output ihren Anfang genommen hat. Das System regelt sich dadurch selbst und ist so in der Lage, auch bei wechselnden Umwelteinflüssen seine Stabilität zu erhalten (Regelkreis als kybernetisches Prinzip).

Das Modell vom Menschen als kybernetischem Verhaltenssystem besitzt — für sich allein genommen — nur eine sehr geringe Aussagekraft. Die Bedeutung dieses Modells besteht vorwiegend darin, daß es menschliches Verhalten auf kleinste logische Einheiten, die nach dem Input/Outputschema beschreibbar sind, zurückführt. Die Abbildung komplexer menschlicher Verhaltensprozesse ist jedoch erst möglich, wenn die Gesetzmäßigkeiten gefunden sind, die für die Zusammensetzung einer Vielzahl solcher Input/Output-Einheiten zu komplexen Verhaltensmodellen gelten. Eine Beschreibung dieser Gesetzmäßigkeiten gelingt mit Hilfe des Informationsverarbeitungsansatzes[30].

Grundlage des Informationsverarbeitungsansatzes ist die Computersimulation menschlichen Verhaltens, insbesondere kognitiver[31] Entscheidungsprozesse. Gelingt es nämlich, menschliches Verhalten anhand eines Modells zu simulieren, so lassen sich die Gesetzmäßigkeiten menschlichen Verhaltens unter Zuhilfenahme der im Rahmen der Modellsimulation gefundenen Gesetzmäßigkeiten beschreiben. Die Ergebnisse kann man dann nach zwei Dimensionen kategorisieren: Die erste Dimension bietet eine Analyse des kognitiven Systems unter der spezifischen Berücksichtigung der Entscheidungssituation. Als Resultat erhält man die Beschreibung von Systemzuständen in der Form kognitiver Informationsstrukturen. Die Einbeziehung des zeitlichen Ablaufs von Entscheidungsprozessen eröffnet die zweite Dimension, im Rahmen derer der Entscheidungsprozeß als Programm im Sinne einer Folge elementarer Informationsverarbeitungsprozesse beschrieben wird.

Die Gliederung der Beschreibung anhand der zwei genannten Dimensionen darf jedoch nicht darüber hinwegtäuschen, daß es sich le-

---

[29] Zum Begriff der Rückkoppelung vgl. *Klaus* (1969 a); *Steinmüller* u. a. (1970) S. 20 ff.; *Kirsch* (1971 a) S. 83 ff.

[30] Vgl. zum folgenden *Kirsch* (1971 a) S. 47 ff.

[31] Der Begriff „kognitiv" wird in dieser Arbeit für alle Vorgänge intellektueller Art gebraucht, die sich innerhalb des Menschen abspielen, während er in den Sozialwissenschaften z. T. auf bestimmte Elemente dieser Vorgänge (z. B. das Erkennen und Wahrnehmen) beschränkt wird, vgl. *W. Fuchs* (1973) S. 343.

diglich um eine begriffliche Trennung handelt. In Wirklichkeit sind Informationsstrukturen und Prozeßablauf aufs engste miteinander verknüpft und bedingen sich gegenseitig.

Im Rahmen eines Entscheidungsprozesses interessiert vornehmlich die Gesamtheit der kognitiven Informationen eines Individuums, die zu Bestandteilen der konkreten Entscheidung werden[32]. Diese Informationen werden als Entscheidungsprämissen bezeichnet. Das Individuum verfügt jedoch nicht nur über Informationen, die die jeweilige konkrete Entscheidung beeinflussen, sondern darüber hinaus auch über Informationen, die in keiner Beziehung zum jeweiligen Entscheidungsprozeß stehen. Entscheidungsprämissen sind deshalb immer nur Teilmengen der Gesamtmenge aller vom Individuum gespeicherten Informationen. Aus der Vorstellung der Entscheidungsprämisse als Gesamtheit der einer konkreten Entscheidung zugrunde liegenden kognitiven Informationen ergibt sich jedoch, daß im Rahmen jedes konkreten Entscheidungsverhaltens nur ein Teil der insgesamt dem Individuum zur Verfügung stehenden Informationen aktualisiert wird. Für die Gestaltung des Entscheidungsverhaltens ist deshalb allein maßgeblich, welche Informationen in den jeweiligen konkreten Entscheidungsprozeß einbezogen werden. Dieser Vorgang, bei dem Begriffe, Ziele und Programme aktualisiert und in einen Entscheidungsprozeß eingebracht werden, ist vom Individuum selbst zu leisten[33].

Das menschliche Entscheidungsverhalten erhält sein Gepräge neben den Informationsstrukturen der Art, wie sie eben dargestellt wurden, vor allem durch seinen Prozeßcharakter. Entscheidungen haben immer eine zeitliche Dimension; ihre Beschreibung muß demnach auch ihren Ablauf mit einschließen[34]. Der Informationsverarbeitungsansatz deutet diesen Ablauf als eine Folge elementarer Informationsprozesse, die die Form eines Programms aufweisen[35].

Der Begriff des Programms bedeutet zunächst im kybernetischen Sprachgebrauch eine „eindeutige Anweisung für die Lösung einer Aufgabe"[36]. Aus dieser Interpretation lassen sich sodann der datentechnische wie der entscheidungstheoretische Programmbegriff ableiten, wobei auch die konkreten Ausprägungen der jeweiligen Systeme inhaltlich zu berücksichtigen sind. Aufgabe ist also in der Datentechnik als „ma-

---

[32] *Kirsch* (1971 a) S. 97.

[33] Dieser Vorgang wird auch als „Definition der (Entscheidungs-)Situation" verstanden.

[34] Vgl. zum folgenden *Kirsch* (1971 a) S. 169 ff.

[35] Zu anderen Gliederungsmerkmalen vgl. u. a. *Dewey* (1951) S. 71 ff. (Phasentheorem), kritisch dazu *Witte* (1968) S. 626 ff.; *Fehl* (1971); vgl. auch *Witte* (1969 b) Sp. 504.

[36] *Klaus* (1969 a).

thematisch formulierte Aufgabe auf einer Rechenanlage"[37] zu verstehen, entscheidungstheoretisch als Sollzustand oder Ziel des menschlichen Verhaltenssystems[38]. Programme sind deshalb präskriptive Verhaltensbeschreibungen, aufgrund derer Istzustände in Sollzustände überführt werden.

Die Überlegungen zum Individual-Entscheidungsverhalten bilden den Ausgangspunkt für die Untersuchung von Entscheidungsprozessen in Organisationen. Kognitive Informationsstrukturen, wie sie für die Individualentscheidung aufgezeichnet wurden, sind jedoch nur ein Teil der Elemente, die das Entscheidungsverhalten in Organisationen gestalten. Sie sind zu ergänzen durch die spezifischen Informationsstrukturen der Organisation und durch die vielfältigen Interdependenzen zwischen den in der Organisation zusammengefaßten Individuen.

Auf die allgemeinste Formel gebracht, kann man Organisation als sozio-technisches System verstehen[39]. Zu dem Systembegriff gelten hierbei die Überlegungen aus dem Bereich der allgemeinen Systemtheorie und der Kybernetik, wie sie für die Interpretation des Menschen als informationsverarbeitendes System entwickelt wurden, entsprechend[40]. Die Elemente des Systems werden als Verhaltenselemente verstanden. Alle diese Verhaltenselemente weisen Inputs und Outputs auf, das sind Impulse stofflich-energetischer oder informationeller Art. Als Verhalten wird wiederum die Transformation von Inputs in Outputs angesehen. Zwischen den Verhaltenselementen bestehen Relationen in der Form von Koppelungen, die ebenfalls stofflich-energetischer oder informationeller Art sein können. Eine Koppelung liegt vor, wenn der Output eines Verhaltenselements zum Input eines anderen Verhaltenselements wird. Die Vorstellung von einem sozio-technischen System geht von der Annahme aus, daß Verhaltenselemente im organisationalen System sowohl Menschen als auch Maschinen sein können, wobei unter Berücksichtigung des Informationsverarbeitungsansatzes bei letzteren vor allem an Datenverarbeitungsanlagen zu denken ist. Die Interpretation des Menschen als Verhaltenselement des organisationalen Systems macht deutlich, daß hier die Stelle ist, an der sich Organisationstheorie und Theorie des individuellen Entscheidungsverhaltens berühren.

Auf der Basis dieser Überlegungen kann nun auch präzisiert werden, was unter Entscheidungen in Organisationen verstanden werden soll. Wichtigste Grundannahme ist hierbei, daß es keinen Entscheidungsprozeß *der Organisation,* sondern immer nur eine Vielzahl „sich

---

[37] *Klaus* (1969 a), *Löbel* u. a. (1969).

[38] *Kirsch* (1971 a) S. 120 ff.

[39] So *Kirsch* (1971 b) S. 26.

[40] Vgl. oben.

zum Teil personell und zeitlich überschneidende(r) einzelne(r) Entscheidungsprozesse“[41] der menschlichen Individuen als Verhaltenselemente des organisationalen Systems gibt. Entscheidungsprozesse sind demnach nicht mit dem organisationalen System als ganzem, sondern immer nur mit dessen einzelnen Verhaltenselementen verbunden. Entscheidungen in Organisationen können deshalb als Individualentscheidungen interpretiert werden. Diese Grundannahme gilt auch und gerade dann, wenn mehrere Individuen, etwa in Form einer Gruppe, an einem Entscheidungsprozeß beteiligt sind. Obwohl hier oftmals von einem kollektiven oder Gruppenentscheidungsprozeß gesprochen wird, handelt es sich doch in Wirklichkeit um eine Vielzahl individueller Entscheidungsprozesse. Diese Ungenauigkeit der Terminologie ist wohl darauf zurückzuführen, daß oftmals nicht zwischen der Entscheidung und der Autorisierung der Entscheidung unterschieden wird[42]. Autorisierung steht hierbei für die Vorstellung, daß das Ergebnis eines Entscheidungsprozesses einem einzelnen, einer Gruppe oder einem Kollegium zugerechnet wird.

Die Untersuchungen zum individuellen Entscheidungsverhalten haben gezeigt, daß Entscheidungsprozesse weitgehend durch die als Entscheidungsprämissen auftretenden wertenden Informationen determiniert werden: Menschliches Handeln ist zielgerichtet. Fraglich ist nun, welche Zielsetzungen in die (kognitiven) Entscheidungsprämissen der organisationalen Verhaltenselemente eingehen. Erkenntnisse hierüber vermittelt die Rollenanalyse. Zur Darstellung der umfangreichen Rollendiskussion in der Soziologie ist hier kein Raum; die folgenden Ausführungen beschränken sich deshalb auf konkrete Ausformungen der Rollenanalyse, wie sie innerhalb der Organisations- und Entscheidungstheorie entwickelt wurden.

Die zunächst von der modernen Verhaltenswissenschaft entwickelte Rollenanalyse[43] stellt einen Versuch dar, die soziale Gebundenheit menschlichen Verhaltens in Organisationen zu erklären. Die Rolle stellt dabei die Berührungsstelle zwischen Individuum und Gesellschaft dar.

Der Begriff der Rolle verbindet sich mit einer Mehrzahl von Informationen faktischer und wertender Art, die mit einer Position assoziiert werden können. Unter Position ist etwa zu verstehen: eine typizierte, vom jeweiligen Individuum abstrahierende Beschreibung eines Verhaltenselements unter dem Blickwinkel seiner organisationalen Gebundenheit. Die Rolle verbindet demnach Strukturen aus dem Be-

---

[41] *Kirsch* (1971 b) S. 52.

[42] Vgl. zur Autorisierung von Entscheidungen *Luhmann* (1966 a) S. 67 ff.; *Kirsch* (1971 b) S. 54 ff. mit weiteren Nachweisen.

[43] *Mayntz* (1963); *Biddle* (1964) S. 160; *Dahrendorf* (1971) S. 22 ff.; *Kirsch* (1971 b) S. 99 ff.

reich der öffentlichen Informationen[44] einer Organisation mit kognitiven Informationsstrukturen der Individuen als Verhaltenselemente der Organisation. Der Bezug zu den öffentlichen Informationsstrukturen wird hergestellt, indem die Rolle faktische Informationen, vor allem aber Ziele der Organisation, aufnimmt. Bezüglich der kognitiven Informationsstrukturen stellt die Rolle eine potentielle Entscheidungsprämisse dar. Ein Individuum, das sich rollenkonform verhält, übernimmt die durch die Rolle ausgewiesenen faktischen und wertenden Informationen in die der jeweiligen Entscheidung zugrunde liegenden Definition der Situation und macht sie somit zur Entscheidungsprämisse.

Im folgenden sollen die Kommunikationsprozesse dargestellt werden, aufgrund derer in konkreten Entscheidungssituationen Entscheidungprämissen generiert werden. Die damit verbundenen Fragen der wechselseitigen Abhängigkeit von Individuen führen zum Begriff der „Macht". Die Diskussion des Machtbegriffs nimmt in der Verhaltenswissenschaft einen breiten Raum ein[45]. Versucht man, die in diesem Zusammenhang vertretenen Ansichten zu verallgemeinern, dann steht Macht für eine Kategorie von sozialen Interdependenzen, aufgrund derer ein Individuum das Verhalten eines anderen beeinflussen kann. Diese Aussage läßt sich differenzieren, wenn man den Machtbegriff vor allem im Zusammenhang mit Entscheidungsprozessen sieht. Macht ist dann eine Kategorie von Entscheidungsinterdependenzen, aufgrund derer ein Individuum im Rahmen eines Entscheidungsprozesses Informationen in die Entscheidungsprämissen aufnimmt, die ohne diese Interdependenzen nicht in die Entscheidungsprämissen eingegangen wären[46]. Diese Überlegungen müssen jedoch ergänzt werden im Hinblick auf die als Strategien gekennzeichneten Verhaltensbeschreibungen, die die Ausübung von Macht zum Gegenstand haben[47]. Machtausübung kann als spezielle Form von Kommunikation verstanden werden. Ein solches Verhalten, mit dem ein Individuum die Annahme bestimmter Informationen als Entscheidungsprämissen durch ein anderes Individuum erreicht, wird als Manipulation bezeichnet. Manipulative

---

[44] Hierunter sind alle die Informationen zu verstehen, die als Output von den Verhaltenselementen nach außen hin sichtbar abgegeben worden sind. Öffentlich heißen diese Informationen deshalb, weil sie objektiv beobachtbar sind. Dabei kommt es nicht darauf an, ob die Informationen jedem Verhaltenselement der Organisation zugänglich sind, es genügt, daß sie zu irgendeinem Zeitpunkt als Output realisiert wurden. Der Begriff der öffentlichen Informationen umfaßt demnach die Gesamtheit der informationellen Koppelungen, die zwischen den Verhaltenselementen einer Organisation bestehen.

[45] *Deutsch* (1963) S. 170 ff.; *H. Hartmann* (1964) S. 41 ff.; *Narr* (1969); *Naschold* (1969); *Kirsch* (1971 b) S. 184 ff. mit weiteren Nachweisen.

[46] *Kirsch* (1971 b) S. 186.

[47] Vgl. *Kirsch* (1971 b) S. 69 ff.; insbesondere auch S. 217 ff.

Verhaltensweisen zielen darauf ab, dem manipulierten Individuum diejenigen motivierenden Informationen zu übermitteln bzw. diese in ihm hervorzurufen, die bewirken, daß eine bestimmte gewünschte Information in die Entscheidungsprämissen dieses Individuums in einem konkreten Entscheidungsprozeß eingeht. Die Formen der Manipulation werden dementsprechend weitgehend durch die Klassifizierung der zu übermittelnden oder hervorzurufenden motivierenden Information bestimmt. Motivierende Informationen in Form von Sanktionserwartungen beispielsweise werden durch Drohungen oder Versprechungen übermittelt. Oftmals sind jedoch Sanktionserwartungen im Rahmen des organisationalen Systems als öffentliche Informationen formuliert. Dies ist der Fall, wenn Organisationsziele in Form von allgemeinen Regelungen oder Vorschriften zusammengefaßt sind. Manipulation kann in diesem Fall auch stattfinden, indem Informationen übermittelt werden, die vom manipulierten Individuum mit Sanktionserwartungen, die in den genannten Regelungen oder Vorschriften enthalten sind, assoziiert werden und deshalb in die Entscheidungsprämissen des konkreten Entscheidungsprozesses aufgenommen werden.

3.1.2.2. Entscheidungsinterdependenzen in der öffentlichen Verwaltung

In der rechtswissenschaftlichen Betrachtungsweise wird der Begriff der Entscheidung regelmäßig enger als im hier verstandenen Sinne gebraucht. Speziell im Verwaltungsrecht wird hierunter das nach außen hin sichtbare Ergebnis eines Rechtsanwendungsprozesses verstanden, etwa in Form eines Richterspruchs (z. B. Urteil) oder in Form einer verbindlichen Regelung eines Einzelfalles durch eine Verwaltungsbehörde (Verwaltungsakt)[48]. Auch die Prüfung der Rechtmäßigkeit einer Maßnahme wird regelmäßig lediglich anhand des ausgefertigten Bescheids vorgenommen, ohne daß es wesentlich darauf ankommt, wie dieser Bescheid im einzelnen zustande gekommen ist[49].

Unter dem Einfluß der entscheidungstheoretischen Betrachtungsweise rückt demgegenüber der Prozeß in den Vordergrund, aufgrund dessen es überhaupt zum Erlaß einer bestimmten Maßnahme kommt. Dieser Prozeß erschöpft sich jedoch keineswegs im Rechtsanwendungs-

[48] In diesem Zusammenhang wird oftmals auf § 160 Abs. 2 Ziff. 5 ZPO verwiesen, der Urteile, Beschlüsse und Verfügungen des Gerichts als „Entscheidungen" anführt. Eine Analyse rechtsdogmatischer Entscheidungsmodelle gibt *Killian* (1974) S. 27 ff.

[49] Typisch in diesem Sinne ist z. B. die Bestimmung des Klagegegenstands der Anfechtungsklage (§ 79 Abs. 1 Ziff. 1 VwGO): „der ursprüngliche Verwaltungsakt in der Gestalt, die er durch den Widerspruchsbescheid erfahren hat". Das heißt freilich nicht, daß nicht auch Verfahrensfehler berücksichtigt werden könnten.

prozeß i. e. S.[50], im Rahmen dessen es darum geht, auf einen bestimmten Sachverhalt unter Anwendung einer passenden Rechtsvorschrift mit einer bestimmten Maßnahme zu reagieren. Der Prozeß der Verwaltungsentscheidung — wie im übrigen die meisten juristischen Entscheidungsprozesse — besitzt ein wesentlich komplexeres Ablaufmuster, indem der eigentliche Subsumtionsvorgang ergänzt, z. T. sogar ersetzt wird durch Entscheidungselemente, die aus der organisationalen Eingebundenheit jeder Verwaltungsentscheidung resultieren: Der Entscheidungsprozeß läuft nur in den seltensten Fällen frei von Einflüssen Dritter ab, im Regelfall sind die Entscheidungsprämissen durch ein oder mehrere andere Entscheidungssysteme determiniert. Dies beginnt bereits bei der ersten Phase jeder Verwaltungsentscheidung, wenn es darum geht, ob ein bestimmtes Entscheidungssystem überhaupt tätig werden soll oder nicht. Es setzt sich fort bei der Zusammenstellung der Entscheidungsprämissen: Auch bei der Frage, welche faktischen Informationen, Ziele und Programme in den Verlauf des Entscheidungsprozesses einzubeziehen sind, ist das individuelle Entscheidungssystem an Informationen gebunden, die ihm in Form von konkreten oder allgemeinen Anordnungen vorgegeben werden. Die Einflußnahme kann soweit gehen, daß ihm sogar das Ergebnis des Entscheidungsprozesses ohne Rücksicht auf den bisherigen Ablauf dieses Prozesses vorgegeben wird.

Grundlage für die auf die organisationale Eingebundenheit der individuellen Entscheidungssysteme zurückzuführende Interdependenzen ist das Organisationsrecht der öffentlichen Verwaltung. Die Vorschriften des Organisationsrechts enthalten Beschränkungen, die die Individuen beim Ablauf ihrer individuellen Entscheidungsprozesse zu berücksichtigen haben. Sie sind deshalb besonders wichtig für die Bestimmung dessen, was als „Rolle" in die Entscheidungsprämissen der Individuen eingeht. Jede Rollenbeschreibung für ein individuelles Entscheidungssystem in der öffentlichen Verwaltung weist eine bestimmte Anzahl durch das Organisationsrecht festgelegter Informationsstrukturen aus.

Will man nun die Veränderungen erkennen und beurteilen, die sich aus der Übertragung von Entscheidungselementen auf Automaten ergeben, so kommt zunächst dem organisationsrechtlichen Institut besondere Aufmerksamkeit zu, das die Zuordnung von Entscheidungen zu bestimmten Entscheidungssystemen zum Gegenstand hat: der Zuständigkeit. Unter Zuständigkeit wird gemeinhin verstanden, daß ein Subjekt verpflichtet und berechtigt ist, bestimmte Angelegenheiten (Aufgaben) wahrzunehmen (zu erfüllen)[51]. Unter entscheidungstheoretischen

[50] Justizsyllogismus, vgl. Darstellung und Kritik bei *Kilian* (1974) S. 47 ff.

[51] Vgl. oben Abschnitt 3.1.1.1.

Aspekten bedeutet dies, daß bestimmte Entscheidungen eines bestimmten Verhaltungselementes innerhalb eines organisationalen Systems autorisiert sind mit der Folge, daß diese innerhalb des Verwaltungssystems nur dann als verbindlich anerkannt werden, wenn sie von diesem Verhaltenselement vorgenommen werden. Fraglich ist jedoch, was unter dem Begriff „Wahrnehmung von Angelegenheiten" bzw. „Erfüllung von Aufgaben" zu verstehen ist. Sieht man unter Berücksichtigung des entscheidungstheoretischen Ansatzes die Entscheidungstätigkeit als wichtigste Ausprägung dessen an, was Gegenstand von Zuständigkeit sein kann, dann reduziert sich die Frage darauf, in welchem Umfang das Entscheidungsverhalten eines Verhaltungselements autorisiert sein muß, um hierfür das Kriterium der Zuständigkeit gelten zu lassen. Angesichts der organisationalen Gebundenheit der Verhaltenselemente muß jedoch präziser gefragt werden: Auf welche Art und Weise wirkt sich Zuständigkeit auf die Entscheidungsinterdependenzen im organisationalen System aus?

Für die Verwaltungsrechtsdogmatik aktualisiert sich die Aufgabenerfüllung in erster Linie im Erlaß einer bestimmten Maßnahme, z. B. eines Verwaltungsakts. Konsequent knüpft sie das Zuständigkeitskriterium deshalb lediglich an die Maßnahme selbst, nicht aber an die Vorgänge, die zu ihrem Erlaß führen. Geht man vom Input-Output-Modell des menschlichen Entscheidungsverhaltens aus, so erfaßt also Zuständigkeit nur den Bereich, der als Output kenntlich ist; nicht der gesamte Entscheidungsprozeß, sondern nur sein Ergebnis (Output), etwa in Form einer Erklärung (z. B. Verwaltungsakt) kann mit dem Merkmal der Zuständigkeit belegt werden.

Die Zuständigkeit entfaltet hierbei Ausschließlichkeitswirkung und Bindungswirkung. Die Ausschließlichkeitswirkung[52] besteht darin, daß das zuständige Verhaltenselement im Hinblick auf die übrigen Verhaltenselemente ausschließlich befugt ist, bestimmte Outputs abzugeben. Die Bindungswirkung[53] verleiht diesen Outputs insoweit Verbindlichkeit, als die übrigen Verhaltenselemente diese Outputs beachten und hinnehmen müssen, um sie gegebenenfalls als Entscheidungsprämissen zu akzeptieren. Mit Rücksicht auf diese Bindungswirkung kann deshalb Zuständigkeit als mögliche Grundlage von Macht angesehen werden.

Andererseits hat die Beschränkung des Zuständigkeitsmerkmals auf den Output eines Verhaltenselements weitreichende Konsequenzen. So hat Zuständigkeit insbesondere nicht zur Folge, daß der durch den Output abgeschlossene Entscheidungsprozeß frei von Einflußnahme ande-

---

[52] *Wolff* (1970) S. 22.

[53] Vgl. zur Bindungswirkung von Maßnahmen in der Form eines Verwaltungsakts *Wolff / Bachof* (1974) S. 92 f.

rer Verhaltenselemente abläuft. Dabei kann es sich um Entscheidungsinterdependenzen allgemeiner Art handeln, zu denen etwa die Einflußnahmen der „intermediären Gewalten" wie Lobby, Presse u. a. zu zählen sind. Von diesen zu unterscheiden sind organisationsrechtlich begründete Entscheidungsinterdependenzen, aufgrund derer ein Verhaltenselement verpflichtet werden kann, bestimmte Einflußnahmen auf Entscheidungsprozesse hinzunehmen. Sie können sich ergeben aus dem Rechtsinstitut der Aufsicht, aus der hierarchischen Unterordnung des Verhaltenselements, aus besonderen Formen des Zusammenwirkens (Genehmigung, Einvernehmen, Benehmen etc.), um nur einige zu nennen. Im Falle der Aufsicht kann die Bindung sogar dazu führen, daß der gesamte Entscheidungsprozeß vollständig determiniert wird, da im Wege der Weisung auf Ziele, faktische Informationen und Programme des untergebenen Verhaltenselements im Rahmen eines spezifischen Entscheidungsprozesses Einfluß genommen werden kann. Für die weitere Untersuchung soll an dieser Stelle festgehalten werden, daß das Rechtsinstitut der Zuständigkeit die Zuordnung bestimmter Entscheidungsprozesse zu bestimmten Verhaltenselementen nur in engen Grenzen regelt: Es liefert Kriterien für die Zuordnung von Outputs zu Verhaltenssystemen im organisationalen System ohne Rücksicht darauf, welchen Interdependenzen die den Outputs vorausgehenden Elemente von Entscheidungsprozessen unterliegen.

Sucht man nach Rechtsinstituten, die nicht nur den Output bestimmter Entscheidungsprozesse, sondern darüber hinaus auch den Ablauf der gesamten Entscheidungsprozesse einem Verhaltenselement zuordnen mit der Maßgabe, daß der Ablauf dieser Prozesse nicht an die rechtlich verankerte Einflußnahme Dritter gebunden ist, dann muß das Merkmal der Zuständigkeit durch das Kriterium der Eigenverantwortlichkeit des Verhaltenssystems ergänzt werden. Eigenverantwortlichkeit heißt in diesem Zusammenhang, daß das Verhaltenssystem bei bestimmten Entscheidungsprozessen keiner rechtlichen Verpflichtung unterliegt, von dritter Seite herangetragene Informationen als Entscheidungsprämissen zu übernehmen. Die wohl wichtigsten Rechtsgrundsätze, die zugleich Zuständigkeit und Eigenverantwortlichkeit beinhalten und damit eine weitergehende Verknüpfung bestimmter Entscheidungsprozesse mit bestimmten Entscheidungssystemen konstituieren, sind das Ressortprinzip und das Prinzip der kommunalen Selbstverwaltung[54].

3.2. Automation von Verwaltungsentscheidungen

Bevor der Versuch unternommen wird, typische Entscheidungsinterdependenzen aufzuzeigen, die als Folge der Automation in der öffent-

[54] Dazu eingehend unten Abschnitt 5.

lichen Verwaltung auftreten (Abschnitt 3.2.2.), gilt es, zunächst, den Begriff der automatisierten Datenverarbeitung näher zu erläutern (Abschnitt 3.2.1.).

3.2.1. Automatisierte Datenverarbeitung (ADV)

Will man den Begriff automatisierte Datenverarbeitung (ADV) definieren, so bietet sich zunächst eine Interpretation der in ihm enthaltenen Begriffselemente an. Die Begriffe Automation, Datum und Datenverarbeitung, damit zusammenhängend auch die Begriffe Information und Informationsverarbeitung zeichnen sich allerdings durch eine in ihrer umgangssprachlichen Verwendung begründete Begriffsunschärfe aus, die durch eine kaum mehr überschaubare Zahl von Definitionsversuchen in den verschiedensten Wissenschaftszweigen eher erweitert wurde. Es wäre jedoch falsch, wollte man mit Rücksicht auf den Vorwurf der Willkürlichkeit, der gegenüber jedem Definitionsversuch erhoben werden könnte, auf eine Begriffsbestimmung vollständig verzichten. Vielmehr muß und kann es nur darauf ankommen, die genannten Begriffe in einer Art Arbeitsdefinition gegeneinander abzugrenzen, damit sie im Rahmen des durch den Gegenstandsbereich der Untersuchung bestimmten Kontextes sinnvoll verwendet werden können.

Der Grundbegriff in diesem Zusammenhang ist der Begriff der Information[55]. Er charakterisiert eine bestimmte Art von Koppelung des Menschen mit seiner Umwelt (andere Menschen, Sachen). Diese Beziehungen können stofflicher Art sein (z. B. eine Blutspende (zwischen Mensch und Mensch); die Nahrungsaufnahme (zwischen Mensch und Sachen)) oder energetischer Art (z. B. ein Händedruck zwischen Mensch und Mensch); das Rücken eines Stuhles (zwischen Mensch und Sache)). Neben solchen Beziehungen stofflich-energetischer Art gibt es noch eine dritte Kategorie von Mensch-Umwelt-Koppelungen, die als Koppelung informationeller Art definiert wird. Die Schwierigkeit, diese informationelle Koppelung zu beschreiben, resultiert daraus, daß sie immer nur im Zusammenhang mit Koppelungen stofflich-energetischer Art auftritt; die informationelle Umweltrelation zeichnet sich jedoch gegenüber rein stofflich-energetischen Umweltrelationen dadurch aus, daß das menschliche Verhalten bei letzteren unmittelbar, bei der in-

[55] Die Literatur zum Informationsbegriff ist inzwischen nahezu unübersehbar angewachsen; die folgenden Literaturhinweise beschränken sich deshalb auf repräsentative Vertreter ihrer Wissenschaftszweige. Vgl. u. a. *Shannon / Weaver* (1949) (Informationstheorie); *Steinbuch* (1965) (Informatik); *Klaus* (1969 a) (Kybernetik); *Wersig / Meyer-Uhlenried* (1969) (Dokumentationswissenschaften); *Kirsch* (1971 a) S. 78 ff. (Entscheidungstheorie); *Steinmüller* (1972 d) S. 117 ff. (Rechtsinformatik). Die hier verwendete Begriffsbestimmung geht auf entscheidungstheoretische Ansätze zurück. Vgl. *Kirsch* (1971 a) S. 78 ff.

formationellen Relation nur mittelbar auf die stofflich-energetische Koppelung mit der Umwelt zurückzuführen ist. Information kann deshalb als Impuls verstanden werden, der eine Koppelung des Menschen mit seiner Umwelt (Menschen, Sachen) bewirkt, die nicht unmittelbar stofflich-energetischer Art ist[56].

Der Mensch nimmt eine ungeheuer große Zahl solcher Impulse auf und gibt ebenso Impulse wieder ab. Alle vom Menschen aufgenommenen Impulse stehen im kognitiven Bereich des Menschen in einem Zusammenhang; sie werden gespeichert, miteinander verglichen, zu neuen Impulsen umgeformt etc. Die Gesamtheit dieser Vorgänge kann als Informationsverarbeitung definiert werden.

Informationen treten nie selbständig, sondern immer nur in Verbindung mit stofflich-energetischen Relationen auf. Daten sind danach jene stofflich-energetischen Elemente[57], mit denen Informationen verknüpft sind, sie sind kurz Informationsträger[58]. Datenverarbeitung schließlich ist die stofflich-energetische Verknüpfung von Daten nach logischen Regeln; so können Daten gespeichert, verglichen, addiert etc. werden[59].

Der Begriff Automation[60] wird vorwiegend zur Charakterisierung von Vorgängen oder Handlungsabläufen (Prozessen) verwendet; eine etymologische Interpretation leitet den Begriffsinhalt aus dem griechischen Adjektiv „automatos“ ab: es charakterisiert „alle selbsttätig ablaufenden Vorgänge“, wobei dies auf Personen bezogen heißt, daß diese aus eigenem Willen handeln, auf Sachen bezogen, daß jene sich von selbst bewegen. Automation in einem engeren Sinne wird nur noch in bezug auf Sachen, genauer Maschinen (Automaten) gebraucht und

[56] Diese Interpretation des Informationsbegriffs stimmt weitgehend mit der von *Garstka* (1973) S. 210 als Grundbegriff für den Datenschutz entwickelten überein, nach dem Information „eine Verbindung ... zwischen Sachverhalten auf der einen Seite und einem Entscheidungsprozeß auf der anderen Seite“ herstellt.

[57] Genauer müßte man nicht das stoffliche oder energetische Element, sondern dessen Strukturierung als Datum bezeichnen. Datum ist z. B. nicht die Lochkarte als solche, sondern eine bestimmte Strukturierung, die mit ihrer Perforierung entsteht; ebenso ist Datum z. B. nicht der Magnetkern innerhalb eines Zentralspeichers einer EDVA, sondern die Strukturierung, die dadurch entsteht, daß dieser Magnetkern durch einen Stromstoß geladen bzw. entladen wird. Die Lochkarte selbst ist wie der Magnetkern lediglich Datenträger.

[58] Die Beziehungen zwischen Datum und Information sind Untersuchungsgegenstand der Semiotik; vgl. dazu *Klaus* (1969 b) S. 56 ff.; *Maser* (1971) mit weiteren Nachweisen.

[59] Datenverarbeitung ist deshalb nicht identisch mit Informationsverarbeitung; versteht man Daten wie hier als Abbildung von Information, dann ist Datenverarbeitung die Simulation von Informationsverarbeitung.

[60] Vgl. zum Begriff *Steinbuch* (1965); *Grochla* (1969) mit weiteren Nachweisen, dem die Darstellung im wesentlichen folgt.

bezeichnet die Ersetzung menschlicher Tätigkeiten durch selbsttätige, d. h. sich selbst steuernde Maschinen. Eine besondere Stellung unter den Automaten nehmen diejenigen Maschinen ein, mit deren Hilfe es möglich ist, menschliche Informationsverarbeitungsprozesse zu automatisieren. Diese Maschinen werden als elektronische Datenverarbeitungsanlagen (EDVA) bezeichnet. Automatisierte Datenverarbeitung ist sodann der Inbegriff der Informationsverarbeitungsprozesse, an deren Ablauf EDVA beteiligt sind[61].

3.2.2. Automationsbedingte Entscheidungsinterdependenzen

Automation im Bereich der öffentlichen Verwaltung (Verwaltungsautomation) bedeutet die Ersetzung menschlicher Verwaltungstätigkeit durch ADV. Nachdem die Verwaltungstätigkeit bereits (überwiegend) als Entscheidungstätigkeit in der Form von Informationsverarbeitungsprozessen interpretiert wurde, ist der unmittelbare Bezug zwischen Verwaltungsentscheidung und ADV hergestellt. Da die Verwaltungsentscheidungen jedoch regelmäßig sowohl hinsichtlich der Informationsstrukturen wie auch hinsichtlich ihres Ablaufs sehr komplex sind, erscheint es recht ungenau, wenn man allgemein von der Ersetzung menschlicher Entscheidungsprozesse durch maschinell durchgeführte Entscheidungsprozesse spricht. Bei genauer Betrachtung wird nämlich nur in den seltensten Fällen ein gesamter Entscheidungsprozeß automatisiert, es sind vielmehr meist nur einzelne Elemente, die maschinell ablaufen.

Ein solcher automatisierter Entscheidungsbeitrag kann etwa in der Form erfolgen, daß die EDVA einige der für die Entscheidung benötigten Informationen bereitstellt. Er kann aber auch darin bestehen, daß bestimmte Informationsverarbeitungsprozesse im Rahmen eines Entscheidungsprozesses (z. B. das Vergleichen von Informationen, das Zusammenführen verschiedener Informationen u. a.) von der EDVA selbständig ausgeführt werden. Häufig ist sodann eine Kombination beider Erscheinungsformen, indem einzelne Entscheidungs-Teilprozesse von der EDVA unter Einbeziehung bereits gespeicherter Informationen ausgeführt werden.

---

[61] Der Begriff ADV hat heute in weiten Bereichen den früher regelmäßig synonym gebrauchten Begriff der „elektronischen Datenverarbeitung (EDV)" abgelöst, mit dem (ungenau) Informationsverarbeitungsprozesse auch dann bezeichnet wurden, wenn sie nur zu einem Teil in einer EDVA ablaufen (*Steinmüller* u. a. (1970) S. 7). In diesem Fall zwischen automatisierter und automationsunterstützter DV terminologisch zu unterscheiden (vgl. etwa den Vorschlag von Steinmüller u. a. (1970) S. 55, der zwischen automatisierter Normanwendung und computerunterstützter (= automationsunterstützter) Normanwendung differenziert) scheint deshalb wenig sinnvoll, weil in der Praxis nahezu ausschließlich automationsunterstützte Datenverarbeitung betrieben wird und sich hierfür der Begriff ADV fest eingebürgert hat.

In allen diesen Fällen bilden das menschliche Verhaltenssystem und die EDVA zusammen ein Entscheidungssystem (Mensch-Maschine-System)[62]. Im Hinblick auf das Ergebnis des Entscheidungsprozesses sind die menschlichen wie die automatisierten Entscheidungsbeiträge gleichermaßen relevant. Das gefundene Ergebnis z. B. hängt somit nicht nur von der Qualität der menschlichen Prozeßelemente, sondern ebenso von den ADV-Entscheidungselementen ab. Dies ist für konditionalprogrammierte Entscheidungen unmittelbar einsichtig: Werden im automatisierten Teilprozeß die falschen Daten oder aber die richtigen Daten nach fehlerhaft konzipierten Programmen verarbeitet, dann kann dies zur Fehlerhaftigkeit des aus dem Entscheidungsprozeß resultierenden Verwaltungsakts führen, da die automatisierten Teilprozesse zumeist nicht mehr vom menschlichen Entscheidungssystem überprüft werden. Aber auch bei Finalentscheidungen, insbesondere bei Planungsprozessen, können automatisierte Prozeßelemente („Entscheidungshilfen") auf das Entscheidungsergebnis erheblichen Einfluß gewinnen. Die ADV kann hier vor allem zur Entwicklung und zum Vergleich von Handlungsalternativen und ihren Auswirkungen herangezogen werden. Der Stellenwert der ADV-Entscheidungsbeiträge hängt dabei allerdings wesentlich von zwei Faktoren ab: von der Bedeutung, die dem Rationalitätsgedanken bei der Planung eingeräumt wird und von der Möglichkeit, passende Anwendungsverfahren zu entwickeln und einzusetzen[63].

Festzuhalten bleibt jedenfalls, daß die Interpretation der ADV als „technisches Hilfsmittel" ihre Bedeutung für den Verwaltungsablauf nur unzureichend erfaßt. Verwaltungsautomation impliziert vielmehr die Ersetzung menschlicher Entscheidungsbeiträge durch sich selbst steuernde Maschinen. Unter organisationalem Aspekt heißt das, das System der Interdependenzen zwischen menschlichen Entscheidungssystemen ist zu ergänzen durch die Interdependenzen zwischen menschlichen und maschinellen Entscheidungssystemen. Dabei ist zu prüfen, ob die durch das Organisationsrecht festgelegten Strukturen aufgrund dieser Ergänzung Veränderungen erfahren. Insbesondere geht es um die Frage, ob etwa durch die Übertragung von Teilen des Entscheidungsprozesses aus dem kognitiven Bereich auf EDVA die Zuständigkeit des menschlichen Entscheidungssystems berührt wird.

Die Diskussion über dieses Problem, die mit einem Aufsatz *Zeidlers*[64] eingeleitet wurde, leidet bis heute darunter, daß ein gesicherter Be-

---

[62] Zum Begriff des Mensch-Maschine-Systems vgl. vor allem *Steinmüller* (1972 g) S. 454 ff.; (1974) S. 69 f.

[63] Eine kritische Bestandsaufnahme der derzeitigen Möglichkeiten, ADV für die politische Planung nutzbar zu machen, gibt *Hoschka* (1974).

[64] *Zeidler* (1959); vgl. die Stellungnahmen gegen *Zeidler* bei *Voss* (1960); *Maass* (1961); *Bull* (1964) S. 64 ff.; *Luhmann* (1966 b) S. 30 ff.

griffsapparat nicht zur Verfügung steht, mit dessen Hilfe eine einheitliche Beschreibung technischer Sachverhalte und rechtlicher Notwendigkeiten möglich wäre. Die allzu schnelle Ablehnung der Anwendbarkeit von Begriffen wie „Verantwortung" und „Willen" im Rahmen dieser Diskussion darf jedoch nicht darüber hinwegtäuschen, daß die von Zeidler gesehenen Trennung zwischen kognitiven und automatisierten Entscheidungsbeiträgen, die auch unter dem hier vertretenen entscheidungstheoretischen Ansatz aufrechterhalten wird, zu Recht problematisiert wurde und die damit aufgeworfenen Fragen bis heute noch nicht befriedigend gelöst worden sind.

Ein Beispiel dafür, wie aktuell diese Problematik immer noch ist, bieten die Überlegungen zur Grundbuchautomation. Ersetzt man nämlich das Grundbuch im herkömmlichen Sinne durch eine EDVA, so ist fraglich, wie der wirksame Eintrag im Grundbuch vorgenommen wird. Leider beschränkt sich jedoch die Diskussion darüber im wesentlichen auf zwei aus der Sicht des formellen und materiellen Grundbuchrechts mit der Eintragung verknüpfte Regelungen, nämlich das Unterschriftserfordernis bzw. die Frage nach dem Zeitpunkt der Wirksamkeit des Eintrages, ohne daß die eigentlich zugrunde liegende Frage, ob sich etwa auch im Bereich der Zuständigkeit Änderungen ergeben, aufgeworfen wird[65].

Am überzeugendsten hat sich *Luhmann* allgemein mit dieser Frage auseinandergesetzt[66]. Luhmann geht davon aus, daß die Verantwortung des Juristen (im Sinne eines Rechtsanwenders, also Entscheiders) in der besonderen Art des juristischen Entscheidungsbeitrags begründet ist, der „nicht logisch-tautologische und in diesem Sinne richtige Informationsumformung (ist), sondern eine Leistung, die man als Absorption von Unsicherheit bezeichnen könnte"[67]. Die Absorption von Unsicherheit wird dadurch geleistet, daß ein Defizit an Informationen, die für die Entscheidung des Individuums nötig sind, durch Hinzugabe eigener, vom Individuum selbst gerierter Informationen ausgeglichen wird, wobei derjenige, der „auf die eine oder andere Weise mehr Information weitergibt, als er empfangen hatte, ... eben damit und insoweit Verantwortung (übernimmt)"[68]. Da automatisierte Entscheidungen jedoch streng logische Entscheidungen ohne informationelles Defizit sind, auf die das Merkmal der Verantwortung nicht paßt, bleibt letztere dem Menschen vorbehalten.

Es scheint jedoch bedenklich, den Verantwortungsbegriff so eng zu fassen und auf Entscheidungen, die als Absorption von Unsicherheit

[65] Vgl. *Rattel* u. a. (1971) S. 17 ff.; *Geiger* (1972).

[66] *Luhmann* (1966 b); vgl. auch *Kerkau* (1971).

[67] *Luhmann* (1966 b) S. 56 f.

[68] *Luhmann* (1966 b) S. 57 Fn. 17.

darstellbar sind, zu beschränken. Immerhin muß *Luhmann* offen lassen, warum sich Verantwortung zwar nicht auf die von der EDVA geleiteten Entscheidungen, jedoch auf diese vorbereitende Tätigkeiten wie Mitwirkung bei der Programmierung beziehen soll. Darüber hinaus bleibt es unter verwaltungsrechtlichen Gesichtspunkten bei der Verantwortung (Zuständigkeit) eines Entscheiders auch dann, wenn seine Entscheidungsprämissen wie etwa im Fall der Weisung vollständig durch informationelle Koppelung mit einem anderen Verhaltenselement determiniert sind. Die Beschränkung des Verantwortungsbegriffs auf den Teil menschlicher Entscheidungstätigkeit, dessen Ablauf nicht logischen Gesetzen folgt, erscheint wenig plausibel angesichts der Fortschritte der Simulationsforschung im Bereich der Lösung schlecht definierter Probleme. Gerade die Ergebnisse, die bei der Computersimulation kognitiver Programme erzielt wurden, lassen die Grenzen zwischen kognitiven und automatisierten Entscheidungsbeiträgen verwischen, wenn diese durch die Fähigkeit zur Lösung schlecht definierter Probleme bestimmt werden[69].

Begreift man die Zuständigkeit unter entscheidungstheoretischen Aspekten als Autorisierung bestimmter Outputs eines Verhaltenselementes, so sind hinsichtlich des Zusammenwirkens von kognitiven und automatisierten Entscheidungsbeiträgen im Rahmen einer Gesamtentscheidung grundsätzlich zwei Alternativen bedeutsam. Die erste Alternative stellt sich so dar, daß der gesamte Entscheidungsprozeß zwar neben kognitiven Programmen auch automatisierte Programmelemente enthält, während jedoch der Output eindeutig als Output eines menschlichen Entscheidungssystems identifiziert werden kann. Bei der zweiten Alternative dagegen stammt der den Entscheidungsprozeß abschließende Output unmittelbar von der EDVA. Die folgenden Überlegungen zur Zuständigkeit gehen von dieser Unterscheidung aus.

3.2.2.1. Automatisierte Teilprozesse

Ausgangspunkt der Überlegungen ist ein Beispiel für die Automation von Teilprozessen des Entscheidungsprozesses „Erteilung einer Bescheinigung über Personaldaten durch einen Sachbearbeiter im Einwohnerwesen“[70]. Der automatisierte Entscheidungsbeitrag kann darin

[69] Diese Einschränkung wird auch von *Luhmann* selbst (1966 b) S. 59 Fn. 24 gemacht: „Man muß sich jedoch darüber im klaren sein, daß mit dieser Argumentation nur die gegenwärtige Situation fixiert wird. Unser Gedankengang kann und wird vermutlich eines Tages aus den Angeln gehoben werden mit dem Gegenargument, daß man auch einer Maschine logische Sprünge beibringen könne und daß sie die Voraussetzungen für die Zulässigkeit solcher Sprünge besser abklären könne als der Mensch.“

[70] Der folgenden Darstellung liegen die Arbeitsanweisung der Anstalt für Kommunale Datenverarbeitung in Bayern (AKDB) für Sachbearbeiter im

bestehen, daß der Sachbearbeiter — anstelle der Nachprüfung der Daten in der manuell erstellten Kartei — über ein Terminal mit einer EDVA verbunden ist, wo die Daten auf einer Magnetplatte gespeichert sind. Mit Hilfe eines bestimmten Programms fragt er die Daten ab und erteilt aufgrund des auf dem Terminal sichtbaren Plattenauszugs die gewünschte Bescheinigung. Die Bescheinigung, die der Antragsteller erhält, stellt sich für diesen im Falle manueller Bearbeitung wie im geschilderten Fall bei Einbeziehung automatisierter Programmelemente gleichermaßen als Output des menschlichen Verhaltenselements (Sachbearbeiter) dar und ist deshalb insoweit autorisiert; der Sachbearbeiter ist im einen wie im anderen Fall zur Erteilung der Bescheinigung „zuständig".

Für das Entscheidungsverhalten des Sachbearbeiters jedoch stellt das automatisierte Programmelement eine wichtige Beschränkung dar, die seine Entscheidungsprämissen wesentlich umgestaltet. Die Entscheidung, bestimmte kognitive Programmelemente einer Gesamtentscheidung durch automatisierte Programmelemente zu ersetzen, ist vergleichbar der Reaktion auf eine organisationsrechtliche Maßnahme, etwa eine im Rahmen eines Aufsichtsverhältnisses ergangenen Weisung. Es ist deshalb nur konsequent, wenn z. B. die Beschreibung der Grundstufe des automatisierten Einwohnerwesens, wie sie von der AKDB entwickelt wurde, für den Sachbearbeiter in Form einer „Arbeitsanweisung" erstellt wird. Der Unterschied zu den sonstigen Arbeitsanweisungen, die der Sachbearbeiter erhält, besteht jedoch darin, daß die genannte Arbeitsanweisung zunächst nicht im Rahmen eines Aufsichtsverhältnisses ergeht, d. h. nicht durch die organisationsrechtliche Weisungsbefugnis z. B. seines Vorgesetzten gedeckt ist. Damit sie dennoch Verbindlichkeit erlangt, bedarf sie der Autorisierung. Dies kann dadurch geschehen, daß der organisationsrechtlich Weisungsbefugte (z. B. Vorgesetzte) sie sich zu eigen macht und als eigene Weisung gegenüber dem Sachbearbeiter erläßt.

Bis zu diesem Punkt ergeben sich aus dem Zusammenwirken von kognitiven und automatisierten Programmen unter organisationsrechtlichen Überlegungen noch keine wesentlichen Besonderheiten. Diese treten jedoch ein, wenn man die Ungewißheiten beseitigen will, die dadurch entstehen, daß die Entscheidung über die Aufnahme automatisierter Programmelemente in das Belieben derer gestellt ist, die Inhaber der Organisationsgewalt bezüglich der jeweiligen Entscheidung sind. Die Autorisierung der durch die Automation notwendigen Eingriffe in die Entscheidungsprämissen des zuständigen Verhaltenselements kann dabei durch das neu geschaffene ADV-Organisationsrecht

Einwohnerwesen sowie das Anwendungshandbuch der AKDB für die Grundstufe 1 des Einwohnerwesens zugrunde.

erfolgen. So werden etwa die Länderregierungen in einigen ADV-Organisationsgesetzen[71] ermächtigt, im Zusammenhang mit der Einführung automatisierter Programmelemente bestimmte Verfahren als verbindlich vorzuschreiben. Diese Regelungen ermöglichen unter Umgehung der durch das (herkömmliche) Organisationsrecht geschaffenen Strukturen gezielte Eingriffe in den Ablauf von Entscheidungsprozessen in nahezu allen Bereichen der öffentlichen Verwaltung, soweit sie zur Einführung automatisierter Verfahren opportun sind.

Interpretiert man informationelle Strukturen (Entscheidungsinterdependenzen), aufgrund derer ein Verhaltenselement Informationen als Entscheidungsprämissen akzeptieren muß, als Machtgrundlagen, so wird deutlich, in welch hohem Maße diese Regelungen geeignet sind, die bestehenden Machtstrukturen im Bereich der öffentlichen Verwaltung nachhaltig zu verändern. Für die Beurteilung der durch diese Veränderungen der Machtstrukturen bewirkten Folgen ist jedoch folgenes zu beachten: Bestehen Machtstrukturen lediglich aufgrund von Zweckmäßigkeitsgesichtspunkten — dies ist etwa der Fall bei einer Gliederung der Stadtverwaltung in Referate — so sind Änderungen dieser Strukturen ebenfalls unter Zweckmäßigkeitsgesichtspunkten zu diskutieren. Dies gilt z. B. für den Fall, daß im Rahmen zunehmender Automation die Machtgrundlage der mit der Automation befaßten Stellen einer Stadtverwaltung sich vergrößert. Anderes gilt jedoch für Machtstrukturen, die — wie z. B. das kommunale Selbstverwaltungsrecht und das Ressortprinzip — wichtige Prinzipien der Staatsorganisation darstellen, deren Veränderung nicht ohne Folgen für den gesamten Staatsaufbau bleiben kann[72].

Eine weitere Einschränkung bei der Beurteilung der durch das ADV-Organisationsrecht bewirkten Veränderungen ergibt sich im Hinblick auf die Art der von der Automation berührten Entscheidungsprozesse. Bis heute liegt das Schwergewicht der Anwendung automatisierter Verfahren vorwiegend bei Entscheidungen im Bereich der operativen Ebene. Diese sind dadurch gekennzeichnet, daß die im Entscheidungsprozeß verwendeten kognitiven Programme in sehr hohem Maße bereits durch gesetzliche Bestimmungen determiniert sind. Die für diese Entscheidungen typischen Programme zeichnen sich durch strenge logische Strukturen aus, die den Entwurf automatisierbarer Programmelemente erleichtern. Durch die Automation werden hier kognitive Programme simuliert, ohne daß dadurch der Output des Entscheidungsprozesses inhaltlich verändert wird[73]. Dies ist jedoch anders bei Planungs-

[71] Vgl. unten Abschnitt 4.2.4.3.

[72] Vgl. dazu unten Abschnitt 5.

[73] Dies setzt jedoch voraus, daß die Umsetzung der kognitiven Programme in ADV-Programme gelingt; werden hierbei Fehler gemacht, dann ändert sich infolgedessen auch der Output. Vgl. hierzu *Eberle / Garstka* (1972).

entscheidungen, deren kognitive Programme bislang nur in ersten Ansätzen erkannt sind. Anders als bei operativen Entscheidungen führt die Automation als Simulation dieser kognitiven Programme zu erheblichen Veränderungen im Output, da bei der Operationalisierung der in der Regel vorhandenen schlecht definierten Probleme die Simulation entsprechender kognitiver Programme bislang nur mangelhaft gelingt. Automation im Planungsbereich führt deshalb notwendig zu erheblichen inhaltlichen Veränderungen beim Output der automatisierten Entscheidungsprozesse. Entsprechend ist deshalb die Veränderungskraft, die mit der Einführung automatisierter Verfahren in diesen Bereichen verbunden ist, zu beurteilen.

3.2.2.2. Automatisierter Output

Während die Frage der Zuständigkeit beim Zusammenwirken von kognitiven und automatisierten Programmen eben unter der Prämisse diskutiert wurde, daß der Output des gesamten Entscheidungsprozesses eindeutig als solcher des menschlichen Verhaltenselements identifiziert werden kann, soll im folgenden untersucht werden, welche Konsequenzen sich ergeben, wenn der Output unmittelbar von der EDVA herrührt[74].

Ein Beispiel hierfür bietet die Ersterfassung der Personendaten eines Einwohners durch einen Sachbearbeiter bei automatisierter Grundstufe im Einwohnerwesen. Das Zusammenwirken kognitiver und automatisierter Programmelemente stellt sich hier wie folgt dar: Der Sachbearbeiter gibt die ihm vom Einwohner übermittelten, auf einem Formular fixierten persönlichen Daten über ein Bildschirmterminal in die EDVA ein. Diese führt zunächst eine große Zahl von Plausibilitätskontrollen durch und zeigt dem Sachbearbeiter mögliche Eingabefehler auf dem Bildschirm an. Dieser hat sodann die Möglichkeit, die Fehler durch erneute Eingabe zu korrigieren. Nach der Durchführung der Plausibilitätskontrollen werden die Daten schließlich von der EDVA selbständig auf einer Magnetplatte gespeichert, wo sie für den Sachbearbeiter im direkten Zugriff verfügbar gehalten werden.

Während beim herkömmlichen Verfahren die angelegte Karteikarte eindeutig als Output des Sachbearbeiters zu identifizieren war, ist fraglich, was beim automatisierten Verfahren als Output des Sachbearbeiters auszumachen ist. Zunächst liegt es nahe, die Eingabe der

---

[74] *Bull* (1964) S. 116 ff. und *v. Berg* (1968) S. 88 ff. haben diese Fragen zunächst unter dem Gesichtspunkt der Erfüllung von Formvorschriften untersucht und im Einklang mit BFH BStBL. 1962 III S. 422, BSozG NJW 1961, S. 702 die Unterschrift des Sachbearbeiters unter den automatisch erstellten Verwaltungsakt bei der Steuerfestsetzung nicht für erforderlich gehalten.

Daten, die der Sachbearbeiter mit Hilfe des Terminals durchführt, als dessen Output zu qualifizieren. Betrachtet man jedoch den gesamten Entscheidungsprozeß „Ersterfassung der Einwohnerdaten", so stellt die Eingabe der Daten in die EDVA keinesfalls den Abschluß dieses Entscheidungsprozesses dar. Vielmehr schließen sich an diesen Vorgang eine Vielzahl automatisierter Programmelemente (Plausibilitätskontrollen) an; abgeschlossen ist der Entscheidungsprozeß erst mit der Speicherung der Daten auf der Magnetplatte. Diese Speicherung kann jedoch allenfalls als Output der EDVA identifiziert werden, nicht jedoch als solcher des Sachbearbeiters, der auf diesen Vorgang keine Einflußmöglichkeiten mehr hat. Knüpft man nun das Merkmal der Zuständigkeit an den den gesamten Entscheidungsprozeß abschließenden Output, so hat der Sachbearbeiter in diesem Fall seine Zuständigkeit verloren. Andererseits ist der Output der EDVA nicht autorisiert, denn das herkömmliche Organisationsrecht kennt keine Zuständigkeit von Maschinen. Der Output der EDVA bedarf deshalb — wie die „Arbeitsanweisung" — einer organisationsrechtlichen Autorisierung. Wenig sinnvoll erscheint es jedoch, diese Autorisierung unmittelbar an den maschineninternen Vorgang, im genannten Beispiel etwa die Speicherung der Daten auf Magnetplatte, zu knüpfen. Dieser Vorgang ist nämlich vollständig determiniert. Determinanten sind einerseits die faktischen Informationen, die vom Sachbearbeiter mittels Terminal eingegeben werden und zum anderen das Programm, durch das die informationellen Operationen, die mit den Daten ausgeführt werden (Programmablaufplan) sowie die Bewegungen der Informationen innerhalb der EDVA (Datenflußplan) festgelegt werden. Sieht man hierbei die Eingabe faktischer Informationen durch den Sachbearbeiter als eine Art verkürzten Output an, für den die Zuständigkeit aus der im herkömmlichen Organisationsrecht begründeten Zuständigkeit abgeleitet werden kann, so reduziert sich die Autorisierung des maschinellen Outputs auf die Notwendigkeit der Autorisierung der diesen Output determinierenden Programme. Die Notwendigkeit einer speziellen Autorisierung von Programmen wurde in der Diskussion des ADV-Organisationsrechts bislang meist verkannt[75]. Lediglich im Bereich des Datenschutzrechts, in dem die Autorisierung des maschinellen Outputs, freilich unter anderen Kriterien als im Organisationsrecht, ebenfalls eine große Rolle spielt, setzt sich die von *Steinmüller*[76] vertretene Programmkontrolle mehr und mehr durch.

Nun kennt das ADV-Organisationsrecht eine ganze Reihe von Ermächtigungen, die den Entwurf und die Ausarbeitung von Programmen

---

[75] Vgl. jedoch *Kerkau* (1971) S. 107, der ebenfalls eine förmliche Programmabnahme durch die Fachverwaltung fordert.

[76] *Steinmüller* (1972 g) S. 461.

zum Gegenstand haben. Regelungen hierzu finden sich in den ADV-Organisationsgesetzen ebenso wie in den Satzungen und Gesellschaftsverträgen von Datenzentralen. Fraglich ist, ob diese Ermächtigungen den Anforderungen genügen, die an die Autorisierung von Programmen zu stellen sind. Zunächst könnte man daran denken, das Problem anhand der gleichen Kriterien zu lösen, die oben für den mit der Einführung automatisierter Verfahren bedingten Eingriff in den Arbeitsablauf entwickelt wurden. Dem steht jedoch entgegen, daß im Organisationsrecht zwischen den vergleichbaren rechtlichen Instituten der Weisung und des Selbsteintritts streng unterschieden wird. Eine Weisungsbefugnis gestattet dem Berechtigten nur in Ausnahmefällen, auf den Entscheidungsprozeß in der Weise Einfluß zu nehmen, daß der Output direkt vom Weisungsberechtigten abgegeben wird. Diese mit dem Begriff der Zuständigkeit verbundene Folge wurde oben als Ausschließlichkeitswirkung bezeichnet. Der Sinn dieser Regelung wird wohl darin zu sehen sein, daß der mit der Entscheidung Befugte im Hinblick darauf, daß er für den Output einstehen muß (z. B. haftbar gemacht werden kann), auch die Möglichkeit haben muß, die für den Output maßgeblichen Programme (bei herkömmlichen Verfahren: kognitive Programme) auf ihre Richtigkeit hin zu überprüfen. Dies gilt auch im Fall der Weisung, die wiederum erst aufgrund bestimmter kognitiver Programme zum Bestandteil der Definition der Situation des Entscheidungsbefugten wird.

Überträgt man diese Überlegungen jedoch auf Entscheidungsprozesse mit automatisierten Programmelementen, dann zeigt es sich, daß der mit dem grundsätzlichen Verbot des Selbsteintritts verfolgte Zweck hier nicht erreicht werden kann. Der Entscheidungsbefugte wird nämlich in aller Regel nicht in der Lage sein, automatisierte Programmelemente auf ihre Richtigkeit hin zu überprüfen. Einmal besitzt er nicht die nötigen Kenntnisse und Fähigkeiten, eine solche Überprüfung vorzunehmen, und zum anderen besteht der Sinn automatisierter Verfahren gerade darin, solche Prüfungen im Einzelfall entbehrlich zu machen. Die Outputs der EDVA werden jedoch vom Entscheidungsbefugten nicht nur dann ungeprüft hingenommen, wenn sie gleichzeitig Output des gesamten Entscheidungsprozesses sind, sondern auch dann, wenn der Output dem Entscheidungsbefugten selbst verbleibt und die Outputs der EDVA lediglich als Entscheidungsprämissen in die Definition der Situation eingehen. Es wäre jedoch verfehlt, wollte man daraus den Schluß ziehen, daß auf die Prüfung automatisierter Entscheidungsbeiträge überhaupt verzichtet werden könnte. Richtig ist vielmehr, daß diese Prüfung zwar nicht im Rahmen jedes einzelnen Entscheidungsprozesses, sondern generell anhand der den Computeroutput determinierenden Programme vorzunehmen ist. Der Output einer EDVA ist demnach insoweit autorisiert, als er aufgrund eines autorisierten Programmes erfolgt.

Damit lassen sich auch die Bedingungen formulieren, die für die Autorisierung des Outputs des gesamten Entscheidungsprozesses gelten, gleich ob dieser als Output des menschlichen Verhaltenselements oder als Output der EDVA identifiziert werden kann: Der Output als Abschluß eines Entscheidungsprozesses, dessen Programmelemente sowohl kognitiver als auch automatisierter Art sind, gilt dann als autorisiert, wenn die kognitiven Entscheidungsbeiträge einerseits und die verwendeten Computerprogramme andererseits autorisiert sind.

Die in der Praxis regelmäßig anzutreffende Übung, daß bei der Erstellung von Computerprogrammen verwaltungsfremde EDV-Spezialisten und die aufgrund des Organisationsrechts entscheidungsbefugten Verwaltungsstellen zusammenarbeiten, darf nicht darüber hinwegtäuschen, daß innerhalb des ADV-Organisationsrechts bislang noch keine Regeln dafür entwickelt wurden, wann ein Programm als autorisiert anzusehen ist. Die Tatsache, daß ein Computerprogramm im Rahmen eines Entscheidungsprozesses Anwendung findet, ist jedenfalls noch nicht als Autorisierung anzusehen, sondern lediglich als Indiz für diese zu werten. Auch wenn einer Datenzentrale durch Gesetz, Satzung oder Gesellschaftsvertrag die Aufgabe der Programmerstellung übertragen wird, so ist damit noch keine Aussage über die Verbindlichkeit des Programmes für diejenigen Verhaltenselemente getroffen, deren Entscheidungsprozeß mit Hilfe dieses Programmes (teil-)automatisiert werden soll.

Daß die hiermit zusammenhängenden Fragen in der Literatur bislang noch nicht diskutiert wurden, hängt wohl damit zusammen, daß diese Fragen in der Praxis noch nicht als problematisch empfunden wurden[77]. Dies liegt einmal daran, daß Computerprogramme für den Einsatz im Bereich der öffentlichen Verwaltung, insbesondere in der Kommunalverwaltung, in der Regel in enger Zusammenarbeit zwischen Datenzentralen und den betroffenen Verwaltungsstellen erarbietet wurden. Im Rahmen dieser Zusammenarbeit hat es sich jedoch herausgestellt, daß aufgrund der fachlichen Überlegenheit der EDV-Spezialisten Konflikte entweder überhaupt nicht als solche erkannt wurden (angeblicher „Sachzwang“) oder infolge mangelnder Artikulationsfähigkeit seitens der betroffenen Verwaltungsstellen nicht ausgetragen wurden. Verfügt die Fachverwaltung jedoch ebenso über EDV-Spezialisten und -Erfahrung wie die Datenzentrale, so kann die Autorisierung von Computerprogrammen mit erheblichen Schwierigkeiten

[77] Einen ersten Erfahrungsbericht liefern *Köhler* (1974) und *Walter* (1974); gerade letzterer läßt jedoch deutlich die Eigenständigkeit der ADV-Verwaltung erkennen.

verbunden sein. Es ist deshalb unbedingt erforderlich, daß im Rahmen des ADV-Organisationsrechts feste Regeln über die Autorisierung von Computerprogrammen entwickelt werden[78].

3.2.3. Dissoziation der Verwaltung

Der Blick auf die neuen Entscheidungsinterdependenzen zwischen ADV und menschlichen Entscheidungssystemen hat gezeigt, daß die Verwaltungsautomation nicht ohne Folgen für das organisationale Gefüge der öffentlichen Verwaltung vorangetrieben werden kann.

Sieht man die öffentliche Verwaltung als eine abgegrenzte Menge von Verhaltenselementen, die wiederum eine bestimmte Menge von Entscheidungsprozessen repräsentieren, so liegt der Gedanke nahe, die ADV aus diesem System auszugliedern, sie einem selbständigen, abgegrenzten organisationalen System („Informationsorganisation") zuzuordnen. In diesem Sinne wird *Steinmüllers* Vorstellung von der „Dissoziation der Verwaltung" zu verstehen sein[79]:

> „Das bisher einheitliche Verwaltungsverfahren differenziert sich in zwei Teile, einen manuellen und einen automatisierten; damit tritt aber auch neben (und in) die bisher horizontal und vertikal gegliederte Verwaltungsorganisation die ähnlich strukturierte Informationsorganisation.
>
> Informations- und bisherige Verwaltungsorganisation stehen jedoch keineswegs unverbunden nebeneinander; zahlreiche Berührungspunkte komplizieren das Bild. Vor allem aber bilden beide zusammen das neuartige integrierte und vermaschte ‚Mensch-Maschine-System Verwaltung', in dem arbeitsteilig Mensch und Maschine zusammen wirken: innovierend, programmierend und kontrollierend der Mensch, ausführend der ‚Service-Betrieb EDV'."

Steinmüllers These ist zuzustimmen, soweit unter Verwaltungsorganisation die institutionelle Organisation der öffentlichen Verwaltung verstanden wird; sichtbares Zeichen einer eigenständigen Organisation der ADV sind die lediglich mit ADV-Aufgaben betrauten neugeschaffenen Institutionen[80].

Undeutlich, weil möglicherweise zu stark vereinfacht, ist jedoch die Vorstellung einer Dissoziation der Verwaltung, wenn damit zugleich auch Verwaltung im funktionellen Sinne gemeint ist. In diesem Bereich gibt es nämlich gerade eine starke Verflechtung der Tätigkeiten der Institutionen aus dem Komplex ADV einerseits und der Fachverwaltung

---

[78] Ein erster Schritt in dieser Richtung ist die Regelung in § 6 EADVG Nds., der die explizite Programmfreigabe durch den fachlich zuständigen Minister bzw. die von ihm beauftragte Landesbehörde vorschreibt, sofern Daten in den Rechenzentren der Landesverwaltung verarbeitet werden. Diese Vorschrift ist deshalb von exemplarischer Bedeutung.

[79] *Steinmüller* (1972 g) S. 462.

[80] Vgl. dazu unten Abschnitt 4.1.2.

andererseits. Art und Ausmaß hängen im wesentlichen davon ab, welche Phase des automatisierten Verfahrens — z. B. die Einführung neuer Verfahren oder die (teil-)automatisierte Durchführung bestehender Verwaltungsfunktionen — man betrachtet[81]. Während die Praktiker der ADV zu einer „funktionellen Zentralisation" tendieren, im Rahmen derer eine frühzeitige und umfassende Einbeziehung der Datenzentrale in die Automationsvorhaben, vor allem im Hinblick auf die mögliche Verwirklichung integrierter Datenverarbeitung, gefordert wird[82], sehen andere wohl die Gefahr einer dadurch möglichen Bevormundung der Fachverwaltung durch die Datenverarbeitungsinstitutionen; deshalb auch der Vorschlag, diesen Institutionen lediglich „Dienstleistungscharakter" zu verleihen, „indem man die Aufgabenanalyse bis hin zum Programmablaufplan oder zum Blockdiagramm als Aufgabe der Fachverwaltung definiert"[83].

Ob ein solcher reiner Dienstleistungscharakter der ADV überhaupt möglich ist, erscheint aber zweifelhaft. Benutzen mehrere Behörden die gleiche Datenzentrale, so entstehen dadurch Abhängigkeiten, die sich auf Inhalt und Ablauf der zu automatisierenden Entscheidungsprozesse auswirken können. Diese Abhängigkeiten sind bedingt durch die beschränkte Verarbeitungskapazität der EDVA mit der Folge, daß nicht jede Behörde zu jeder beliebigen Zeit ihre automatisierten Funktionen erledigen lassen kann. Sie ist vielmehr an einen Zeitplan und an die Grenzen der maschinellen Kapazität der Datenzentrale gebunden. Das kann in Extremfällen dazu führen, daß auf wichtige Entscheidungshilfen z. B. im Bereich der Planung verzichtet werden muß, weil ihre Erarbeitung die maschinelle Kapazität der Anlage übersteigt oder weil sie nicht ausreichend schnell erstellt werden können. Die Folge für den Planungsprozeß ist, daß mögliche Handlungsalternativen nicht entwickelt bzw. beurteilt werden können. Es entfallen also notwendige Entscheidungsprämissen, die möglicherweise das Ergebnis des Planungsprozesses verändert hätten.

Auch in einem anderen Bereich ist der Einfluß der Datenzentrale auf die Entscheidungsprozesse der Fachverwaltung nicht zu unterschätzen. Bei der Erstellung der Datenverarbeitungsprogramme nämlich, also bei der Umsetzung der kognitiven Programme in Arbeitsanweisungen für die EDVA, ist die Fachverwaltung i. d. R. dem (EDV-)Sachverstand der Datenverarbeitungsverwaltung unterlegen. Selbst die Programm-

---

[81] *E. Fuchs* (1973) S. 100 nennt vier Phasen: Definitionsphase, Entwicklungsphase, Durchführungsphase und Wartungsphase.

[82] *E. Fuchs* (1973) S. 100.

[83] *Ruckriegel* (1973) S. 8, der dabei jedoch übersieht, daß dies in den ADV-Organisationsgesetzen wie in den Gesellschaftsverträgen der interkommunalen Datenzentralen i. d. R. anders, d. i. dem Wunsch der DV-Praktiker entsprechend, geregelt ist.

kontrolle und -freigabe kann nicht verhindern, daß der Ablauf der Entscheidungsprozesse und damit auch Fragen der Gesetzesanwendung (einschließlich der Auslegung von Vorschriften und Rechtsbegriffen) zunächst von der Datenverarbeitungsverwaltung vorgedacht werden. Diese aber ist gerade für letztere Fragen nicht kompetent. Mögliche Fehler hingegen werden rechtzeitig nur entdeckt, wenn die (an sich kompetente) Fachverwaltung ihrerseits zu einer exakten Analyse der Datenverarbeitungsprogramme fähig ist. Auch insoweit werden deshalb in der Datenverarbeitungsverwaltung mehr und mehr „materielle" Entscheidungsbeiträge geliefert, die über den reinen „Dienstleistungsbetrieb" hinausgehen.

Nachdem nun einige Veränderungen der Entscheidungsinterdependenzen als Folge der Verwaltungsautomation idealtypisch aufgezeigt wurden, soll der Versuch unternommen werden, die konkreten Formen der ADV-Organisation in der öffentlichen Verwaltung darzustellen und einer rechtlichen Beurteilung zu unterziehen.

4. ADV-Organisation

Die Diskussion der Organisationsfragen, die mit dem Einsatz von ADV in der öffentlichen Verwaltung zusammenhängen, stand zunächst weitgehend unter dem Einfluß emotional begründeter Vorurteile, die sich um die dem Computer zugeschriebenen Möglichkeiten rankten und sich in dem Reizwort „Elektronengehirn" widerspiegeln. Dem entspricht, daß EDVA zunächst beschwichtigend als technische Hilfsmittel und Organisationsmittel, kurz als Arbeitsmittel interpretiert wurden[1]. Dahinter stand die Vorstellung, daß die mit der ADV verbundenen Vorteile auch im Bereich der öffentlichen Verwaltung genutzt werden könnten, ohne daß das institutionelle und funktionelle organisatorische Gefüge der öffentlichen Verwaltung dadurch wesentlich berührt werde.

Diese Vorstellung mußte sich jedoch als falsch erweisen, nachdem die Länderparlamente in Schleswig-Holstein, Hessen, Bayern, Baden-Württemberg und Nordrhein-Westfalen gesetzliche Regelungen (in Niedersachsen existiert ein Referentenentwurf aus dem Innenministerium) erlassen hatten, deren Gegenstand ausschließlich Fragen der Organisation der ADV im öffentlichen Bereich sind[2]. Die besondere Bedeutung dieser ADV-Organisationsgesetze besteht zunächst darin, daß sie der Organisation der ADV innerhalb der öffentlichen Verwaltung einen besonderen Rang gegenüber der herkömmlichen Verwaltungsorganisa-

---

[1] Vgl. etwa *Genscher* (1970) S. 20 f.

[2] Sog. ADV-Organisationsgesetze:

- Gesetz über die Datenzentrale Schleswig-Holstein vom 2. April 1968 (GVOBl. Schl.-H. S. 92) — Schl.-H. EDVG —;
- Gesetz über die Errichtung der Hessischen Zentrale für Datenverarbeitung (HZD) und Kommunaler Gebietsrechenzentren (KGRZ) vom 16. Dezember 1969 (GVBl. I S. 304) i. d. F. v. 28. September 1973 (GVBl. I S. 380) — Hess. EDVG —;
- Gesetz über die Organisation der elektronischen Datenverarbeitung im Freistaat Bayern (EDVG) vom 12. Oktober 1970 (GVBl. S. 457) — Bay. EDVG —;
- Gesetz über die Datenzentrale Baden-Württemberg vom 17. November 1970 (Ges.Bl. S. 492) — B.-W. EDVG —;
- Gesetz über die Organisation der automatisierten Datenverarbeitung in Nordrhein-Westfalen (ADV-Organisationsgesetz — ADVG NW) vom 12. Februar 1974 (GVBl. S. 66);
- Gesetz über die Organisation der automatischen Datenverarbeitung in Niedersachsen (ADV-Organisationsgesetz — ADVG Nds.) (unveröffentlichter Referentenentwurf, Stand September 1973; vgl. den Hinweis in ÖVD 3 (1973) S. 485) — EADVG Nds. —.

tion einräumen. Dies kommt darin zum Ausdruck, daß ADV nunmehr nicht lediglich unter dem Gesichtspunkt des Arbeitsmittels gesehen wird, sondern daß eine eigenständige, neue Aufgabe „Datenverarbeitung in der öffentlichen Verwaltung" erkannt und formuliert wird, deren organisatorische Bewältigung in den Gesetzen versucht wurde[3].

Dem kann nicht entgegengehalten werden, daß die Zahl der Staatsaufgaben begrenzt und ADV mithin nur eine der zahlreichen Funktionen sei, die zur Erfüllung der Aufgabe „Bereitstellung der sachlichen und personellen Mittel" dienten[4]. Dies würde nämlich voraussetzen, daß man den Aufgabenbegriff nur auf Zielsetzungen generellster Art (Staatszwecke) beschränkt. Unter dem Aspekt der Systematisierung der Verwaltungstätigkeit mag dies im Rahmen etwa einer Verwaltungslehre zu brauchbaren Ergebnissen führen. Unbestreitbar ist jedoch, daß die ordnende Gestaltung des Verwaltungshandelns, die Organisation der öffentlichen Verwaltung, nur gelingt, wenn die „Zielsetzungen für zweckbezogene menschliche Handlungen — Handlungsziele"[5] aller Verhaltenssysteme im Bereich der öffentlichen Verwaltung geordnet werden. Dies setzt jedoch voraus, daß sich aus den Zielsetzungen allgemeinster Art eine Vielzahl von ganz konkreten Zielsetzungen entwickeln lassen, die als (Teil-)Aufgaben sodann den Verhaltenssystemen zugeordnet werden können. Nach dieser Vorgehensweise läßt sich dann auch die Aufgabe „Verwaltungsautomation" ausmachen, deren weitere Ana-

---

[3] Vgl. etwa die ursprüngliche (im verabschiedeten Entwurf ergänzte) Fassung des Art. 1 Bay.EDVG: „Die öffentliche Verwaltung bedient sich der elektronischen Datenverarbeitung zur rationellen Erledigung automationsgeeigneter Aufgaben und zur Gewinnung von Planungsinformationen und Entscheidungshilfen" (Bayer. Landtag, 6. Legislaturperiode, Beilage 3248 Nr. B III/3 - 1552 - 2811 vom 22. 4. 1970) sowie die Begründung des Gesetzentwurfes: „Um die voraussehbare stürmische Weiterentwicklung der Datenverarbeitung in der öffentlichen Verwaltung richtig zu lenken und um gesicherte organisatorische Grundlagen zu schaffen, beschloß der Ministerrat am 2. Dezember 1969 die Ausarbeitung eines Gesetzentwurfes über die Organisation der elektronischen Datenverarbeitung im Freistaat Bayern." Für den kommunalen Bereich vgl. *Jähnig* (1973) S. 37. Entgegen *Ruckriegel* (1973) S. 8 Fn. 16 muß man deshalb die Verwaltungsautomation als eigene Aufgabe der Verwaltung ansehen. Wie anders wollte man sonst überhaupt einen Zuständigkeitsbereich von Datenverarbeitungszentralen beschreiben können, den auch Ruckriegel nicht bestreitet?

[4] Zum Aufgaben- und Funktionsbegriff vgl. *F. Mayer* (1965) S. 15 f., der wohl auch von einer begrenzten Zahl von (Staats-)Aufgaben ausgeht.

[5] So der Aufgabenbegriff der betriebswirtschaftlichen Organisationstheorie (vgl. *Kosiol* (1962) S. 43), die unter Weiterentwicklung der unter dem Namen „Scientific Management" bekannt gewordenen Arbeiten von *Taylor* als „klassische Organisationstheorie" angesehen wird. Zur historischen Entwicklung der Organisationstheorie vgl. *Waldo* (1966); *Wild* (1967); *Janowsky* (1969) (Entwicklung im englischsprachigen Raum); *Lehmann* (1969 b) (Entwicklung im deutschsprachigen Raum). Die organisationstheoretischen Grundlagen der folgenden Ausführungen sind vor allem den Arbeiten von *Kosiol* (1959); (1962); (1968); *Nordsieck* (1961); *Schnutenhaus* (1951) und *Hennig* (1965) entnommen.

lyse eine Reihe spezifischer ADV-Aufgaben offenbart. Ihre Synthese und Verteilung auf spezielle Aufgabenträger konstituiert die ADV-Aufbauorganisation (Abschnitt 4.1.).

Von den Aufgaben als Zielsetzungen selbst unterscheidet die Organisationstheorie die konkreten Handlungen, Arbeitsschritte, die zu ihrer Erfüllung unternommen werden und die „Funktionen“[6] bezeichnet werden. Ihre ordnende Gestaltung auf der Grundlage ihrer Analyse und anschließenden Synthese zu komplexen Handlungszusammenhängen (Informationsverarbeitungsprozessen) erfolgt im Wege der Ablauforganisation (Abschnitt 4.2.). Aufbau- und Ablauforganisation zusammen konstituieren das organisationale Gefüge, in dessen Rahmen die Verwaltungsautomation verwirklicht wird.

4.1. ADV-Aufbauorganisation

Will man die organisationsrechtliche Ausgestaltung, die dieser Bereich vor allem durch die ADV-Organisationsgesetze erfahren hat, beurteilen, so ist es unerläßlich, zunächst eine organisationale Analyse durchzuführen. Eine solche Analyse wurde bisher noch nicht durchgeführt; Untersuchungen, die sich mit Fragen der ADV-Organisation im Bereich der öffentlichen Verwaltung befaßten, beschränkten sich vorwiegend auf Einzelfragen in diesem Zusammenhang[7].

Der folgende Versuch einer Analyse der ADV-Organisation stützt sich auf den Methodenapparat der klassischen Organisationstheorie. Der erste Schritt ist demnach die Aufgabenanalyse (Abschnitt 4.1.1.). Ihr Ergebnis sind nach Verrichtungen und Objekten gegliederte Teilaufgaben, die gewissermaßen die kleinsten Elemente der Aufbauorganisation sind. Aus der Synthese dieser Elementaraufgaben, d. i. durch die Bildung organisationsrechtlicher Zuständigkeit, insbesondere durch

---

[6] Der Begriff „Funktion“ geht auf den lateinischen Ausdruck „fungi“ — besorgen, vollbringen, zurück. Die Funktion ist inhaltlich die Kehrseite der Aufgabe: Letztere hat Zielsetzungen für menschliches Handeln zum Inhalt, erstere bezeichnet die menschlichen Handlungen, die zur Erfüllung der Zielsetzungen führen, vgl. *Nordsieck* (1969). Zur Ablauforganisation allgemein *Kosiol* (1962) S. 192 ff.; *Nordsieck* (1969); *Witte* (1969 a).

[7] Vgl. vor allem für den kommunalen Bereich die Arbeiten der KGSt; Gegenstand der organisationalen Analyse bei *Jähnig* (1973) S. 37 ff. ist exemplarisch eine konkret zu automatisierende Verwaltungsfunktion (bei Jähnig Aufgabe genannt), nicht jedoch der gesamte ADV-Aufgabenbereich der öffentlichen Verwaltung. *Goller* u. a. (1971) beziehen ihre Untersuchung zwar auf den gesamten Bereich der öffentlichen Verwaltung, gehen jedoch von einem weitgehend auf die Datentechnik beschränkten Organisationsbegriff aus (Organisation = Datenorganisation), vgl. etwa hinsichtlich des Integrationsbegriffs (S. 67). Bei *v. Berg* u. a. (1972 b) schließlich reduziert sich der organisationstheoretische Ansatz auf Zentralisierungstendenzen der ADV-Organisationsgesetze. Auf die genannten Arbeiten ist an den gegebenen Stellen einzugehen.

die ADV-Organisationsgesetze, entstehen dann die typischen Organisationsformen der ADV (Abschnitt 4.1.2.).

4.1.1. Analyse der ADV-Aufgaben

Ausgangspunkt der Aufgabenanalyse ist die Gesamtaufgabe des komplexen Ausschnitts aus der Realität, der Objekt organisatorischer Tätigkeit ist. Darunter ist die generelle Zwecksetzung zu verstehen, auf deren Verwirklichung die Tätigkeit des Organisierenes ausgerichtet ist. Dieses Ziel läßt sich aus den Regelungen der ADV-Organisationsgesetze der Länder und deren Begründungen abstrahieren. In allgemeinster Form kann es in etwa dahingehend formuliert werden, im gesamten Bereich der öffentlichen Verwaltung in möglichst hohem Umfang Verwaltungstätigkeit unter Einbeziehung elektronischer Datenverarbeitungsanlagen zu automatisieren. Das heißt mit anderen Worten, die Automation von Verwaltung im funktionellen Sinne, kurz Verwaltungsautomation[8]. Die Gesamtaufgabe Verwaltungsautomation umfaßt eine Vielzahl elementarer Teilaufgaben, die im Wege der Aufgabenanalyse zu ermitteln sind.

Das Ergebnis der Aufgabenanalyse hängt wesentlich davon ab, nach welchen Merkmalen die Gesamtaufgabe analysiert wird. In Anlehnung an die Kriterien der klassischen Organisationstheorie[9] soll eine Aufgabenanalyse unter zwei Gesichtspunkten durchgeführt werden: nach den Verrichtungen, die in der Gesamtaufgabe enthalten sind und nach den Objekten, auf die die Gesamtaufgabe ausgerichtet ist.

4.1.1.1. Aufgabengliederung nach Verrichtungen[10]

Das analytische Merkmal Verrichtung erlaubt es, den durch die Aufgabe bestimmten Handlungszusammenhang in die hierin enthaltenen einzelnen Handlungsabschnitte (Verrichtungen) aufzugliedern. Danach kann die Gesamtaufgabe Verwaltungsautomation unterteilt werden in die Aufgabenkomplexe (1) Vorbereitung, (2) Ausführung (Betrieb) und (3) Kontrolle der Verwaltungsautomation.

(1) Die *Vorbereitung* umfaßt alle Verrichtungen, die Voraussetzung dafür sind, daß Verwaltungsfunktionen automatisiert werden können. Zunächst stellt sich daher die Aufgabe der Ausstattung mit Maschinen, vor allem EDVA. Diese müssen in einem Systemvergleich getestet und

---

[8] So auch *Steinmüller* (1972 d) S. 25.

[9] Vgl. oben Abschnitt 4. Fn. 5. Eine Analyse anhand der Merkmale „Arbeitsmittel", „Raum" und „Zeit" wurde aus Gründen der Übersichtlichkeit nicht durchgeführt, vgl. zur Aufgabenanalyse insbesondere *Kosiol* (1968) S. 29 ff.; (1969).

[10] Vgl. Schaubild S. 66.

Aufgabengliederungsplan

Gliederungsmerkmal *„Verrichtungen"*

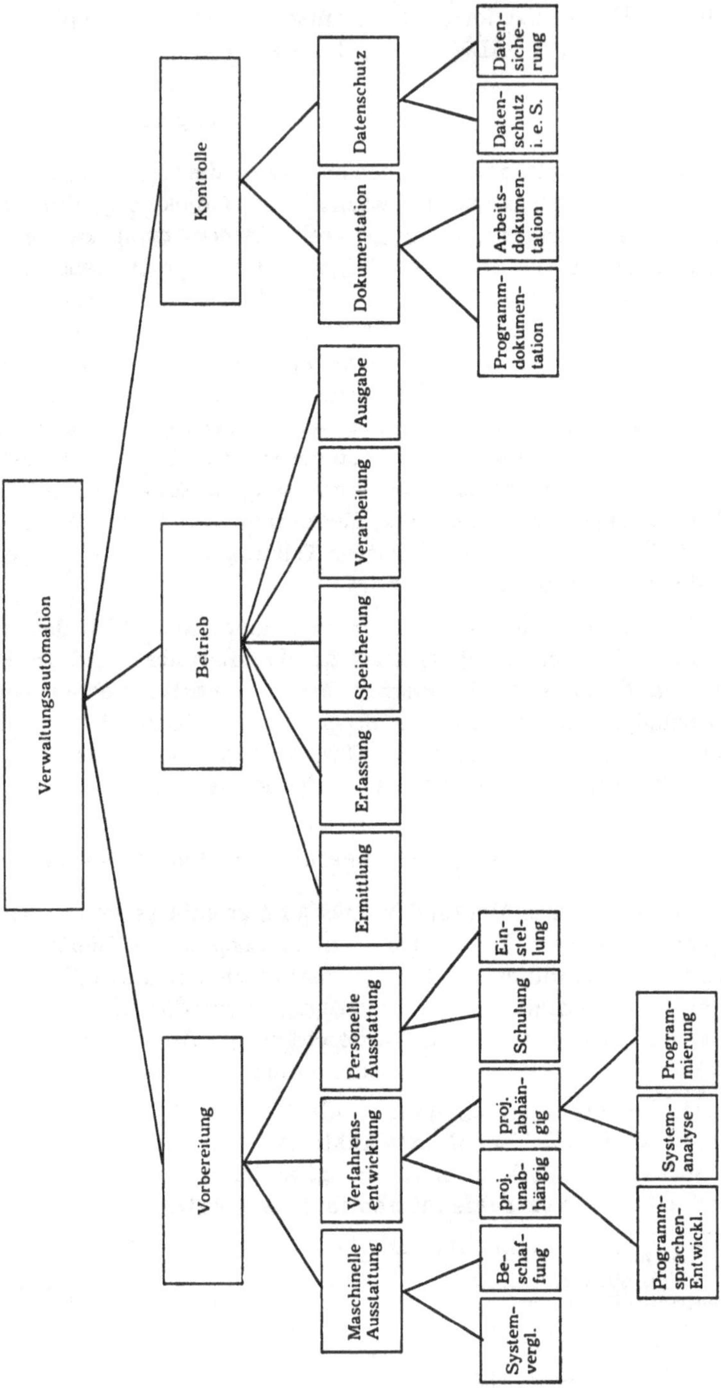

sodann beschafft werden[11]. Eine umfangreiche Vorbereitungsaufgabe stellt die Verfahrensentwicklung dar. Sie erfordert in projektunabhängiger Form die Entwicklung von Programmiersprachen, wobei besonderes Gewicht darauf zu legen ist, daß deren Anwendung grundsätzlich nicht auf Anlagen bestimmter Hersteller beschränkt ist (Grundsatz der Programmkompatibilität)[12]. Projektabhängige Aufgabe im Bereich der Verfahrensentwicklung ist die Systemanalyse, mit Hilfe derer informationelle Strukturen konkreter Verwaltungsfunktionen analysiert werden, die sodann Grundlage für die Erarbeitung der zu ihrer Automation erforderlichen Programme sind. Die Programmierung selbst ist eine eigene Aufgabe, bei der in Form von Programmablaufplänen und Datenflußplänen konkrete Anweisungen für die EDVA erstellt werden.

Neben maschineller Ausstattung und Verfahrensentwicklung ist die personelle Ausstattung eine wichtige Vorbereitungsaufgabe. Erforderlich ist hier vor allem die Schulung (Aus- und Fortbildung) von Fachkräften[13] und die Einrichtung entsprechender Arbeitsplätze.

(2) Der mit *„Betrieb"* gekennzeichnete Aufgabenkomplex umfaßt den Bereich, der unmittelbar mit der EDVA in Zusammenhang steht. Ergebnis der Aufgabenanalyse sind hierbei Verrichtungsaufgaben, die weitgehend von den technischen Gegebenheiten und Erfordernissen der EDV bestimmt werden[14].

Der gesamte Vorgang gliedert sich, technischen und logischen Erfordernissen entsprechend, in mehrere Verrichtungsschritte, Phasen[15] genannt, denen die Verrichtungsaufgaben entsprechen:

---

[11] Ein großes Problem in diesem Zusammenhang ist die Frage der Wirtschaftlichkeit der ADV, da die Techniken herkömmlicher Kosten-Nutzen-Analysen die durch die ADV möglichen zusätzlichen Leistungen (z. B. Gewinnung von Entscheidungshilfen) nur unzureichend quantifizierbar machen können. Auf die damit verbundenen Fragen kann jedoch hier nicht näher eingegangen werden; vgl. hierzu vor allem Schwarze (1968); KGSt (1968); Grochla (1970); Greve (1971) S. 120 ff., 141 ff.; Jähnig (1973) S. 74 ff.; Niesing / Uphoff (1972); Lenk (1973 b); kritisch Brinckmann u. a. (1974) S. 91 ff.

[12] Vgl. Komarnicki (1971); Schütz (1971); Muschner (1972 a); speziell zur Programmkompatibilität Muschner (1972 b).

[13] Das Zweite Datenverarbeitungsprogramm der Bundesregierung geht (für Anfang 1978) von einem geschätzten zukünftigen Bedarf von 250 000 bis 400 000 Datenverarbeitungs-Fachkräften aus, von denen mindestens 10 % auf die öffentliche Verwaltung entfallen sollen. Wenngleich neuere Untersuchungen die Zahlen im Bereich der unteren Grenze dieses Rahmens für realistisch halten (vgl. etwa *Schulze* (1972) S. 323), so bleiben dennoch die Zahlen der auszubildenden Fachkräfte sehr hoch. (Vgl. auch *Steinmüller* (1972 e); (1972 f) S. 233.)

[14] Zur Technik der Datenverarbeitung vgl. *Chapin* (1963); *Huhn* (1969); *Löbel* u. a. (1969); *Fischer / Gahse* (1970).

[15] Der Gliederungsvorschlag geht auf *Steinmüller* u. a. (1972) S. 57 ff. zurück, wobei jedoch die Begriffe z. T. modifiziert verwendet werden. Wäh-

— Aufgabe der *Datenermittlung*[16]: Aus der Vielzahl der Daten, die überall vorhanden sind, müssen diejenigen ausgewählt werden, die zum Bestandteil des Datenverarbeitungsprozesses werden sollen, mit dessen Hilfe eine bestimmte Verwaltungsaufgabe erfüllt werden soll.

— Aufgabe der *Datenerfassung*[17]: Die ermittelten Daten müssen in eine Form gebracht werden, in der sie von der EDVA verarbeitet werden können.

— Aufgabe der *Datenspeicherung*[18]: Da die Daten i. d. R. nicht nur für einen Datenverarbeitungsprozeß, sondern für mehrere verwendet werden sollen, müssen sie in geeigneter Form gespeichert werden, wenn ihre Verwendung im Rahmen eines bestimmten Datenverarbeitungsprozesses abgeschlossen ist.

— Aufgabe der *Datenverarbeitung*[19] (i. e. S.): Darunter fallen alle Verrichtungen, die innerhalb der EDVA ablaufen, d. i. alle logischen Operationen, die (auf elektronischem Wege) mit den eingegebenen Daten vollzogen werden, einschließlich ihrer Weitergabe und Löschung.

— Aufgabe der *Datenausgabe*[20]: Nach Beendigung des Datenverarbeitungsprozesses muß dessen Ergebnis in einer dem Menschen verständlichen Form diesem zur Kenntnis gebracht werden (Output).

(3) Ein dritter Aufgabenkomplex schließlich kann als *„Kontrolle der Verwaltungsautomation"* umschrieben werden. Er umfaßt zunächst

---

rend Steinmüller, der erstmals diese im Bereich der Datentechnik (vgl. *Löbel* u. a. (1969)) ohne Bezug zueinander entwickelten Kategorien zu einem einheitlichen Phasenschema verband, die Phasengliederung generell auf den Prozeß der Informationsverarbeitung anwenden will, wird er hier beschränkt auf die Datenverarbeitung; dies folgt aus der begrifflichen Trennung zwischen Datenverarbeitung und Informationsverarbeitung. Die von Steinmüller a.a.O. S. 58 unbedenklich vorgenommene Übertragung der Gliederung von Datenverarbeitung auf Informationsverarbeitung kann nicht ohne weiteres nachvollzogen werden; dies zeigt z. B. die Phase „Datenerfassung", deren Übertragung auf den Informationsverarbeitungsprozeß keinen Sinn ergibt; vgl. im Ergebnis auch Steinmüller, der von einer Informationserfassung und einem (engeren) technischen Begriff der Informationserfassung spricht, der im wesentlichen der unten beschriebenen Datenerfassung gleichkommt.

16 Vgl. *Steinmüller* u. a. (1970) S. 75; *Steinmüller* u. a. (1972) S. 58; *Jähnig* (1973) S. 58.

17 Vgl. *Steinmüller* u. a. (1970) S. 75; *Mrachacz / Bauer* (1970); *Steinmüller* u. a. (1972) S. 58; *Jähnig* (1973) S. 58 ff.

18 Vgl. *Wagner* (1969); *Goller* u. a. (1971) S. 148 f.

19 Dem Begriff der Datenverarbeitung i. e. S. entspricht weitgehend der Begriff der Informationsveränderung bei *Steinmüller* u. a. (1972) S. 58 Fn. 8.

20 Vgl. *Goller* u. a. (1971) S. 150 ff.; Datenausgabe entspricht etwa dem Begriff der „technischen Datenausgabe (Output)" bei *Steinmüller* u. a. (1972) S. 58.

Aufgaben der Dokumentation[21], die in Form der Programmdokumentation und als Arbeitsprotokollierung durchgeführt wird. In der Programmdokumentation werden die im Rahmen der Verfahrensentwicklung konzipierten Programme erfaßt, während die Protokolle des Bedienungsblattschreibers alle konkret durchgeführten Tätigkeiten (mit Ausnahme der Datenerfassung) im Aufgabenbereich „Betrieb" festhalten.

Zum Bereich der Kontrolle zählt vor allem die Aufgabe des Datenschutzes[22].

Die Notwendigkeit spezifischer Datenschutzaufgaben folgert aus der Vielzahl neuer Gefahrenquellen, die mit der Einführung der ADV geschaffen werden. Diese Gefahren können im Hardware-Bereich liegen (Fehler (möglicherweise als Folge gezielter Manipulation) an Datenverarbeitungsanlagen), sie können ebenso im Software-Bereich liegen (z. B. Manipulation an Programmen), um nur einige zu nennen. Von besonderer Bedeutung ist jedoch der unbefugte Zugriff auf Daten, allgemein ihre mißbräuchliche Verwendung.

Bei den Maßnahmen, mit denen diesen Gefahren begegnet werden soll, kann man je nach dem Schutzgegenstand unterscheiden zwischen Maßnahmen, die den Bürger (oder allgemeiner das betroffene Individuum, die betroffene Gruppe) schützen sollen (Datenschutz i. e. S.) und Maßnahmen, die unmittelbar technische Anlagen, Daten und Programme als Schutzobjekt haben (Datensicherung)[23].

Der gesamte Aufgabenkomplex „Kontrolle der Verwaltungsautomation" und insbesondere auch die mit dem Datenschutz verbundene Problematik soll im folgenden jedoch ausdrücklich ausgeklammert werden. Der Grund hierfür liegt freilich nicht darin, daß diesem Aufgabenbereich eine geringere Bedeutung beigemessen wird, zählen doch gerade Fragen des Datenschutzes zu den Problemen, deren rasche und

---

[21] Der Begriff der Dokumentation ist hier vom Gegenstand her nicht identisch mit dem Begriff der juristischen Dokumentation. Die juristische Dokumentation, zu der etwa das Sammeln, Auswerten, Speichern und Wiederauffinden juristischer Dokumente wie Rechtsquellen, Entscheidungen und allgemein juristischer Literatur zählen (vgl. *Eberle / Garstka / Köth* (1971) S. 215), ist allerdings auch Objekt umfassender Automationsbemühungen, vgl. Projektgruppe (1972) mit umfassenden weiteren Nachweisen.

Gegenstand der Dokumentation im Rahmen des Aufgabenkomplexes „Kontrolle der Verwaltungsautomation" sind vorwiegend die Dokumente, die zur Erfüllung der übrigen Aufgaben der Verwaltungsautomation notwendig sind bzw. im Rahmen der Aufgabenerfüllung anfallen. Im Vordergrund stehen hierbei die Programme sowie Unterlagen über die durchgeführten Arbeitsvorgänge.

[22] Vgl. zum Datenschutz vor allem *Steinmüller* u. a. (1972); *Seidel* (1972); *Steinmüller* (1972 g), jeweils mit weiteren Nachweisen.

[23] Zu Fragen der Datensicherung vgl. *Goller* u. a. (1971) S. 267 ff.; *Schneider* u. a. (1972), jeweils mit weiteren Nachweisen.

umfassende Lösung besonders vordringlich ist. Wenn dennoch auf ihre Behandlung verzichtet wird, so deshalb, weil sie ihrem Gegenstand nach in erster Linie ein Annex zum ADV-Aufgabenbereich sind, indem sie gewissermaßen erst als Folge der Automation entstehen. Sie sind nicht unmittelbar durch die Automation von Verwaltungsaufgaben bedingt, sondern werden erst unter Berücksichtigung weiterer Zielsetzungen (z. B. Schutz der Privatsphäre) geschaffen[24].

4.1.1.2. Aufgabengliederung nach Objekten

Die Analyse der Gesamtaufgabe Verwaltungsautomation im Hinblick auf die von der Automation erfaßten Objekte führt unmittelbar zu den automatisierbaren Entscheidungsprozessen im Bereich der öffentlichen Verwaltung. Diese Entscheidungsprozesse dienen der Erfüllung öffentlichr Aufgaben durch die Verwaltung und stellen somit (unter organisationstheoretischen Gesichtspunkten) Verwaltungsfunktionen dar. Die Objektanalyse der Aufgabe Verwaltungsautomation ist deshalb identisch mit einer systematischen Darstellung der automatisierbaren Verwaltungsfunktionen im Bereich der öffentlichen Verwaltung. Die Systematik dieser Darstellung folgt der herkömmlichen Gliederung der öffentlichen Verwaltung in Bundesverwaltung, Landes- (Staats-)Verwaltung und Kommunalverwaltung.

Der Schwerpunkt der Automationsbemühungen liegt derzeit noch vor allem im Bereich der (1) Kommunalverwaltung, mit der deshalb der Überblick beginnt. Daran anschließend werden die automatisierbaren Funktionen der (2) Landes- (Staats-)Verwaltung abgehandelt; die Objektanalyse schließt mit einem Hinweis auf die Situation in der (3) Bundesverwaltung.

(1) Die automatisierbaren Verwaltungsfunktionen im Bereich der Kommunalverwaltung werden von der *Kommunalen Gemeinschaftsstelle für Verwaltungsvereinfachung* (KGSt) auf der Grundlage empirischer Erhebungen periodisch erfaßt und in einem „Funktionskatalog" veröffentlicht[25]. Dieser Funktionskatalog, der der Darstellung im wesentlichen zugrunde liegt, weist in seiner Fassung vom 1. 1. 1971[26] mehr als 200 Funktionen aus, die derzeit automatisierbar sind.

[24] Soweit allerdings der Begriff „Datenschutz" weit ausgelegt wird und auch Fragen des Aufbaus der öffentlichen Verwaltung in diesem Zusammenhang diskutiert werden (vgl. etwa *Steinmüller* (1973 b) S. 64), werden die insoweit angesprochenen Probleme im folgenden abgehandelt.

[25] Vgl. dazu vor allem *Jähnig* (1973) S. 24 ff.; nach Jähnig (1973) S. 24 Fn. 20 wurde er erstmalig im KGSt-Rundschreiben Nr. 15/1966 „Zentrale Datenverarbeitung: Funktionskatalog 1966" veröffentlicht. Der vorläufige Entwurf des Katalogs der automatisierbaren Aufgaben der Kommunalverwaltung in Hessen entspricht weitgehend dem KGSt-Funktionskatalog, vgl. HZD (1970) S. 178 ff.

[26] Abgedruckt bei *Jähnig* (1973) S. 27 ff.

Die Gesamtheit der Funktionen ist in die sechs Funktionsgruppen Personalwesen[27], Finanzwesen[28], Einwohnerwesen[29], Bauwesen[30], Dokumentation und Information sowie wissenschaftliche Berechnungen gegliedert. Damit wird weitgehend einer Gliederung der Aufgaben der Kommunalverwaltung nach Objekten entsprochen. Im übrigen soll an dieser Stelle darauf verzichtet werden, die einzelnen Funktionen zu referieren.

(2) Im Bereich der Verwaltungen der Bundesländer sind ebenfalls Untersuchungen durchgeführt worden, aufgrund derer eine Objektanalyse der Aufgabe Verwaltungsautomation möglich erscheint. Als Beispiel mag der vom Hessischen Arbeitsausschuß für die Automation von Verwaltungsaufgaben erstellte Katalog[31] dienen, dessen Aussagen auch für die Verwaltungen anderer Länder typisch sein dürften. Nach dem Stand vom 15. 6. 1970 weist er mehr als 300 automatisierbare Tätigkeiten („Aufgaben“)[32] der Bereiche Personalwesen, Finanzwesen, Einwohnerwesen, öffentliche Sicherheit und Ordnung[33] sowie Gerichtswesen, Wirtschaft mit Landwirtschaft und Forsten, Technik, Sozial- und Gesundheitswesen[34], Bildungswesen[35] und schließlich Recht und Politik (Dokumentation) aus. Auch insoweit wird an dieser Stelle auf eine enumerative Benennung der einzelnen Aufgaben verzichtet und auf den Großen Hessenplan verwiesen.

Die Gliederung in die genannten Funktionsgruppen stimmt damit im wesentlichen mit der Einteilung im Funktionskatalog der HZD[36] überein. Auch hier liegt der Einteilung, wie im kommunalen Bereich, eine Objektanalyse der Aufgaben der Landesverwaltung zugrunde. Anders als im kommunalen Bereich konkurriert diese Aufgabengliederung mit der durch die Ressorts bestimmten Aufgabenverteilung innerhalb der Landes-(Staats-)verwaltung. Dies zeigt sich auch daran, daß die Gewichtung der einzelnen Funktionsgruppen von der HZD an-

---

[27] Vgl. auch *Prüsse; Dornscheidt* (1970); KGSt (1973 b).

[28] Vgl. *Blum* (1969); *Reblin* (1971); *Schmid* (1971).

[29] Vgl. *Goller* u. a. (1971) S. 47 ff.; *Wagner* (1969); *Föcker* (1973); *Ostermann / v. Berg* (1974); zum Personenkennzeichen vgl. insbesondere *Steinmüller* u. a. (1970) S. 77 f.; Bundesministerium des Innern (1971); *Hertel* (1971).

[30] Vgl. dazu insbesondere KGSt (1970 b); (1973 a).

[31] Vgl. HZD (1970) S. 145 ff.

[32] Der Begriff „Aufgabe“ wird im Großen Hessenplan nicht streng definiert; genauer müßte es nach der hier verwendeten Begriffsbestimmung Funktion heißen.

[33] Vgl. *Grob / Frieden* (1969); *Herold* (1970); *Rathleff* (1971) (Schleswig-Holstein); *Keidel* (1973).

[34] Vgl. *Morgenstern* (1967).

[35] Vgl. *Lehnert* (1970); Bayer. Staatsministerium für Unterricht und Kultus (1971).

[36] Vgl. HZD (1970) S. 47 ff.

ders vorgenommen wurde als vom Landesausschuß[37]. Damit wird jedoch letztlich bereits die Problematik der im Rahmen der Aufgabensynthese vorzunehmenden Verteilung der ADV-Aufgaben auf die einzelnen Verwaltungsträger berührt, indem bereits durch die in der Objektanalyse begründeten organisationalen Zusammenhänge ein Vorgriff auf die Lösungen der Aufgabensynthese stattfindet. In Wirklichkeit handelt es sich demnach um Fragen der Aufgabenzusammenfassung und -verteilung, die im dortigen Zusammenhang erörtert werden.

(3) Eine Objektanalyse der automatisierbaren Funktionen der Bundesverwaltung ähnlich denen der Kommunal- und Landesverwaltung fehlt bislang[38]. Dies hat seinen Grund darin, daß die Automation im Bereich der Bundesverwaltung nahezu ausschließlich innerhalb der Grenzen der Ressorts stattfindet und auch auf absehbare Zeit eine organisationsrechtliche Ausgestaltung des ADV-Bereiches, wie sie durch die ADV-Organisationsgesetze der Länder erfolgt ist, auf Bundesebene nicht zu erwarten ist. Eine Ausnahme hiervon bilden die Arbeiten an einem Informationssystem für Bundesregierung und Parlament[39] sowie die Überlegungen zu einem arbeitsteiligen allgemeinen Informationsbankensystem für die Bundesrepublik Deutschland[40]. Auf eine Erörterung der damit zusammenhängenden Probleme soll jedoch in dieser Arbeit verzichtet werden. Damit entfällt auch eine Darstellung der automatisierbaren Funktionen im Bereich der Bundesverwaltung.

4.1.2. Organisationsformen der ADV (Aufgabensynthese)

Die organisationale Analyse der Gesamtaufgabe Verwaltungsautomation hat einen in Kategorien gegliederten Katalog einzelner ADV-Auf-

[37] So steht beim Funktionskatalog des Landesausschusses das Personalwesen an erster Stelle, (HZD (1970) S. 145), während die HZD offensichtlich das Einwohnerwesen bevorzugt behandelt wissen will und ihm eine zentrale Bedeutung zumißt ((1970) S. 47). Aber auch an anderer Stelle zeigen sich beachtenswerte Unterschiede: Während der Landesausschuß im Rahmen der Funktionsgruppe „Recht und Politik" lediglich drei Einzelfunktionen (Dokumentation des hessischen Landesrechts, des Pressewesens sowie den Landesentwicklungsplan) aufführt (HZD (1970) S. 177), trennt die HZD in dieser Funktionsgruppe bereits relativ konkrete Einzelfunktionen wie die Bereitstellung von Daten für Politik und Wirtschaft, für Bildungs- und Sozialplanung, Regional- und Stadtplanung, Infrastruktur- und Finanzplanung und vergrößert damit zugleich den Bereich der Verwaltungsautomation bzw. konkretisiert ihren eigenen Aufgabenbereich.

[38] Vgl. jedoch den Zweiten Bericht der Bundesregierung über die Anwendung der elektronischen Datenverarbeitung in der Bundesverwaltung, BT-Drucksache VI/648 vom 17. 4. 1970 (Bundesministerium des Inneren (1970)).

[39] Vgl. Bundesministerium des Innern (1970) S. 13; Bundesminister für Bildung und Wissenschaft (1971) S. 51.

[40] Vgl. Interministerielle Arbeitsgruppe beim Bundesministerium des Innern (1971).

gaben vermittelt und damit die Elemente herauskristalliert, die, in jeweils bestimmter Weise zusammengefügt (Aufgabensynthese), die typischen Organisationsformen der ADV in der öffentlichen Verwaltung konstituieren. Diese Organisationsformen sind weitgehend determiniert durch die organisationsrechtlichen Regelungen, die zu diesem Bereich ergangen sind. Die folgende Darstellung ist ein Versuch, die dabei erkennbaren unterschiedlichen Konzeptionen der ADV-Organisation aufzuzeigen und zu typisieren[41]. Eine Strukturierung des organisatorischen Gefüges soll dabei nach den Merkmalen des Aufgabenzusammenhangs, des Leitungszusammenhangs und des Organzusammenhangs vorgenommen werden[42].

4.1.2.1. Aufgabenzusammenhang

Das Kriterium des Aufgabenzusammenhangs führt zu Aussagen darüber, wie die einzelnen ADV-Aufgaben auf einzelne Organe der öffentlichen Verwaltung verteilt sind, oder, mit anderen Worten, über die Zuständigkeiten dieser Organe im ADV-Bereich. Dieser Aufgabenzusammenhang kann in Form der Konzentration oder in Form der Dekonzentration vorliegen; Konzentration liegt vor, wenn eine möglichst große Zahl von ADV-Aufgaben einem einzigen Organ übertragen worden ist[43]. Dekonzentration ist gegeben, wenn die Aufgaben auf eine möglichst große Zahl von Organen verteilt sind.

---

[41] Soweit im Schrifttum zu diesem Fragenkomplex Stellung genommen wurde, handelt es sich — mit Ausnahme der Arbeit von *v. Berg* u. a. (1972 b) — vorwiegend um die Erörterung partieller Fragen. Eine zusammenfassende Darstellung, beschränkt auf den kommunalen Bereich, gibt *Jähnig* (1973). Landesbezogene Darstellungen liegen vor für

Bayern:	vgl. *Scheubel* (1971); *Schödlbauer* (1971); *Steinmüller* (1971 b); *Köhler* (1974);
Baden-Württemberg:	Datenzentrale Baden-Württemberg (1974);
Berlin:	Berlin, Senator für Inneres (1970);
Hamburg:	Hamburg, Senatsamt für den Verwaltungsdienst (1969);
Hessen:	HZD (1970); *Bresse* (1971);
Nordrhein-Westfalen:	*Hosse* (1968); *Ruckriegel* (1969); *Weyer* (1971); Nordrhein-Westfalen, Landesregierung (1970);
Schleswig-Holstein:	Informationsbriefe der Datenzentrale

[42] Eine andere Kategorisierung treffen *v. Berg* u. a. (1972 b). Sie gehen von der Zielvorstellung eines Landesinformationssystems aus, das allen organisationsrechtlichen Regelungen in den Bundesländern zugrunde liegt und richten ihre Systematik der organisatorischen Lösung an der ihrer Meinung nach zentralen Frage der Koordinierung zwischen der Landes- und Kommunalverwaltung aus. Dieser Ansatz ist jedoch für eine umfassende Betrachtung der organisatorischen Konzeptionen zu eng, wenngleich er bezogen auf das genannte Problem zu brauchbaren Ergebnissen führt.

[43] Dies entspricht weitgehend dem Konzentrationsbegriff in Verwaltungsrecht und Verwaltungslehre, vgl. *Forsthoff* (1973) S. 458 f.; *Wolff* (1970) S. 94; *Thieme* (1967) S. 93 ff. Konzentration ist zu unterscheiden von Zentra-

Eine konzentrierte Form der ADV-Organisation wurde in Schleswig-Holstein geschaffen. Hier besteht eine Konzentration von Verrichtungsaufgaben (im folgenden Verrichtungskonzentration genannt) bei der Datenzentrale Schleswig-Holstein, einer öffentlichrechtlichen Anstalt. Dies ergibt sich aus § 2 Schl.-H. EDVG, nach der die Datenzentrale die Erledigung von Aufgaben der öffentlichen Verwaltung im Lande Schleswig-Holstein durch elektronische Datenverarbeitung ermöglichen soll. Diese allgemeine Aufgabenzuweisung wird konkretisiert durch die Gemeinsame Geschäftsanweisung für die elektronische Datenverarbeitung in der Landesverwaltung[44], aus der folgt, daß neben dem Aufgabenkomplex „Betrieb" auch der Aufgabenkomplex „Vorbereitung" weitgehend zur Zuständigkeit der Datenzentrale zählt[45]. Schließlich ist die ADV-Organisation in Schleswig-Holstein auch im Hinblick auf die Objektaufgaben zentralisiert (Objektzentralisation): Die Datenzentrale ist nicht nur für die Automation von Funktionen der Staatsverwaltung, sondern auch solcher der Kommunalverwaltung zuständig. Diese Auslegung des insoweit nicht eindeutig gefaßten § 2 Schl.-H. EDVG ergibt sich daraus, daß Aufgaben und Personal der von den kommunalen Spitzenverbänden Schleswig-Holsteins am 22. 6. 1966 gegründeten Kommunalen Datenzentrale bei Gründung der Datenzentrale Schleswig-Holstein auf diese übergegangen sind[46]. Im Zusammenhang mit der Konzentration als einer möglichen Form des Aufgabenzusammenhangs ist die Frage bedeutsam, inwieweit die Zuständigkeit der Datenverarbeitungsorgane, hier der Datenzentrale Schleswig-Holstein, eine ausschließliche ist mit der Wirkung, daß neben diesen Organen andere Organe zur Erfüllung dieser ADV-Aufgaben nicht befugt sind. Im Falle der so beschriebenen ausschließlichen Zuständigkeit wird gewöhnlich von einem Anschluß- oder Benutzungszwang gesprochen.

Ein solcher Benutzungszwang ist in Schleswig-Holstein hinsichtlich der Datenzentrale weder für die Landesverwaltung noch für die Kommunalverwaltung rechtlich festgelegt. So sieht die Gemeinsame Geschäftsanweisung für die elektronische Datenverarbeitung in der Landesverwaltung zwar vor, daß die Kapazität der Datenzentrale möglichst wirtschaftlich eingesetzt und ausgenutzt wird; hierzu ist u. a. eine

---

lisation; Gegenstand der Konzentration sind Aufgaben (Kompetenzen), während Gegenstand der Zentralisation Leitungsbefugnisse sind. „Eine Organisation ist zentralisiert, wenn und soweit ihre Elemente an negative und positive amtliche Weisungen hinsichtlich der Zweckmäßigkeit ihrer Kompetenzwahrnehmung gebunden sind", *Wolff* (1970) S. 94. Zur Unterscheidung dieser Begriffe vgl. insbesondere unten Abschnitt 4.1.2.2.

[44] Amtsbl. Schl.-H. (1971) S. 573.

[45] Dies gilt teilweise auch für die Systemanalyse; vgl. Schleswig-Holstein, Innenminister (1971) S. 7.

[46] Vgl. Schleswig-Holstein, Innenminister (1971) S. 26.

Automationskommission eingesetzt, die ein Mitspracherecht bezüglich aller Automationsvorhaben in den ministeriellen Fachbereichen hat. Gegen einen Benutzungszwang spricht jedoch, daß den Empfehlungen der Automationskommission vom ministeriellen Fachbereich widersprochen werden kann (über den Widerspruch entscheidet dann das Kabinett), so daß von einem unmittelbaren Benutzungszwang nicht gesprochen werden kann. Demgegenüber ergibt sich ein faktischer Benutzungszwang für die Kommunen dadurch, daß die Datenzentrale zum Teil aus den Mitteln des kommunalen Finanzausgleichs finanziert wird[47].

Mit Ausnahme Schleswig-Holsteins, des Saarlandes[48] und der Stadtstaaten Berlin, Bremen und Hamburg[49] haben alle übrigen Bundesländer unter dem Gesichtspunkt des Aufgabenzusammenhangs eine dekonzentrierte ADV-Organisation. Dies gilt zunächst für Rheinland-Pfalz, wo zur Zeit kein ADV-Organisationsgesetz vorliegt. Die Organisation der ADV folgt im Bereich der Landesverwaltung der Ressortorganisation; besondere Organisationsformen gibt es hier jedoch im kommunalen Bereich[50].

In den übrigen Ländern (Baden-Württemberg, Bayern, Hessen, Niedersachen und Nordrhein-Westfalen) ergibt sich die dekonzentrierte ADV-Organisation aus den ADV-Organisationsgesetzen[51].

In Baden-Württemberg sind die Verrichtungsaufgaben ohne Ausschließlichkeitsgrundsatz auf die Datenzentrale Baden-Württemberg, ebenfalls als öffentlich-rechtliche Anstalt errichtet, und auf regionale Rechenzentren („Zusammenschlüsse von Gemeinden und Gemeindeverbänden zum gemeinsamen Betrieb von Anlagen der elektronischen

---

[47] Das hat zur Folge, daß die Inanspruchnahme der Datenzentrale durch die Kommunen für diese theoretisch billiger kommt, als wenn sie selbst eine eigene EDVA betreiben. Außerdem verfügt die Datenzentrale gewöhnlich über eine Vielzahl bereits fertig ausgearbeiteter Programme, deren Erstellung durch die Kommunen mit erheblichem finanziellem Aufwand verbunden wäre. Die Schwierigkeiten in Schleswig-Holstein liegen — einem Gutachten des Landesrechnungshofs zufolge — jedoch darin, daß das Programmangebot der Datenzentrale für die Erledigung kommunaler Aufgaben bislang unzureichend ist und die Kosten nicht — wie vorgesehen — nach dem Selbstkostendeckungsprinzip, sondern in Anlehnung an den „Markt" festgesetzt wurden.

[48] Eine Konzentration der ADV-Aufgaben im staatlichen Bereich erfolgt hier bei der zentralen Datenverarbeitungsstelle für das Saarland (ZDV/Saar, vgl. den Erlaß des Ministers der Finanzen und Forsten betreffend die Errichtung der zentralen Datenverarbeitungsstelle für das Saarland vom 4. Dezember 1970 — Amtsbl. S. 981 —).

[49] Auf die Organisation der ADV in diesen Stadtstaaten soll im folgenden mit Rücksicht auf die dort gegebene spezifische Situation nicht näher eingegangen werden.

[50] Vgl. unten Abschnitt 4.1.2.4.

[51] Vgl. oben Abschnitt 4. Fn. 2.

Datenverarbeitung“) verteilt[52]. Gleiches gilt für die Objektaufgaben mit der Folge, daß die Datenzentrale Baden-Württemberg Funktionen der Landes- wie der Kommunalverwaltung, die regionalen Rechenzentren letztere jedoch ebenso automatisiert vornehmen können. Ein Benutzungszwang ist weder rechtlich noch faktisch gegeben.

Eine strengere Form der Dekonzentration ist in Bayern verwirklicht und für Niedersachen geplant, indem für die staatliche und kommunale Datenverarbeitung jeweils getrennte Organe vorgesehen sind. Die Zuständigkeit des Landesamts für Datenverarbeitung in Bayern, einer der Staatskanzlei nachgeordneten Behörde, ist beschränkt auf die automatisierbaren Aufgaben der Staatsverwaltung[53]. In diesem Bereich kann es alle Verrichtungsaufgaben und einzelne Vorbereitungsaufgaben (z. B. Programmentwicklung und vor allem Ausbildung) wahrnehmen. Ein Benutzungszwang besteht jedoch nicht, vielmehr können die Geschäftsbereiche eigene Datenverarbeitungsanlagen betreiben[54]. Entsprechend nimmt die Anstalt für kommunale Datenverarbeitung (AKDB) in Bayern Verrichtungsaufgaben im kommunalen Bereich wahr[55]; die Rechtsform einer Anstalt des öffentlichen Rechts ist der AKDB, die von den kommunalen Spitzenverbänden eingerichtet wurde, vom Bayerischen Staatsministerium des Innern verliehen worden. Auch hier liegt keine ausschließliche Zuständigkeit vor, vielmehr betreiben die größeren Städte (z. B. München, Nürnberg, Augsburg) in größerem Umfange ebenfalls eigene Datenverarbeitungsanlagen.

Eine ähnliche Trennung zwischen staatlichen und kommunalen ADV-Aufgabenbereichen ist auch für Niedersachsen vorgesehen. ADV-Aufgaben aus dem Bereich der Landesverwaltung werden Rechenzentren des Landes übertragen[56]. Der überwiegende Teil der Verrichtungsaufgaben soll dabei von Mehrzweckrechenzentren (für die „Aufgaben mehrerer Verwaltungszweige“)[57] und Fachrechenzentren (für die „Aufgaben eines Verwaltungszweiges“)[58] übernommen werden. Das Niedersächsische Landesverwaltungsamt als Landesdatenverarbeitungszentrale beschränkt sich auf Aufgaben aus dem Komplex „Vorbereitung“ wie Verfahrensentwicklung, Koordination und Beratung, Aus- und Fortbildung sowie auf die Programmdokumentation und übernimmt Betriebsaufgaben nur subsidiär, d. h. soweit sie nicht von den (Mehrzweck- oder

---

[52] §§ 2, 11 B.-W. EDVG.

[53] Art. 4 Bay.EDVG.

[54] Art. 6 Bay.EDVG.

[55] Art. 14 Bay.EDVG.

[56] Die ADV-Organisation im Bereich der Hochschulen wird im folgenden nicht berücksichtigt.

[57] § 7 Abs. 2 EADVG Nds.

[58] § 7 Abs. 3 EADVG Nds.

Fach-)Rechenzentren übernommen sind[59]. ADV-Aufgaben im kommunalen Bereich sollen von kommunalen Datenverarbeitungszentralen wahrgenommen werden[60]. Einzelne Aufgaben wie Programmentwicklung und -dokumentation, Aus- und Fortbildung von ADV-Fachkräften für die Kommunalverwaltung und allgemeine Beratungsaufgaben sollen dem bereits bestehenden Kommunalen Modellrechenzentrum in Lüneburg übertragen werden[61].

Gegenüber allen anderen ADV-Organisationsgesetzen findet sich im niedersächsischen Gesetzesentwurf eine sehr differenzierte Regelung des Anschluß- und Benutzungszwanges für die einzelnen Verwaltungsträger. Für die Landesverwaltung wird zunächst eine ressortbezogene Datenverarbeitung, d. h. die Errichtung von Ressortrechenzentren, abgelehnt. Dies ergibt sich aus der Konzeption von Mehrzweck- und Fachrechenzentren für die Landesverwaltung, wobei unter Fachrechenzentrum nicht Ressortrechenzentrum zu verstehen ist. Ein Fachrechenzentrum soll vielmehr eingerichtet werden, wenn „die Aufgaben eines Verwaltungszweiges zu umfangreich werden, wenn sie besondere Betriebsformen erfordern oder wenn besonders empfindliche, des Schutzes bedürftige Daten verarbeitet werden. ... Die gemeinsame Zugehörigkeit von Aufgaben zu einem Ressortbereich ist kein sachlicher Grund für die Zusammenfassung in einem Rechenzentrum“[62]. Dementsprechend ist die Errichtung von ADV-Anlagen in der Landesverwaltung nicht allein der Entscheidung eines Fachministers überlassen, sie bedarf vielmehr der Zustimmung des Landesministeriums (d. i. die Landesregierung in ihrer Gesamtheit, Art. 28 Vorl. Niedersächsische Verfassung)[63]. Das Landesministerium ist auch dazu ermächtigt, im Verordnungswege zu bestimmen, welches Rechenzentrum für bestimmte ADV-Aufgaben oder für bestimmte Einzugsbereiche zuständig ist[64]. Aus diesen im Zusammenhang zu sehenden Bestimmungen des EADVG Nds. ergibt sich also ein modifizierter Anschluß- und Benutzungszwang für die Landesverwaltung.

Für den Bereich der Kommunalverwaltung ist ein Anschluß- und Benutzungszwang in Bezug auf kommunale Datenverarbeitungszentralen zunächst negativ formuliert: Die Einzugsbereiche der kommunalen Datenverarbeitungszentralen werden regional auf die Grenzen der Regierungsbezirke beschränkt, und kreisangehörige Gemeinden und Gemeindeverbände werden auf die gleiche Datenverarbeitungszentrale

[59] § 11 EADVG Nds.

[60] § 14 EADVG Nds.

[61] § 19 EADVG Nds.

[62] So die Begründung zu § 7 EADVG Nds.

[63] § 5 EADVG Nds.

[64] § 4 Abs. 1 Nr. 5 EADVG Nds.

wie der Landkreis festgelegt[65]. Da jedoch nur solchen Datenverarbeitungszentralen, die sich im Rahmen der staatlichen Planungen eines landeseinheitlichen Landesinformationssystems halten, eine finanzielle Förderung aus Landesmitteln zukommt[66], bedeutet dies insoweit einen faktischen Anschluß- und Benutzungszwang. Demgegenüber ist die Verordnungsermächtigung, die dem Landesministerium eine Regelung der Benutzung bestimmter kommunaler Datenverarbeitungszentralen durch bestimmte Gemeinden und Gemeindeverbände erlaubt[67], nur von nachrangiger Bedeutung.

In Hessen werden Datenverarbeitungsaufgaben sowohl von der Hessischen Zentrale für Datenverarbeitung — HZD (öffentlich-rechtliche Körperschaft) — als auch von den Kommunalen Gebietsrechenzentren in Darmstadt, Frankfurt/Main, Gießen, Kassel und Wiesbaden wahrgenommen[68]. Das Hess. EDVG sieht zwar vor, daß die Mitgliedschaft der Kommunen bei den Kommunalen Gebietsrechenzentren freiwillig ist; dennoch besteht, wie in Schleswig-Holstein und Niedersachsen, ein faktischer Anschlußzwang durch die erheblichen finanziellen Vorteile, die sich durch eine solche Mitgliedschaft ergeben. Als Beispiel hierfür mag gelten, daß der Staat die Entwicklungs- und Betriebskosten der Kommunalen Gebietsrechenzentren übernimmt, während für die Kommunen lediglich die Kosten der Datenerfassung anfallen[69]. Der Anschluß der gesamten Landesverwaltung ergibt sich schon daraus, daß das Land Mitglied der HZD ist[70].

Auch in Nordrhein-Westfalen schließlich ist eine dekonzentrierte Aufgabenverteilung vorgesehen. Alle ADV-Aufgaben aus dem Bereich der Landesverwaltung werden grundsätzlich dem Landesamt für Datenverarbeitung und Statistik als gemeinsamer Landesdatenzentrale für alle Geschäftsbereiche übertragen, bezüglich der insoweit auch ein rechtlicher Anschlußzwang besteht[71]. Die ADV-Aufgaben im kommunalen Bereich werden von Kommunalen Datenverarbeitungszentralen wahrgenommen, für die Gemeinden besteht insoweit Anschlußzwang an diese Einrichtungen[72].

---

[65] § 15 EADVG Nds.

[66] So die Begründung zu § 14 EADVG Nds.

[67] § 4 Abs. 1 Nr. 5 EADVG Nds.

[68] §§ 4, 18 Hess. EDVG.

[69] Vgl. *Bresse* (1971) S. 4.

[70] §§ 3, 4 Hess. EDVG.

[71] § 5 ADVG NW.

[72] § 9 ADVG NW; Anzahl und Einzugsbereich der kommunalen Datenverarbeitungszentralen können vom Innenminister durch Rechtsverordnung festgelegt werden, § 9 Abs. 2 ADVG NW. Dies entspricht in etwa der Regelung in Hessen, wo gemäß § 18 Abs. 1 Hess. EDVG Zahl und Ort der kommunalen Gebietsrechenzentren festgelegt wurde; ihr Zuständigkeitsbereich ergibt

4.1.2.2. Leitungszusammenhang

Das Kriterium des Leitungszusammenhangs führt zu einer Betrachtung der ADV-Organisationsformen unter dem Gesichtspunkt der Verteilung der Leitungsaufgaben. Als Ergebnis resultiert hierbei die administrative Hierarchie[73] der ADV-Organisation. Der Leitungszusammenhang wird konstituiert durch die organisationsrechtlichen Regelungen der ADV-Organisationsgesetze in den einzelnen Bundesländern. Hierbei kann zwischen zentralen und dezentralen Lösungen unterschieden werden; Zentralisation bedeutet in diesem Zusammenhang, daß der Tendenz nach die Leitungsaufgaben im ADV-Bereich bei einem Organ konzentriert sind und daß die übrigen Organe, soweit solche vorhanden sind, bei der Wahrnehmung ihrer Aufgaben weitgehend an die Weisungen dieses (Zentral-)Organs gebunden sind.

Die Beschränkung des Zentralisationsbegriffs auf Leitungsaufgaben weicht von dem in Verwaltungslehre und Verwaltungsrecht gebräuchlichen, allerdings zumeist unscharf formulierten Begriffsinhalt ab. Auch dort werden Konzentration/Dekonzentration und Zentralisation/Dezentralisation als Prinzipien anerkannt, die für die Verteilung von Aufgaben auf Aufgabenträger (Aufbauorganisation) gelten[74]. Die Unterscheidung der beiden Begriffskategorien wird zumeist danach beurteilt, ob eine Aufgabenverteilung auf weisungsabhängige (dann Dekonzentration) oder -unabhängige (dann Dezentralisation) Verwaltungsstellen erfolgt[75]. Dabei wird davon ausgegangen, daß mit der Aufgabenkonzentration regelmäßig das Prinzip der Zentralisation korrespondiert: Mit der Häufung der Aufgaben bei einem Aufgabenträger werden zugleich auch die Leitungsbefugnisse in Bezug auf diese Aufgaben verbunden. Das bedeutet, daß derjenige, dem die die Aufgaben zur Erfüllung übertragen werden, auch gleichzeitig eigenverantwortlich darüber bestimmt, wie die Aufgaben erfüllt werden.

Dieses Prinzip wird jedoch bei den Datenzentralen gerade nicht angewendet: Hier sollen die Leitungsbefugnisse vielmehr häufig bei den Organisationseinheiten bleiben, aus deren Geschäftsbereich die der Datenzentrale übertragenen Aufgaben jeweils herrühren. Aufgabenkonzentration bei gleichzeitiger Dezentralisation würde aber vorausset-

---

sich aufgrund der Verordnung über den Zuständigkeitsbereich der Kommunalen Gebietsrechenzentren vom 21. Oktober 1970 (GVBl. I S. 691) gemäß § 18 Abs. 1 S. 2 Hess. EDVG.

[73] Zum Begriff der administrativen Hierarchie vgl. *Wolff* (1970) S. 93.

[74] Für die ältere, von der Verwendung der Begriffe im französischen Verwaltungsrecht beeinflußte Lehre vgl. *Drews* (1919); *Peters* (1928). Zum heutigen Diskussionsstand vgl. *v. Heppe / Becker* (1965) S. 99; *Uhlitz* (1967); *Wolff* (1970) S. 93 ff.; *Forsthoff* (1973) S. 458 f.

[75] Vgl. *Uhlitz* (1967) S. 249 ff., *Wolff* (1970) S. 93 ff. u. *Forsthoff* (1973) S. 459.

zen, daß man von vornherein zwischen Aufgabe einerseits und Leitungsbefugnissen andererseits unterscheidet, um dann für die Verteilung der Aufgaben das Prinzip der Konzentration/Dekonzentration, für die Verteilung der Leitungsbefugnisse das Prinzip der Zentralisation/Dezentralisation zu verwenden. Diese kategoriale Unterscheidung liegt den folgenden Ausführungen zugrunde[76].

Eine unter dem Gesichtspunkt des Leitungszusammenhangs zentrale Lösung kennzeichnet die ADV-Organisation in Schleswig-Holstein und in Hessen. In beiden Ländern stehen staatliche Behörden an der Spitze der administrativen Hierarchie. In Schleswig-Holstein ist dies der Ministerpräsident; er führt einmal die Rechtsaufsicht über die Datenzentrale[77]; zum anderen kann er im Wege des Widerspruchs gegen Beschlüsse des Verwaltungsrats und über dessen Vorsitzenden, der von ihm bestimmt wird, großen Einfluß ausüben. Die Datenzentrale selbst ist als rechtsfähige Anstalt des öffentlichen Rechts mit Sitz in Kiel und der Möglichkeit, Außenstellen in anderen Orten des Landes einzurichten, errichtet worden.

Komplizierter ist der Leitungszusammenhang in Hessen. An der Spitze der ADV-Organisation steht der hessische Ministerpräsident, der die (Rechts- und) Fachaufsicht über die HZD führt[78]. Von besonderer Bedeutung ist hier jedoch der Leitungszusammenhang zwischen der HZD und den Kommunalen Gebietsrechenzentren. Betrachtet man lediglich die im zweiten Abschnitt „Kommunalen Gebietsrechenzentren" aufgeführten Regelungen des Hess. EDVG, so müßte man zunächst auf einen dezentralen Leitungszusammenhang schließen. Die Kommunalen Gebietsrechenzentren sind als Körperschaften des öffentlichen Rechts errichtet. Da der hessische Minister des Innern die Aufsicht über die Kommunalen Gebietsrechenzentren lediglich nach den für die Kommunalaufsicht geltenden Vorschriften führt[79], ergibt sich hieraus ein

---

[76] Wenn *Lenk* (1974) S. 110 die Brauchbarkeit dieser Unterscheidung für die Beurteilung der ADV-Organisation anzweifelt und statt dessen den Begriff der „funktionellen Zentralisierung" vorschlägt, der Veränderungen im Bereich der Ablauforganisation charakterisiert, dann ist ihm zuzugeben, daß die Auswirkungen der Automation regelmäßig zuerst im Bereich der Ablauforganisation sichtbar werden. Es ist jedoch nicht zu übersehen, daß die Ablauforganisation sich nur im Rahmen der Strukturen entwickeln kann, die durch die Aufbauorganisation vorgegeben sind. Die Verteilung von Aufgaben und Leitungsbefugnissen legt einen Großteil der Randbedingungen der Ablauforganisation fest. Freilich darf man sich nicht auf diese eine Determinante der Organisation beschränken.

[77] § 8 Schl.-H. EDVG; allerdings bleiben ihm einige fachaufsichtliche Befugnisse vorbehalten, vgl. § 8 Abs. 2, 3 Schl.-H. EDVG.

[78] § 14 Hess. EDVG; anders als bei der Aufsicht über die Kommunalen Gebietsrechenzentren (§ 21) beschränkt das Hess. EDVG die Aufsicht über die HZD nicht ausdrücklich auf die Rechtsaufsicht.

formales Selbstverwaltungsrecht für die Kommunalen Gebietsrechenzentren. Dieses formale Selbstverwaltungsrecht wird jedoch durch die übrigen Bestimmungen des Hess. EDVG inhaltlich stark beschnitten und verliert dadurch weitgehend seine Bedeutung. Die Kommunalen Gebietsrechenzentren sind selbst Mitglieder der HZD und als solche mit ihr zur Zusammenarbeit verpflichtet[80]. Diese Zusammenarbeit ist jedoch so geregelt, daß die Kommunalen Gebietsrechenzentren nahezu in ihrem gesamten Aufgabenbereich von den Entscheidungen des Koordinierungsausschusses, eines Organs der HZD, abhängig sind[81]. Der Selbstverwaltungsbereich ist deshalb stark eingeschränkt zugunsten einer administrativen Hierarchie, mit den Instanzen Ministerpräsident — Koordinierungsausschuß — Kommunale Gebietsrechenzentren.

Gegenüber diesen unter dem Gesichtspunkt des Leitungszusammenhangs zentralen Lösungen wurden in Baden-Württemberg, Bayern, Niedersachsen und Nordrhein-Westfalen dezentrale Organisationsformen gewählt. In Baden-Württemberg ist die Datenzentrale als rechtsfähige Anstalt des öffentlichen Rechts mit Sitz in Stuttgart errichtet worden. Sie unterliegt — mit einigen Ausnahmen — lediglich der Rechtsaufsicht des Innenministeriums entsprechend der Aufsicht über die Kommunen[82]. Bezüglich der ADV-Organe im kommunalen Bereich, der regionalen Rechenzentren, schreibt das B.-W. EDVG keine besondere Organisationsform vor. Anders als in Hessen ist die Zusammenarbeit zwischen der Datenzentrale und den regionalen Rechenzentren nicht in Form einer administrativen Hierarchie geregelt; es besteht lediglich eine Anzeigepflicht hinsichtlich der Automationsvorhaben und der hierbei verwendeten Programme, soweit diese nicht von der Datenzentrale erstellt worden sind[83]. Im übrigen besteht zwischen der Datenzentrale und den regionalen Rechenzentren kein Über- und Unterordnungsverhältnis dergestalt, daß letztere an die Weisungen der Datenzentrale gebunden wären, da § 12 Abs. 1 B.-W. EDVG die Zusammenarbeit lediglich als Sollvorschrift regelt.

---

[79] § 21 Hess. EDVG.

[80] §§ 3, 18 Abs. 2 Hess. EDVG.

[81] § 12 Abs. 2 Hess. EDVG: „Der Koordinierungsausschuß beschließt über maschinen- u. programmtechnische Fragen von gemeinsamer Bedeutung und über die Übernahme von Verwaltungsaufgaben in die maschinelle Bearbeitung durch die Hessische Zentrale für Datenverarbeitung und die Kommunalen Gebietsrechenzentren." Bei der Vorbereitung dieser Beschlüsse wirken der „Arbeitsausschuß für die Automation von Aufgaben der Gemeinden und Landkreise" und der „Arbeitsausschuß für die Automation von Aufgaben der Landesverwaltung" mit. Das Vorschlagsverfahren ist jeweils in Richtlinien förmlich geregelt, vgl. HZD (1970) S. 141 ff.

[82] § 10 B.-W. EDVG; zu den Ausnahmen vgl. § 10 Abs. 2.

[83] § 12 Abs. 1 B.-W. EDVG.

Konsequent ist die Dezentralisation im Hinblick auf den Leitungszusammenhang auch in Bayern verwirklicht. Das Landesamt für Datenverarbeitung ist als staatliche Behörde errichtet, die der Staatskanzlei unmittelbar nachgeordnet ist[84]. Die damit an sich verbundene Rechts- und Fachaufsicht der Staatskanzlei ist zugunsten einer Fachaufsicht der Staatsministerien insoweit eingeschränkt, als Funktionen aus deren Geschäftsbereich bearbeitet werden. Neben dem Landesamt als staatlichem ADV-Organ ist die AKDB als Organ der kommunalen Datenverarbeitung in der Form einer rechtsfähigen Anstalt des öffentlichen Rechts errichtet worden[85]. Dieses unterliegt lediglich der Rechtsaufsicht des Staatsministeriums des Innern und ist insoweit mit dem Selbstverwaltungsrecht ausgestattet[86]. Eine institutionelle Verbindung mit dem Landesamt, wie dies das Hess. EDVG bezüglich der KGRZ und der HZD vorsieht oder eine Auskunftspflicht, wie sie für die regionalen Rechenzentren in Baden-Württemberg gegenüber der Datenzentrale Baden-Württemberg besteht, gibt es für die AKDB in Bayern nicht.

Wie in den genannten Ländern ist auch in Niedersachsen zwischen den Institutionen der staatlichen (Mehrzweck- und Fachrechenzentren) und solchen der kommunalen Datenverarbeitung (kommunalen Datenverarbeitungszentralen) zu unterscheiden. Während die staatlichen Rechenzentren jeweils der Dienstaufsicht desjenigen Ministers unterstehen, der die Dienstaufsicht über die Behörde führt, der das Rechenzentrum angehört, führt die Fachaufsicht jeweils der Minister, dessen Aufgabe gerade erledigt wird[87]. Regelungen über die Leitungsaufgaben im kommunalen Bereich fehlen.

Auch in Nordrhein-Westfalen ist eine institutionelle Trennung zwischen staatlicher und kommunaler Datenverarbeitung vorgesehen. Das Landesamt für Datenverarbeitung und Statistik als staatliche Datenverarbeitungszentrale ist eine der Dienstaufsicht des Innenministers unterstellte Landesbehörde[88]. Über die Rechtsform der Kommunalen Datenverarbeitungszentralen trifft das ADVG NW keine Aussage, ebenso unterliegen sie — mit Ausnahme der Festlegung ihres Einzugsgebietes — keiner staatlichen Aufsicht.

---

[84] Art. 3 Abs. 2 Bay.EDVG.

[85] Art. 14 Bay.EDVG.

[86] § 1 Satzung der AKDB (MABl 1971 S. 638, 852).

[87] § 7 EADVG Nds.

[88] § 5 Abs. 2 ADVG NW; soweit Aufgaben aus dem Geschäftsbereich oberster Landesbehörden erledigt werden, üben diese die Fachaufsicht aus. Diese Regelung entspricht somit der Regelung in Art. 3 Abs. 2 S. 2 Bay.EDVG. Auffällig ist die Parallelität der Bestimmungen zu denen des Bay.EDVG auch insoweit, als die Errichtung von staatlichen Gebietsrechenzentren (§ 6) und Fachrechenzentren (§ 7) vorgesehen ist.

4.1.2.3. Organzusammenhang

Unter den Gesichtspunkten des Aufgaben- und Leitungszusammenhangs konnten typische Strukturen der ADV-Aufbauorganisation im Bereich der öffentlichen Verwaltung dargestellt werden. Das hierdurch gezeichnete Bild bedarf jedoch noch einer Verfeinerung im Hinblick auf die institutionellen Verflechtungen, die zwischen der Verwaltungsorganisation und der (durch die ADV-Organisationsgesetze konstituierten) ADV-Organisation einerseits und zwischen den einzelnen Organen dieser ADV-Organisation andererseits bestehen. Diese Verflechtungen könnten unter dem Merkmal des Organzusammenhangs[89] erörtert werden; hierunter soll hier eine besondere Form der Beteiligung verstanden werden, indem Organe öffentlicher Verwaltung dadurch miteinander verknüpft werden, daß Stelleninhaber des einen Organs zugleich auch Stellen im organisatorischen Aufbau des anderen Organs innehaben. Soweit die beiden Organe in einem Über- und Unterordnungsverhältnis zueinander stehen, verbindet sich mit dem Organzusammenhang vor allem der Gedanke der Interessenwahrnehmung; durch die Beteiligung des untergeordneten Organs an den Entscheidungsprozessen des übergeordneten Organs können in gewissem Maße die Belange des untergeordneten Organs im Rahmen der Entscheidungsfindung berücksichtigt werden. Der Organzusammenhang ist deshalb vor allem dort von Bedeutung, wo er als Korrelat für zentrale Organisationsformen im Bereich des Leitungszusammenhangs wirkt. Er ist deshalb im Bereich der ADV-Organisation auch dort besonders anzutreffen, wo unter dem Gesichtspunkt des Leitungszusammenhangs zentrale ADV-Organisationsformen geschaffen wurden.

Dies gilt zunächst für Schleswig-Holstein. Organzusammenhang wird hier verwirklicht durch die paritätische Besetzung des Verwaltungsrats der Datenzentrale[90]. Von den 16 Mitgliedern, die durch den Ministerpräsidenten berufen werden, wird die eine Hälfte von der Landesregierung, die andere von den kommunalen Landesverbänden vorgeschlagen. Die Bedeutung dieser Regelung, deren Sinn vor allem in der Institutionalisierung kommunaler Interessenwahrnehmung besteht, wird jedoch durch das Aufsichtsrecht des Ministerpräsidenten stark eingeschränkt; so entscheidet der Verwaltungsrat zwar über alle grundlegenden Fragen in der Datenzentrale, insbesondere beschließt er die

---

[89] *v. Berg* u. a. (1972 b) S. 328 f., 384 f. verwenden in ähnlichem Zusammenhang, allerdings eingeschränkt auf Fragen der Koordination, den Begriff der Partizipation. Dem steht jedoch entgegen, daß der Begriff der Partizipation im Verwaltungs- und Staatsrecht vorwiegend im Zusammenhang mit einer Beteiligung des Bürgers an den Verwaltungsentscheidungen gebraucht wird, vgl. etwa *Dagtoglou* (1972), *Kisker* (1972).

[90] § 4 Abs. 1 Schl.-H. EDVG.

grundsätzlichen Richtlinien für die Arbeit des Vorstandes, doch bedürfen bestimmte Beschlüsse bereits von vornherein der Genehmigung des Ministerpräsidenten, für alle übrigen besteht Vorlagepflicht und Einspruchsmöglichkeit des Ministerpräsidenten[91].

In Hessen ist der Organzusammenhang bereits angelegt in der mitgliedschaftlichen Organisationsform von HZD und KGRZ, die jeweils Körperschaften des öffentlichen Rechts sind. Im Verwaltungsrat[92] der HZD sind die Kommunen mit neun Mitgliedern vertreten; vier Mitglieder werden von den kommunalen Spitzenverbänden sowie je eines von jedem der fünf Kommunalen Gebietsrechenzentren berufen. Von den übrigen neun Mitgliedern werden der Vorsitzende und vier Mitglieder von der Landesregierung berufen und die restlichen vier Mitglieder vom Landtag aus seiner Mitte nach den Grundsätzen der Verhältniswahl gewählt[93]. Im Rahmen seiner wichtigsten Entscheidungsbefugnisse beschließt er über den Haushaltsplan und über alle grundsätzlichen und wirtschaftlich bedeutenden Angelegenheiten der HZD. Darüber hinaus entscheidet er über Meinungsverschiedenheiten zwischen einem oder mehreren Kommunalen Gebietsrechenzentren und der HZD sowie der Kommunalen Gebietsrechenzentren untereinander; er ist auch eine Art Berufungsinstanz für Einwendungen, die der Vorstand der HZD gegen die Beschlüsse des Koordinierungsausschusses erhebt.

In dem in der Praxis bedeutsamen Koordinierungsausschuß[94] sind neben dem dreiköpfigen Vorstand der HZD die Direktoren der Kommunalen Gebietsrechenzentren vertreten. In ihm wird über die Grundfragen der maschinellen Ausstattung, der Programmierung sowie der Übernahme von Verwaltungsaufgaben in die maschinelle Bearbeitung durch die HZD und die Kommunalen Gebietsrechenzentren beschlossen. Auf der Ebene der Kommunalen Gebietsrechenzentren wird der Beteiligung der Kommunen insoweit Rechnung getragen, als deren

[91] § 8 Abs. 2, 3 Schl.-H.EDVG.

[92] § 10 Abs. 1 Hess.EDVG.

[93] Die Beteiligung der Legislative an einem Beschlußgremium einer staatlichen Datenzentrale ist besonders bemerkenswert und in dieser Form nur in Hessen verwirklicht; vgl. in diesem Zusammenhang jedoch die Repräsentation der Legislative im Beirat gemäß § 12 Abs. 1 Ziff. 1 ADVG NW und Art. 5 Bay.EDVG sowie die Auskunfts- und Zugriffsrechte von Landtag und Senat in Bayern gemäß Art. 1 Bay.EDVG und des Landtags in Niedersachsen gem. § 2 EADVG Nds. Im Zusammenhang hiermit steht die Frage nach den Veränderungen im „Informationsgleichgewicht" zwischen Legislative und Exekutive; auf diese Problematik soll in der vorliegenden Arbeit nicht eingegangen werden. Vgl. zu diesen Fragen insbesondere *Steinmüller* u. a. (1972) S. 163 ff.; *Kamlah* (1971); *Geiger* (1973); *Lutterbeck* (1973) mit weiteren Nachweisen.

[94] § 12 Hess.EDVG; vgl. zur Beschlußvorbereitung dieses Gremiums oben Abschnitt 4.1.2.2. Fn. 81.

Interessen durch neun ehrenamtliche Mitglieder im Verwaltungsrat eines jeden Kommunalen Gebietsrechenzentrums vertreten werden. Von den neun Mitgliedern werden je drei vom hessischen Städtetag, hessischen Landkreistag und hessischen Städte- und Gemeindebund aus dem jeweiligen Einzugsgebiet der Kommunalen Gebietsrechenzentren berufen, wobei die Zahl der Mitglieder bei entsprechender Satzungsregelung um vier weitere Mitglieder erhöht werden kann.

Die Bedeutung dieses komplizierten Gefüges besteht einmal in der Gewichtung zugunsten des kommunalen Elements (die Vertreter der Kommunalen Gebietsrechenzentren haben im Koordinierungsausschuß sogar die Mehrheit), zum anderen in der Beteiligung von Vertretern des Parlaments. Entscheidend ist jedoch letztlich das Aufsichtsrecht des Ministerpräsidenten, durch das der Organzusammenhang weitgehend relativiert wird.

Auch in den hinsichtlich des Leitungszusammenhangs der ADV-Organisation dezentral organisierten Ländern Baden-Württemberg und Bayern sind entsprechende Modelle geschaffen worden. In Baden-Württemberg gilt dies hinsichtlich des Verwaltungsrats der Datenzentrale[95], dessen 8 Mitglieder je zur Hälfte der staatlichen und der kommunalen Verwaltung angehören; die Mitglieder der staatlichen Verwaltung werden im Einvernehmen mit den anderen Ministerien, die Mitglieder aus der Kommunalverwaltung auf Vorschlag der kommunalen Landesverbände vom Innenminister berufen. Da die Datenzentrale lediglich der Rechtsaufsicht des Innenministeriums unterliegt, im übrigen jedoch vor allem hinsichtlich der Zweckmäßigkeit ihrer Entscheidungen keiner aufsichtlichen Beschränkung unterliegt, wirkt sich insbesondere die Beteiligung der kommunalen Vertreter im Verwaltungsrat unmittelbar auf dessen Entscheidungen aus.

In Bayern, wo die Trennung zwischen staatlicher und kommunaler Datenverarbeitung auch institutionell streng durchgeführt ist, gibt es im staatlichen Bereich einen Organzusammenhang der ministeriellen Fachbereiche und im kommunalen Bereich einen solchen der kommunalen Spitzenverbände. Im staatlichen Bereich ist das entsprechende Organ der Koordinierungsausschuß Datenverarbeitung[96], der sich aus je einem Vertreter sämtlicher Staatsministerien sowie der Staatskanzlei zusammensetzt; der Koordinierungsausschuß ist jedoch in seiner Tätigkeit beschränkt auf die Prüfung der Auswirkungen des Einsatzes von Datenverarbeitungsanlagen in personeller, organisatorischer und finanzieller Hinsicht und auf die Abgabe von Empfehlungen. Demgegenüber sind die kommunalen Spitzenverbände (Bayer. Gemeindetag,

---

[95] § 4 B.-W. EDVG.

[96] Art. 8, 9 Bay.EDVG.

Bayer. Städteverband und Landkreisverband Bayern), die die AKDB tragen, in deren Organen unmittelbar vertreten[97]: Die Hauptversammlung der AKDB besteht aus jeweils neun, der Verwaltungsrat aus jeweils drei Vertretern der genannten kommunalen Spitzenverbände, wobei die letzteren darüber hinaus noch durch deren jeweiligen Geschäftsführer vertreten sind. Auch diese Form des Organzusammenhangs erlangt ihre Bedeutung durch das Selbstverwaltungsrecht, mit dem die AKDB ausgestattet ist.

In Niedersachsen sind Organisationsformen unter dem Aspekt des Organzusammenhangs vor allem im staatlichen Bereich von Bedeutung. An erster Stelle ist dabei das Landesministerium aufzuführen, in dem die Mitglieder der Regierung vertreten sind[98]. Die Bedeutung des Landesministeriums im ADV-Bereich ergibt sich daraus, daß zu seinen Aufgaben die Entscheidung über den Aufbau des Landesinformationssystems zählen soll und es zu diesem Zweck mit einer umfassenden Verordnungermächtigung ausgestattet werden[99] sowie die Errichtung staatlicher Datenverarbeitungsanlagen genehmigen soll[100]. Für die Praxis dürfte jedoch vor allem der Landesausschuß ADV wichtig werden. Er soll aus einem Vertreter der Staatskanzlei und je einem Vertreter der Ministerien, einem Vertreter des Landesrechnungshofs, einem Vertreter der Hochschulen und wissenschaftlichen Einrichtungen (vom Hochschulausschuß ADV gewählt) sowie dem Vorsitzenden des Kommunalen Ausschusses ADV gebildet werden[101]. Der Landesausschuß ADV entscheidet dann u. a. vor allem über die Planung für den Einsatz der AVD in der Landesverwaltung und für den Aufbau des Landesinformationssystems sowie über Kapazitätsplanung und -ausgleich für die Rechenzentren der Landesverwaltung. Lassen sich Meinungsverschiedenheiten in diesem Ausschuß nicht ausräumen, so ist jedoch jeder Minister befugt, die Entscheidung des Landesministeriums herbeizuführen[102].

Demgegenüber wird der Kommunale Ausschuß ADV, dem je ein Vertreter der kommunalen Datenverarbeitungszentralen, je ein Vertreter der kommunalen Spitzenverbände und der Vorsitzende des Landesausschusses ADV stimmberechtigt angehören sollen, lediglich im

---

[97] Vgl. §§ 4, 7 Satzung der AKDB.

[98] Vgl. Art. 28 Vorläufige Niedersächsische Verfassung.

[99] § 4 EADVG Nds.

[100] § 5 EADVG Nds.

[101] § 12 EADVG Nds.; den Vorsitz im Ausschuß führt der Vertreter des Ministers des Innern. Beratende Mitglieder sind Vertreter des Niedersächsischen Landesverwaltungsamts für die Aufgabenbereiche der Landesdatenverarbeitungszentrale und der Amtlichen Statistik, weitere beratende Mitglieder können hinzugezogen werden.

[102] § 13 Abs. 3 EADVG Nds.

Bereich der Beratung (Planung und Koordination bei der kommunalen Datenverarbeitung) tätig[103]. Eine wichtige Ausnahme hiervon ist seine Beteiligung beim Verordnungsverfahren des Landesministeriums für den Aufbau des Landesinformationssystems, zur Sicherung der Zusammenarbeit oder der einheitlichen Erledigung automatisierbarer Verwaltungsaufgaben: Soweit solche Verordnungen Angelegenheiten der Gemeinden und Gemeindeverbände berühren, ist vor Erlaß der Verordnung die Zustimmung des Kommunalen Ausschusses ADV einzuholen. Daneben wird, soweit einzelne Gemeinden oder Gemeindeverbände betroffen sind, diesen ein Anhörungsrecht eingeräumt[104].

In Nordrhein-Westfalen ist die Organisationsform des Organzusammenhangs in zwei Institutionen verwirklicht, im Beirat und im Kommunalen Koordinierungsausschuß. Dem Beirat gehören fünf vom Landtag gewählte Mitglieder, je ein Vertreter des Ministerpräsidenten, des Innenministers, des Finanzministers und des Ministers für Wissenschaft und Forschung, ein Vertreter des Landesamts für Datenverarbeitung und Statistik sowie fünf Mitglieder des Kommunalen Koordinierungsausschusses an, das zuständige Mitglied des Landesrechnungshofs ist berechtigt, an den Sitzungen des Beirats teilzunehmen[105]. Der Beirat wird u. a. zur Förderung der Zusammenarbeit zwischen Landtag, Landesverwaltung und Kommunalverwaltung auf dem Gebiet der ADV tätig und ist zu diesem Zweck bei einer Vielzahl von Maßnahmen im ADV-Bereich zu hören; widerspricht er jedoch Rechtsverordnungen der Landesregierung, die die Ausweitung des Geltungsbereichs des ADVG NW, die Festlegung von Anzahl und Einzugsbereichen der kommunalen Datenverarbeitungszentralen, den Erlaß einer Benutzungsordnung für die Landesdatenbank oder die Einheitlichkeit von Verfahren, Programmen und Datenformaten zum Inhalt haben, so bedürfen diese der Zustimmung des zuständigen Landtagsausschusses[106]. Der Kommunale Koordinierungsausschuß, von dessen acht stimmberechtigten Mitgliedern sechs Mitglieder von den kommunalen Spitzenverbänden und je eines von den Landschaftsverbänden und vom Innenminister benannt werden, wird im Bereich der Beratung tätig[107]. Er soll die Zusammenarbeit der Gemeinden und Gemeindeverbände auf dem Gebiet der ADV fördern und zu diesem Zweck Empfehlungen ausarbeiten.

---

[103] §§ 16, 17 EADVG Nds.

[104] § 4 Abs. 2 EADVG Nds.

[105] § 12 Abs. 1, 2 ADVG NW.

[106] § 12 Abs. 4, 5 ADVG NW; interessant ist, daß gerade der zuständige Ausschuß und nicht der Landtag selbst zustimmen muß. Damit will man wohl einerseits die demokratische Legitimation weittragender ADV-Organisationsmaßnahmen erhöhen, andererseits aber auch die Diskussion solcher Maßnahmen auf sachkundige Gremien beschränken.

[107] §§ 10, 11 ADVG NW.

Berücksichtigt man die unter den Gesichtspunkten des Aufgabenzusammenhangs, des Leitungszusammenhangs und des Organzusammenhangs vermittelten Ergebnisse der Aufbauorganisation der ADV im Bereich der öffentlichen Verwaltung in einer Gesamtschau, so können die unterschiedlichen ADV-Organisationsformen im wesentlichen auf zwei Grundmodelle reduziert werden, nämlich auf ein hierarchisches und ein dezentralisiertes Modell. Kennzeichen des hierarchischen Modells, das in Schleswig-Holstein und Hessen verwirklicht ist, ist vor allem die Zentralisation von ADV-Leitungsaufgaben und, damit verbunden, die durch Über- und Unterordnung bestimmte hierarchische Strukturierung der ADV-Organe. Angesichts dieser Strukturen verliert der Organzusammenhang als besondere Form der Interessenwahrnehmung durch die betroffenen Verwaltungsorgane einen Großteil seiner Bedeutung. Das dezentrale Modell, das in jeweils modifizierter Form den ADV-Organisationsgesetzen der übrigen Bundesländer zu entnehmen ist, zeichnet sich demgegenüber durch weitgehende Dezentralisation im Hinblick auf den Leitungszusammenhang aus; Organzusammenhang kann hier echte Mitwirkung der von der Automation betroffenen Verwaltungsorgane in den Beschlußgremien der ADV-Organe bedeuten.

4.1.2.4. Besondere ADV-Organisationsformen im kommunalen Bereich[108]

Die bisherige Darstellung berücksichtigte lediglich solche ADV-Organisationsformen, deren Rechtsgrundlage die ADV-Organisationsgesetze der einzelnen Bundesländer sind. Darüber hinaus ist jedoch in allen übrigen Bundesländern (unberücksichtigt bleiben hierbei die Stadtstaaten Bremen, Berlin und Hamburg) die ADV-Organisation im kommunalen Bereich ein bedeutendes Problem interkommunaler Zusammenarbeit. Gleiches gilt dort, wo die ADV-Organisationsgesetze einen Spielraum für eigenständige organisatorische Lösungen im kommunalen Bereich lassen. Die Verwaltungsautomation ist für die Gemeinden eine Aufgabe, die von einer einzelnen Kommune, soweit es sich nicht um eine Großstadt handelt, nicht allein bewältigt werden kann, da die finanziellen Anforderungen für das wirtschaftliche Betreiben einer EDVA und die personellen Voraussetzungen in der Regel die Verwaltungskraft einer Gemeinde übersteigen. Dies führte in der Praxis zur Zusammenarbeit mehrerer Gemeinden über die Gemeindegrenzen hinweg, indem eine EDVA von mehreren Kommunen gemeinsam betrieben wird. Im Rahmen dieser Zusammenarbeit wurden so eigene, aus der kommunalen Verwaltungsorganisation (im institu-

[108] Vgl. hierzu vor allem *Jähnig* (1973) S. 126 ff.; *Klette* (1971).

tionellen Sinne) ausgegliederte ADV-Organisationseinheiten geschaffen, für die die Bezeichnung „Gemeinsame Kommunale Datenverarbeitungszentralen (GKD)“[109] geprägt wurde. Einer GKD werden in der Regel nahezu sämtliche ADV-Aufgaben übertragen, die im kommunalen Bereich anfallen. Eine Ausnahme wird lediglich hinsichtlich der Datenerfassung gemacht, die meist den beteiligten Gemeinden selbst überlassen bleibt.

Die interkommunalen Datenverarbeitungszentralen werden meist in der Form einer Gesellschaft des bürgerlichen Rechts errichtet[110]. Diese Rechtsform wird vor allem im Hinblick auf die damit verbundenen steuerlichen Vorteile gewählt. Sie ist zudem eine flexiblere Organisationsform als beispielsweise der öffentlich-rechtliche Zweckverband oder die Arbeitsgemeinschaft[111]; dies ist für die Datenzentralen, deren Geschäftsbetrieb eher privatwirtschaftliche Züge aufweist, von Vorteil, da die Lösung vieler mit der ADV verbundener Probleme oftmals rasche und unkonventionelle Entscheidungsbildung verlangt.

Die organisationsrechtliche Grundlage der Datenzentralen ist im vorbeschriebenen Fall ein Gesellschaftsvertrag, in dem die Aufgaben der Datenverarbeitungszentrale und die Besetzung ihrer Beschlußgremien festgelegt wird. Die Aufgabenzuweisung erfolgt regelmäßig in Form einer Generalklausel, nach der die Gemeinden als Gesellschafter der Datenverarbeitungszentralen verpflichtet sind, ihre automatisierbaren Verwaltungsfunktionen entsprechend den Arbeits- und Zeitplänen der Datenverarbeitungszentrale von dieser wahrnehmen zu lassen. Die Aufgabenzuweisung in dieser globalen Form ist jedoch nicht unbedenklich, bringt sie doch für die Gemeinde eine wachsende Bindung im Rahmen ihrer Verwaltungstätigkeit an eine außenstehende Institution. Zwar ist sie in den Beschlußgremien der Datenverarbeitungszentrale (Gesellschafterversammlung, zum Teil auch Verwaltungsrat) stimmberechtigt vertreten, doch kann sie überstimmt werden und somit in eine bislang nicht gekannte Abhängigkeit geraten. Dies gilt um so mehr, als die Datenzentralen als BGB-Gesellschaften keiner unmittelbaren Aufsicht unterworfen sind; die meisten Gesellschaftsverträge sehen sogar für die Beilegung von Streitigkeiten ein Schiedsverfahren vor.

---

[109] Dieser Sprachgebrauch geht auf die Kommunale Gemeinschaftsstelle für Verwaltungsvereinfachung zurück (KGSt), vgl. KGSt (1969 b).

[110] Vgl. KGSt (1969 b); *Klette* (1971) S. 31.

[111] In Nordrhein-Westfalen jedoch wurden zum Teil Gemeinsame Kommunale Datenverarbeitungszentralen in der Rechtsform einer öffentlich-rechtlichen Vereinbarung gemäß § 23 ff. des Gesetzes über kommunale Gemeinschaftsarbeit (GkG) errichtet. Danach wird von einer der beteiligten Kommunen ein Rechenzentrum unterhalten, das von den übrigen Beteiligten mitbenutzt wird. Organe dieses Zusammenschlusses sind ein Kuratorium (bzw. eine Arbeitsgemeinschaft), in dem die beteiligten Kommunen entsprechend ihrer Einwohnerzahl stimmberechtigt mitwirken.

Die Bedenken gegen privatrechtliche Organisationsformen der ADV sind vor allem darin begründet, daß die Gemeinden in zunehmendem Maße in die Abhängigkeit von Institutionen geraten, auf deren Entscheidungen sie nur unzureichenden Einfluß haben und die im übrigen einer demokratischen Legitimation entbehren. Aus diesen Gründen wird öffentlich-rechtlichen Organisationsformen der kommunalen ADV der Vorzug zu geben sein[112].

4.2. ADV-Ablauforganisation

Auch die Darstellung der ADV-Ablauforganisation folgt den Methoden der klassischen Organisationstheorie und beginnt mit der Analyse der ADV-Funktionen (Abschnitt 4.2.1.). Stärkeres Gewicht wird hier jedoch auf die integrative Gestaltung der Datenverarbeitungsprozesse gelegt, für deren Erscheinungsformen im wesentlichen drei Einflußbereiche maßgeblich sind: Es sind dies zunächst datentechnische Gesichtspunkte, die unter dem Begriff der „integrierten Datenverarbeitung" dargestellt werden (Abschnitt 4.2.2.), organisationstheoretische Grundsätze (Abschnitt 4.2.3.) und schließlich organisationsrechtliche Grundsätze, die in Form der Koordination zu den typischen Erscheinungsformen der ADV-Ablauforganisation geführt haben (Abschnitt 4.2.4).

4.2.1. Funktionelle Analyse

Organisation der Datenverarbeitung heißt nicht nur Organisation der im Rahmen der Verwaltungsautomation zu erfüllenden Aufgaben, dies heißt auch Organisation der Arbeitsprozesse, deren Vornahme zur Erfüllung dieser Aufgaben erforderlich ist. Die Besonderheit dieser Arbeitsprozesse besteht im ADV-Bereich darin, daß es sich vorwiegend um Informationsverarbeitungsprozesse handelt. Die Organisation dieser Informationsverarbeitungsprozesse erfolgt in der Weise, daß diese zunächst in ihre elementaren Bestandteile zerlegt werden, die sodann im Wege einer „integrativen Strukturierung" zu Datenverarbeitungsprozessen zusammengesetzt werden, die unter Einbeziehung von EDVA automatisiert ablaufen können.

Das methodische Instrumentarium der klassischen Organisationstheorie zeigt, vor allem im Bereich der funktionellen Organisation von Informationsverarbeitungsprozessen, erhebliche Lücken. Die analytische Untersuchung von Informationsverarbeitungsprozessen mit dem Ziel, diese Arbeitsprozesse zu gestalten (zu organisieren), wurde lange Zeit vernachlässigt, wohl aufgrund der Schwierigkeiten, die sich hin-

---

[112] Im Ergebnis ebenso *Grimmer* (1974) S. 65.

sichtlich der notwendigen empirischen Untersuchungen im kognitiven Bereich ergeben. So beruhte die Analyse von Informationsverarbeitungsprozessen zunächst weitgehend auf Intuition und allgemeinen, leicht feststellbaren Erfahrungssätzen, ohne daß wissenschaftliche Methoden angewandt wurden. Bedeutende Fortschritte gerade für diesen Bereich ergaben sich jedoch aus den Ergebnissen amerikanischer Organisationsforschungen, die unter dem Begriff „systems analysis" bekannt wurden und im deutschen Sprachraum unter dem Schlagwort „Systemanalyse" diskutiert werden[113]. Leider wird dieser Begriff häufig mit wechselnder Bedeutung gebraucht, so daß seine inhaltlichen Konturen nur ungenau nachgezeichnet werden können[114]. Einigkeit besteht jedoch wohl darüber, daß unter Systemanalyse keine eigenständige wissenschaftliche Disziplin zu verstehen ist. Systemanalyse wird vielmehr als Sammelbegriff für eine Vielzahl neuer Methoden gebraucht, mit deren Hilfe vorwiegend Informationsverarbeitungsprozesse analysiert werden können[115]. In Deutschland verbindet sich der Begriff der Systemanalyse vor allem mit den Arbeiten der Heidelberger Studiengruppe für Systemforschung[116], die die Analyse organisationaler Strukturen beim Deutschen Patentamt[117], beim Presse- und Informationsamt der Bundesregierung[118], bei der Bundestagsverwaltung[119] und beim Bundeskanzleramt[120] sowie Fragen der Forschungsplanung beim Bundesministerium für Bildung und Wissenschaft[121] zum Gegenstand hatten.

Typisch für das methodische Vorgehen im Rahmen der Systemanalyse ist eine Gliederung des gesamten Organisierungsvorgangs in Phasen. Die Phasen teilen die Tätigkeit des Organisierens in einzelne Tätigkeitsabschnitte auf, die alle in einem logischen Zusammenhang stehen. Folgende Phasen werden unterschieden[122]:

---

[113] Vgl. die Übersichten bei *Böhret* (1970) S. 72 ff. und *Wegner* (1969) mit ausführlichen Hinweisen auf die amerikanischen Forschungen.

[114] Bereits in der amerikanischen Literatur fehlt es an einer einheitlichen Definition des Begriffes „systems analysis"; vgl. *Böhret* (1970) S. 72 ff. Im deutschen Sprachraum wird der Begriff zunehmend im Zusammenhang mit den Vorbereitungen für die Einführung automatisierter Datenverarbeitung im Bereich der öffentlichen Verwaltung oder in privaten Wirtschaftsunternehmen gebraucht.

[115] So *Wittkämper* (1969) S. 3; *Krauch* (1970) S. 36.

[116] Vgl. Studiengruppe für Systemforschung (1970); *Paschen* (1973); wichtige Ergebnisse der Arbeiten sind in *Steinmüller* (1973 a) dargestellt.

[117] *Kunz* u. a. (1967); *Kunz* u. a. (1968 a).

[118] *Thomas* (1968).

[119] *Kunz* u. a. (1968 b); *Krauch* (1970) S. 44 f.

[120] Studiengruppe für Systemforschung (1968); (1969); *Krauch* (1970) S. 42 ff.

[121] *Kunz / Rittel* (1970); *Krauch* (1970) S. 45 ff.

[122] Das Phasenschema weist bei den einzelnen Autoren eine unterschiedliche Gestalt auf, das hier aufgeführte Schema stellt eine Modifikation der Konzeptionen von *Böhret* (1970) S. 76 ff. und *Wittkämper* (1969) S. 3 dar.

1. Phase: Die Notwendigkeit einer organisatorischen (Neu-)Gestaltung muß zu einem Problembewußtsein führen, aus dem der Auftrag an die mit der Systemanalyse betrauten Personen entwickelt wird. Die Formulierung der „Aufgabe", die den Systemanalytikern übertragen wird, kann entweder von diesen oder aber vom Auftraggeber vorgenommen werden.

2. Phase: Die Systemanalytiker analysieren die Informationsverarbeitungsprozesse, deren organisatorische Gestaltung beabsichtigt ist. Da sich diese Prozesse weitgehend im kognitiven Bereich abspielen, erfolgt die Analyse anhand von Modellen, die diese Prozesse abbilden und analysierbar machen. Der Wirklichkeitsbezug dieser Modelle wird durch umfangreiche empirische Erhebungen hergestellt. Diese Phase wird oftmals als Ist-Analyse bezeichnet. Sie entspricht weitgehend der funktionalen Analyse der klassischen Organisationstheorie.

3. Phase: Auf der Grundlage der Ergebnisse, die durch die Ist-Analyse erzielt wurden, werden Alternativen darüber entwickelt, wie die durch die Ist-Analyse ausgemachten Elemente der Informationsverarbeitungsprozesse in einen neu geordneten, durch den Einbau automatisierter Elemente gekennzeichneten Zusammenhang gebracht werden können. Diese Phase hat ihre Parallele in der funktionalen Synthese der klassischen Organisationstheorie. In der Regel werden die Alternativen miteinander verglichen und ihre Brauchbarkeit im Rahmen von Tests überprüft. Als Ergebnis dieser Phase entsteht ein Vorschlag über die Gestaltung der Informationsverarbeitungsprozesse, der meist als Soll-Konzept bezeichnet wird.

4. Phase: Das Soll-Konzept wird vom Auftraggeber überprüft und gegebenenfalls als organisatorische Regelung angenommen.

Für den gesamten durch die Systemanalyse charakterisierten organisationalen Prozeß gilt jedoch, daß die genannten Phasen nicht in einem zeitlich oder kausal linearen Ablauf stehen, sondern daß der gesamte Vorgang als iterativer Prozeß verstanden werden muß. Das bedeutet, daß beispielsweise als Folge der Ist-Analyse der Auftrag an die Systemanalytiker modifiziert werden kann, daß gleichzeitig mehrere Alternativen nebeneinander getestet werden und sich aufgrund der Ergebnisse dieser Tests wiederum Modifikationen des Auftrags ergeben.

Die funktionelle Analyse von Informationsverarbeitungsprozessen kann immer nur anhand konkreter Informationsverarbeitungsprozesse vorgenommen werden; aufgrund der Varietät der Informationsverarbeitungsprozesse in der öffentlichen Verwaltung sind die Ergebnisse der funktionellen Analyse jeweils auf den spezifischen Informationsverarbeitungsprozeß ausgerichtet, den sie zum Gegenstand hat. Als Ergebnis der funktionellen Analyse erhält man zunächst alle Informationen, die im Rahmen des spezifischen Informationsverarbeitungsprozesses Verwendung finden. Als weiteres Ergebnis liefert die funktionelle Analyse die Gesamtheit der Regeln, nach denen die Informationen miteinander verknüpft (verarbeitet) werden, d. i. der Inbegriff aller logischen Operationen, denen die Informationen im Rahmen des Informationsverarbeitungsprozesses unterliegen. Damit sind alle Elemente genannt, aus denen im Rahmen der funktionellen Synthese die Informationsverarbeitungsprozesse im Hinblick auf ihre Automatisierbarkeit neu gestaltet werden.

Die Ablauforganisation, die sich aufgrund der Synthese der funktionellen Elemente (Informationen und deren logische Verknüpfungsmöglichkeiten) ergibt, wird nahezu ausschließlich von den durch die Technik der elektronischen Datenverarbeitung bestimmten Erfordernissen determiniert. Dies ist nun die Stelle, an der sich Datenverarbeitungstechnik und Verwaltungsorganisation aufs engste berühren und sich unmittelbar Bedingungen setzen. Entscheidende Impulse gehen hier von dem Prinzip der „integrierten Datenverarbeitung" aus, dessen Grundsätze deshalb im folgenden zunächst dargestellt werden.

4.2.2. Integrierte Datenverarbeitung

Integrierte Datenverarbeitung ist sicherlich einer der am häufigsten verwendeten Begriffe in der Literatur zu Fragen der Verwaltungsautomation. Während er zunächst von den Computer-Herstellern vorwiegend als Verkaufsargument für i. d. R. großzügig bemessene Maschinenkonfigurationen angeführt wird, wurde sein Anwendungsbereich in der Literatur zur ADV-Organisation in der öffentlichen Verwaltung erweitert, wo er meist zur Begründung bestimmter organisatorischer Konzeptionen herangezogen wird[123]. Um so bedauerlicher ist es, daß bislang weitgehend Unklarheit darüber besteht, was unter integrierter Datenverarbeitung zu verstehen ist. Diese Unklarheiten rühren weitgehend daher, daß der Begriff in verschiedenen Wissenschaftszweigen beheimatet ist, wobei „Datenverarbeitung" auf die Informatik und „Integration" auf die Organisationstheorie verweisen. Die Unschärfe in den einzelnen Begriffsbestimmungen folgert wohl daraus, daß integrierte Datenverarbeitung in Zusammenhang mit anderen Begriffen wie Organisation oder (öffentliche) Verwaltung gebracht wird, die selbst eine erhebliche Unschärfe aufweisen, die sich dann auf den Begriff der integrierten Datenverarbeitung überträgt. Integration bedeutet im Bereich der Aufbauorganisation etwas ganz anderes als im Be-

---

[123] So z. B. HZD (1970) S. 9, 11 ff.; *Siemens* (1970) S. 29 ff.; *Goller* u. a. (1971) S. 66 ff.

reich der Ablauforganisation; der Begriff der Verwaltungsintegration ist deshalb insoweit nur wenig brauchbar, als er keine Aussage darüber erlaubt, ob es sich nun um Integration im Bereich der Aufbau- oder der Ablauforganisation oder im Bereich beider handelt[124].

Wenngleich zwar die Grenzen dessen, was alles zu integrierter Datenverarbeitung gerechnet werden soll, unterschiedlich gezogen werden, so ist doch allen Begriffsbestimmungen gewissermaßen als allgemeinste Aussage zu entnehmen, daß integrierte Datenverarbeitung zunächst verstanden werden muß als Inbegriff von Gestaltungsregeln für den Ablauf von Datenverarbeitungsprozessen[125]. Die folgende Darstellung geht deshalb zunächst von einer isolierten Betrachtung der Datenverarbeitungsprozesse aus, die zunächst losgelöst von ihrem Bezug zur Verwaltungsorganisation gesehen werden. Erst in einem nächsten Schritt wird dann die organisatorische Verknüpfung von Datenverarbeitungsprozessen und Verwaltungsorganisation (im funktionellen Sinne) untersucht.

4.2.2.1. Grundsätze der integrierten Datenverarbeitung

Untersucht man Entscheidungsprozesse im Bereich der öffentlichen Verwaltung im Hinblick auf ihre Automatisierbarkeit, so kann man entdecken, daß verschiedene Entscheidungsprozesse, die bislang isoliert abgelaufen sind, oftmals gemeinsame Datenverarbeitungselemente aufweisen. Unter diesem Gesichtspunkt lassen sich beispielsweise für so verschiedene Entscheidungsvorgänge wie das Berechnen der Grundsteuer und das Berechnen von Straßenreinigungsgebühren zumindest ein gemeinsames Element feststellen: Für beide Datenverarbeitungsvorgänge ist u. a. die Bereitstellung der Grundstücksdaten (Lage, Eigentümer) erforderlich. Untersucht man in einem anderen Beispiel die

---

[124] Vgl. *Steinmüller* u. a. (1970) S. 71 zum Begriff Verwaltungsintegration: „Die Integration der Verwaltung faßt nun bisher getrennte Behörden(teile) und Aufgaben zu einem einzigen System zusammen; sie ist also in einem bestimmten Sinne Aufhebung der Arbeitsteilung. Integrierte Datenverarbeitung ist Integration der Verwaltung mittels EDV."

[125] *Meincke* (1970) S. 32 spricht von einer Organisationsform, „bei der die Daten als Grundaussagewert durch Um- oder Zusammensetzen zu neuen Informationen mit mehreren Auswertungsmöglichkeiten gemäß bestimmten Zielvorstellungen umgewandelt werden ..."; *Goller* u. a. (1971) S. 68 sprechen von „Koordinierung und Zusammenfassung in datentechnisch einheitliche Verarbeitungsgänge"; *Fischer / Walter* (1971) nennen „die Integration der Daten (alle Daten nur einmal speichern), die Integration der Programme (alle Programme erstellen Ergebnisse, die andere Programme ohne personelle Eingriffe verarbeiten können) ..."; *Steinmüller* (1972 d) S. 138 nennt „Einmaleingabe, Einmalspeicherung/Löschung, Vielfachveränderung und -weitergabe aller im System vorhandenen Informationen sowie Einmalprogrammierung der Informationskanäle und -prozesse" als die „üblichen (idealtypischen) Kennzeichen der integrierten Datenverarbeitung".

Entlohnung der Angestellten in städtischen Dienststellen einerseits und in den Stadtwerken andererseits, so zeigt sich, daß beim jeweiligen Berechnen und Zahlbarmachen der Vergütungen Daten nach den gleichen logischen Operationen verknüpft werden.

Bisher war es üblich, Entscheidungsprozesse ohne Rücksicht auf die in ihnen enthaltenen gemeinsamen Datenverarbeitungslemente isoliert vorzunehmen, wohl als Folge ihrer arbeitsteiligen Organisation. So wurden etwa die Grundstücksdaten jeweils getrennt für die Berechnung der Grundsteuer und für die Berechnung der Erschließungsbeiträge ermittelt und erfaßt, die Vergütungen von Angestellten der städtischen Dienststellen wurden getrennt von denen der Stadtwerke berechnet und zahlbar gemacht.

Grundsatz der integrierten Datenverarbeitung dagegen ist es, gemeinsame Elemente in Datenverarbeitungsprozessen zu berücksichtigen und mit ihrer Hilfe die Datenverarbeitung zu „rationalisieren", indem die Datenverarbeitungsprozesse über diese Elemente verknüpft werden[126]. Im Hinblick auf die genannten Beispiele würde das bedeuten, daß etwa die Grundstücksdaten nur einmal ermittelt und erfaßt würden, um sie für die Berechnung der Grundsteuer wie der Erschließungsbeiträge gleichermaßen zu verwenden, ohne daß es jeweils einer gesonderten Ermittlung und Erfassung bedarf. Ebenso würden die Vergütungen der Angestellten städtischer Dienststellen wie der Stadtwerke in einem Arbeitsgang nach dem gleichen Programm berechnet und zahlbar gemacht.

In allgemeinster Form lassen sich demnach Grundregeln für die Gestaltung von Datenverarbeitungsprozessen nach den Prinzipien der integrierten Datenverarbeitung etwa wie folgt formulieren[127]:

— Bezüglich der Daten soll gelten, daß diese, soweit sie in mehreren Datenverarbeitungsprozessen verwendet werden, nur einmal ermittelt, erfaßt und gespeichert werden, aber in vielen Formen logisch verknüpfbar sind.

— Bezüglich der logischen Verknüpfung der Daten in Form von Programmen soll gelten, daß letztere, soweit sie in mehreren Datenverarbeitungsprozessen verwendet werden können, nur einmal erstellt werden, aber unter Verwendung verschiedenster Daten ablaufen können.

---

[126] Vgl. *B. Hartmann* (1969) Sp. 776 ff.; *Goller* u. a. (1971) S. 68; *Jähnig* (1973) S. 23. An dieser Stelle wird der Bezug zur klassischen Organisationstheorie deutlich; integrierte Datenverarbeitung ist das Ergebnis „integrativer Strukturierung", kurz Organisation von Datenverarbeitungsprozessen, wobei die Möglichkeiten automatisierter Datenverarbeitung genutzt werden.

[127] Vgl. hierzu im einzelnen ausführlich *Meincke* (1970) S. 34 ff.; ebenso *Jähnig* (1971) S. 14; *Steinmüller* (1972 d) S. 138 f.

Integrierte Datenverarbeitung als Organisationsprinzip von Datenverarbeitungsprozessen führt so zu einer weitgehenden Aufhebung der Arbeitsteilung, wie sie für die „manuelle“ Datenverarbeitung typisch ist. An ihre Stelle treten jedoch neue Formen der Arbeitsteilung, die sich mit den Begriffen „Datenbank“ und „integriertes Informationssystem“ verbinden.

4.2.2.2. Datenbanken

Die vielleicht wichtigste Form der integrierten Datenverarbeitung ist die integrierte Speicherung von Daten in Form einer Datenbank[128]. Hiermit wird dem Grundsatz Rechnung getragen, daß Daten, die Elemente mehrerer Datenverarbeitungsprozesse sein können, nur einmal und von einer Stelle erfaßt und ebenso nur an einer Stelle gespeichert werden sollen, um für möglichst viele Funktionen verarbeitet (i. e. S.) werden zu können. Von großer Bedeutung ist deshalb die Art, in der die Daten innerhalb der Datenbank organisiert sind (Speicherorganisation, Datenorganisation). In der Regel gliedert sich die Datenbank in Dateien, in denen jeweils gleichartige Daten in geordneter Folge enthalten sind, z. B. Einwohnerdatei, Grundstücksdatei etc. Merkmal integrierter Datenspeicherung ist hierbei vor allem, daß Daten aus verschiedenen Dateien aufgrund logischer Operationen miteinander verknüpft werden können, so daß sie fortan als Elemente der verschiedensten Datenverarbeitungsvorgänge verwendet werden können, ohne daß es einer jeweils gesonderten Ermittlung und Erfassung bedarf. Die Ausnutzung aller dieser Möglichkeiten erfordert die Entwicklung spezieller Programme (Datenbankverwaltung). Mit ihrer Hilfe können die Grundfunktionen (datentechnisch) der Datenbank wahrgenommen werden: Die Eröffnung und Veränderung (updating) von Dateien, die Beantwortung von Anfragen an die Datenbank etc. Mit ihrer Hilfe wird die Datenbank zu einem der wichtigsten Elemente der höchsten Organisationsform integrierter Datenverarbeitung, dem integrierten Informationssystem.

---

[128] Zum Begriff der Datenbank vgl. vor allem *Fischer / Walter* (1971) S. 75 ff.; *Lutz* (1972); *Lutz / Klimesch* (1971); *Podlech* (1972) S. 150; *Berger* (1972); zumeist jeweils mit weiteren Nachweisen. Der Begriff Datenbank hat darüber hinaus auch Eingang in die ADV-Organisationsgesetze gefunden, vgl. § 13 Abs. 2 ADVG NW („Landesdatenbank“), Art. 6, 7 Bay.EDVG („Datenbanken der Geschäftsbereiche“). Eine Legaldefinition dieser Begriffe fehlt bislang, ein Hinweis ergibt sich lediglich aus einem Definitionsversuch in der Begründung zum Bay.EDVG-Entwurf: „Einrichtungen, in denen große Datenmengen gespeichert sind, die mittels eines Abfragesystems in beliebiger Verdichtung, Gliederung und Verknüpfung abgerufen werden können.“ Daß unter „Einrichtung“ lediglich eine bestimmte Form der Speicherung zu verstehen ist, ergibt sich aus dem Zusammenhang, wenn nämlich davon später gesprochen wird, daß „eine Datenbank im Einzelfall nach Vereinbarung auf der EDV-Anlage eines anderen Geschäftsbereichs betrieben wird“.

4.2.2.3. Integrierte Informationssysteme

Unter integriertem Informationssystem[129] soll hier eine Organisationsform der Datenverarbeitung verstanden werden, bei der Daten und Programme als Elemente von Datenverarbeitungsprozessen nach den Grundsätzen der integrierten Datenverarbeitung zusammengefaßt und geordnet sind. Seine wichtigsten Elemente sind die Datenbank sowie die Programme zur Steuerung des Ablaufs von Datenverarbeitungsprozessen (oftmals Methodenbank genannt). Das integrierte Informationssystem zeichnet sich demnach anderen Organisationsformen der Datenverarbeitung gegenüber dadurch aus, daß nahezu alle Phasen der Datenverarbeitung, von der Ermittlung bis zur Datenausgabe, nach den Prinzipien der integrierten Datenverarbeitung organisiert sind.

Die oftmals vielfältigen und unterschiedlichen inhaltlichen Vorstellungen, die sich mit dem Begriff Informationssystem verbinden, resultieren daraus, daß das Informationssystem jeweils in der spezifischen Ausprägung als Folge seiner Bezogenheit auf konkrete, in Betrieb oder öffentlicher Verwaltung wahrzunehmende Funktionen gesehen wird. Danach wird, bezogen auf den Bereich der öffentlichen Verwaltung, z. B. unterschieden zwischen Informationssystemen für den Verwaltungsvollzug und Planungsinformationssystemen[130], bei diesen wiederum zwischen kommunalen Informationssystemen und (staatlichen) Landesinformationssystemen. Besonders im Hinblick darauf, daß der Begriff Informationssystem auch in die ADV-Organisationsgesetze in Baden-Württemberg und Nordrhein-Westfalen Eingang gefunden hat[131],

[129] Vgl. aus der nahezu unübersehbar gewordenen Literatur zum Fragenkreis des integrierten Informationssystems vor allem *Kunz / Rittel* (1972) S. 41 ff.; *Fischer / Walter* (1971); *Fehl* (1971); HZD (1970) S. 24 ff.; *Siemens* (1970); *Goller* u. a. (1971) S. 66 ff.; *Brightman* (1971); *Dearden* (1971); *Dworatschek* (1971); *Steinmüller* (1972 d) S. 136 ff.; *Podlech* (1972) S. 151 ff.; *Berger* (1972); *Jähnig* (1973) S. 164 ff.

[130] Vgl. vor allem *Fehl* (1971) S. 12 ff.

[131] Nach § 2 Abs. 1 Nr. 5 B.-W. EDVG hat die Datenzentrale Baden-Württemberg insbesondere „den Aufbau eines integrierten, über die Zuständigkeitsbereiche der Fachrechenzentren und regionalen Rechenzentren hinausgehenden Informationssystems für das ganze Land zu unterstützen; das Nähere über den Aufbau des Informationssystems regelt ein Gesetz". § 13 Abs. 1 ADVG NW (Landesinformationssystem) lautet: „Die Landesdatenverarbeitungszentrale, die gemeinsamen Gebietsrechenzentren, die Fachrechenzentren, die Hochschulrechenzentren und die kommunalen Datenverarbeitungszentralen bilden die organisatorisch-technische Grundlage für den Aufbau eines Landesinformationssystems; sie stehen im Verbund. Im Landesinformationssystem tauschen die Träger öffentlicher Verwaltung im Sinne des § 1 insbesondere Daten in dem Maße und in der Weise aus, wie dies sachlich geboten, unter dem Gesichtspunkt des Datenschutzes zulässig und unter organisatorischen, technischen und wirtschaftlichen Kriterien möglich ist. Das Land, die Gemeinden und Gemeindeverbände, sowie die sonstigen Körperschaften, Anstalten und Stiftungen des öffentlichen Rechts, für die dieses Gesetz gem. § 1 Abs. 2 für anwendbar erklärt worden ist, sind verpflichtet, die Voraussetzungen für den Datenverbund zu schaffen."

scheint eine einheitliche Begriffsabgrenzung jedoch dringend geboten. Typisch für die unscharfe Begriffsbildung, die dabei bislang vorherrscht, ist die Begründung zu § 11 ADVG NW[132]:

„Die öffentliche Verwaltung des Landes bildet auch in ihrer herkömmlichen Struktur und Arbeitsweise ein Landesinformationssystem; zur Aufgabenerfüllung werden innerhalb des Gesamtbereichs der öffentlichen Verwaltung Informationen (Daten) in mehr oder minder organisierter Weise gesammelt, verarbeitet, aufbewahrt, ausgetauscht. Es ist naheliegend, für ein solches System künftig die technischen Einrichtungen und Methoden der automatisierten Datenverarbeitung nutzbar zu machen, deren sich die einzelnen Institutionen der öffentlichen Verwaltung in ständig wachsendem Umfang bedienen. Auf diese Weise wird das bisherige System zu einem ‚computergestützten' Landesinformationssystem weiterentwickelt."

Hier wird der Begriff Informationssystem zunächst für Struktur (Aufbauorganisation) und Arbeitsweise (Ablauforganisation) der öffentlichen Verwaltung gleichermaßen verwendet, der ohnehin schon unscharfe Begriff der Verwaltung wird durch einen ebensolchen anderen ersetzt, ohne daß dadurch eine wesentlich neue Aussage gewonnen wird. Dennoch sind die Folgen dieser Begriffsunschärfe beachtlich; lassen sich doch so Veränderungen in der Verwaltungsstruktur immer damit rechtfertigen, daß es sich doch „nur" um eine rationale Gestaltung des „Informationssystems" handele[133], dessen Ausgestaltung zudem als gesetzlicher Auftrag vorliegt, § 13 ADVG NW. Aus diesem Grund wird vorgeschlagen, den Begriff des Informationssystems wie hier auf den Bereich der Datentechnik zu beschränken und diese von der organisationalen Gestaltung der Verwaltung (im institutionellen wie im funktionellen Sinne) begrifflich zu trennen. Die Auswirkung der Datenorganisation auf die Verwaltung (im institutionellen wie im funktionellen Sinne) ist dann eine zweite Frage. Werden jedoch in das Konzept des Informationssystems zugleich die Vorschläge für die Verwaltungsorganisation mit einbezogen, dann ist die Gefahr groß, daß die Relation Datenorganisation/Verwaltungsorganisation einseitig vom Blickwinkel datentechnischer Prinzipien her bestimmt wird. Dies ist dann der Ausgangspunkt dafür, daß bestimmte organisatorische Lösungen unter dem Gesichtspunkt des „Sachzwangs" gestaltet werden, ohne daß an-

---

[132] In d. Fassung des Entwurfs, vgl. Landtags-Drucksache 7/1983 vom 23. 8. 1972 S. 13. Die einschränkende, beschwichtigend klingende Auslegung bei *Ruckriegel* (1973) S. 4 ist wenig überzeugend.

[133] Unter diesem Aspekt sind auch die Konzeptionen von *Siemens* (1970) S. 43 ff., HZD (1970) S. 24 ff. und *Goller* u. a. (1971) S. 65 ff. zu sehen, wo jeweils Vorschläge zur Datenorganisation zugleich auch mit solchen zur Verwaltungsorganisation, vor allem auch zur Aufbauorganisation, verbunden werden. Dadurch wird leicht übersehen, daß die integrierte Datenverarbeitung auf die Verwaltungsorganisation lediglich mittelbar einwirkt: Ihre Prinzipien erlangen zunächst Bedeutung für die Datenorganisation — als deren besondere Form m. E. der Begriff des Informationssystems seine Berechtigung hat.

deren Beurteilungskriterien außer den datentechnischen der ihnen zustehende Raum eingeräumt wird.

Es ist deshalb erforderlich, den Begriff des Informationssystems zunächst lediglich als Form der Datenorganisation zu interpretieren, losgelöst von seiner konkreten Verwirklichung in spezifischen Organisationsformen der öffentlichen Verwaltung. Dies ist Voraussetzung dafür, daß die notwendigen Auswirkungen der Datenorganisation auf die Verwaltungsorganisation erkannt werden können.

4.2.3. Integration (organisationstheoretisch)

Von dem datentechnischen Begriff der integrierten Datenverarbeitung ist der Begriff der Integration zu unterscheiden, wie er in der Organisationstheorie Verwendung findet[134]. Waren Objekte der integrierten Datenverarbeitung lediglich Daten und die zwischen Daten möglichen Relationen, so müssen als Gegenstand der organisationstheoretischen Integration Menschen und Sachmittel sowie die zwischen ihnen herstellbaren Relationen angesehen werden. Der Berührungspunkt zwischen integrierter Datenverarbeitung und Integration (organisationstheoretisch) liegt da, wo sich die Relationen zwischen Menschen und Menschen, Menschen und Sachmitteln (hier: insbesondere Maschinen bzw. EDVA) sowie Sachmitteln untereinander als Datenverarbeitungsprozesse darstellen lassen. An dieser Stelle gilt es, den Einfluß der integrierten Datenverarbeitung auf die organisationstheoretische Integration sichtbar zu machen.

Unter organisationstheoretischem Aspekt kennzeichnet Integration die Synthese elementarer Arbeitsprozesse zu Arbeitsvorgängen oder, anders ausgedrückt, die Synthese von Arbeitsprozessen niedrigster Ordnung zu Arbeitsprozessen höherer Ordnung. *Kosiol* spricht in diesem Zusammenhang von „integrativer Strukturierung von Arbeitsprozessen"[135]. Da integrierte Datenverarbeitung Gestaltungsprinzipien für eine bestimmte Form von Arbeitsprozessen, nämlich von Datenverarbeitungsprozessen darstellt, bedeutet integrierte Datenverarbeitung zugleich immer auch funktionelle Integration im organisationstheoretischen Sinne. Unter diesem Gesichtspunkt ist es zulässig, wenn als unmittelbare Folge der Anwendung der Grundsätze der integrierten Datenverarbeitung im Bereich der Verwaltungsautomation von einer Integration der Verwaltungsfunktionen gesprochen wird. Sie liegt vor, wenn zwei oder mehrere Verwaltungsfunktionen in der Weise miteinander „verknüpft" werden, daß bei ihrer Wahrnehmung entweder auf einen gemeinsamen Datenbestand zurückgegriffen wird oder die glei-

[134] Vgl. *Kosiol* (1962) S. 21; *Lehmann* (1969 a).

[135] *Kosiol* (1962) S. 185.

chen Programme Verwendung finden. Dabei werden zwei Typen von Integration unterschieden[136], die sich aufgrund des systematischen Zusammenhangs der Funktionen im Gefüge des Funktionskatalogs ergeben. Werden Funktionen innerhalb einer Funktionsgruppe verknüpft, so liegt ein Fall der vertikalen Integration vor; werden Funktionen verschiedener Funktionsgruppen miteinander verknüpft, so spricht man von horizontaler Integration.

Die Bedeutung der funktionellen Integration liegt jedoch nicht allein in den Rationalisierungsmöglichkeiten, die sie dadurch ermöglicht, daß sie überflüssige Doppelarbeit entfallen läßt. Sie ist vielmehr darin zu sehen, daß sie durch eine Verknüpfung von Funktionen des Verwaltungsvollzugs mit solchen aus dem Bereich der Planung den Entwurf aktueller Modelle der Realität erlaubt, anhand derer die Auswirkungen von Planungsentscheidungen simuliert und getestet werden können, um so die Rationalität dieser Entscheidungen zu erhöhen[137]. Die integrierte Datenverarbeitung läßt es als möglich erscheinen, Daten, die im Rahmen der gesetzesvollziehenden Verwaltung (vor allem in den Gemeinden) ermittelt und gespeichert werden, unmittelbar in die Entscheidungsprozesse im Rahmen der Regierungs- und Planungstätigkeit einzubeziehen. Die Besonderheit liegt darin, daß die bisher hierzu erforderlichen gesonderten Erhebungen (z. B. Volkszählung etc.) dadurch entfallen, die „Planungsdaten" zugleich mit den „Vollzugsdaten" ermittelt und gespeichert werden. Voraussetzung hierfür wie allgemein für jede gemeinsame Datenbasis ist jedoch, daß bei der Gestaltung der Datenverarbeitungsprozesse, im Rahmen derer diese Daten erstmals ermittelt, erfaßt und gespeichert werden, die Zielsetzung der weiteren Verwendbarkeit der Daten berücksichtigt wird. Erforderlich ist deshalb ein Aufeinanderabstimmen bei der Gestaltung der Datenverarbeitungsprozesse; im Sprachgebrauch der Organisationstheorie wird hier von Koordination gesprochen.

Die Regelung der Koordination der Verwaltungsautomation ist deshalb maßgebend für die Ablauforganisation der ADV im Bereich der öffentlichen Verwaltung.

4.2.4. Koordination

Die Koordination der Datenverarbeitung in der öffentlichen Verwaltung ist zentrales Anliegen der ADV-Organisation[138]. Selbst in den

[136] Vgl. *Meincke* (1970) S. 40; *Jähnig* (1973) S. 23; anders *Steinmüller* u. a. (1970) S. 72, der zwischen horizontaler und vertikaler Integration lediglich im Bereich der Aufbauorganisation unterscheidet.

[137] Vgl. dazu vor allem *Fehl* (1971) S. 41 ff. mit weiteren Nachweisen.

[138] Vgl. hierzu z. B. die Begründung zu Art. 10 Bay.EDVG: „Die Datenverarbeitung im gesamten öffentlichen Bereich kann nur dann sachgerecht

Ländern Rheinland-Pfalz und Saarland, in denen bislang noch keine ADV-Organisationsgesetze existieren oder in Vorbereitung sind, ist die Koordination im Bereich der Datenverarbeitung teilweise formal organisiert.

Koordination[139] soll regelmäßig der Verwirklichung der integrierten Datenverarbeitung innerhalb der gesamten öffentlichen Verwaltung dienen. Integrierte Datenverarbeitung heißt hier vor allem Realisierung eines Datenverbundes[140]. Dieser stellt das Korrelat dar für eine allgemeine Arbeitsteilung, die für den Bereich der öffentlichen Verwaltung typisch ist: Der größte Teil der in der öffentlichen Verwaltung (im funktionellen Sinne) verwendeten Daten wird dezentral ermittelt und gespeichert, eine Aufgabe, die vor allem von den Kommunalver-

---

und wirtschaftlich eingesetzt werden, wenn staatliche und kommunale Stellen eng zusammenarbeiten. Deswegen ist es von entscheidender Bedeutung, daß Staat, Gemeinden und Gemeindeverbände sich gegenseitig abstimmen und unterstützen, soweit es zur Erfüllung ihrer Aufgaben erforderlich ist ... Die Zusammenarbeit erfordert es, Einrichtung und Betrieb der Datenverarbeitungsanlagen so aufeinander abzustimmen, daß Daten reibungslos ausgetauscht werden können." Vgl. ebenso die Begründung zum ADVG NW: „Rahmenplanung und Koordinierung, die zu einer funktionell richtigen und wirtschaftlich notwendigen Integration der ADV führen müssen, gilt es zu organisieren. Da die bisherigen Maßnahmen — Koordinierung im Bereich der Landesverwaltung durch den Unterausschuß Datenverarbeitung des Organisationsausschusses, im kommunalen Bereich durch herstellerbezogene Arbeitsgemeinschaften — nicht ausreichen, sind neue Formen der Zusammenarbeit zu entwickeln." Zum Problem der Koordination vgl. vor allem *v. Berg* u. a. (1972 b); *Bresse* (1972) S. 504 f.

139 Der Koordinationsbegriff im öffentlichen Recht wird im wesentlichen in zweifacher Bedeutung gebraucht. Er dient einmal der Unterscheidung von Gleichordnung und Unterordnung (Koordination — Subordination), zum anderen bezeichnet er allgemein gegenseitiges Abstimmen und notwendige Integration der staatlichen Funktionen (etwa im Wege der Planung), vgl. *Forsthoff* (1973) S. 113, 303. Mit letzterem Begriffsinhalt, der auch dem organisationstheoretischen Sprachgebrauch nahekommt, wird der Koordinationsbegriff im folgenden verwendet.

140 Der Begriff „Datenverbund" hat in die ADV-Organisationsgesetze in Bayern (Art. 7: „Die Datenverarbeitungsanlagen und Datenbanken der Geschäftsbereiche bilden untereinander und mit den Anlagen des Landesamtes für Datenverarbeitung einen Datenverbund") und Nordrhein-Westfalen (§ 13 Abs. 1 ADVG NW: „Verbund") Eingang gefunden. Die genaue Begriffsbestimmung ist jedoch nicht einheitlich; während der Begriff in Art. 7 Bay.EDVG datentechnisch als eine bestimmte Art der Koppelung von Datenverarbeitungsanlagen und Datenbanken verstanden werden muß, also rein datentechnisch zu interpretieren ist, ergibt sich für Nordrhein-Westfalen eine weitergehende, in den Bereich der herkömmlichen Verwaltungsorganisation hineinreichende Interpretation: Er charakterisiert die Zusammenarbeit von „Datenverarbeitungszentralen" (also nicht lediglich EDVA, sondern Organe der öffentlichen Verwaltung), indem diese „insbesondere Daten in dem Maße und in der Weise untereinander austauschen, wie dies sachlich geboten, unter den Gesichtspunkten des Datenschutzes zulässig und unter organisatorischen, technischen und wirtschaftlichen Kriterien möglich ist". Das bedeutet, daß auch nicht-automatisierte Datenverarbeitungsprozesse unter den Begriff des Datenverbundes fallen.

waltungen wahrgenommen wird. Wichtige Beispiele hierfür sind Einwohnerdaten und Grundstücksdaten. Dies ist im Zusammenhang mit der Orts- und Sachnähe zu sehen, die die Kommunalverwaltung gegenüber der Staats- (Landes-)Verwaltung voraus hat. Der Datenverbund soll die damit verbundenen Nachteile für die Landes- (Staats-) Verwaltung so weit als möglich beseitigen, indem er einen raschen und ungehinderten Datenfluß zwischen Kommunal- und Landes- (Staats-) Verwaltung zuläßt[141]. Das setzt ein weitgehendes Abstimmen kommunaler und staatlicher Datenverarbeitungsprozesse voraus; die Koordination der staatlich-kommunalen Zusammenarbeit ist deshalb zentraler Gegenstand der Koordinationsregelungen. Daneben ist jedoch ebenso die Koordination zwischen den staatlichen (ministeriellen) Fachbereichen und die interkommunale Koordination in diesem Zusammenhang von Bedeutung.

Die rechtlichen Formen, die zur Regelung der Koordination gewählt wurden, lassen sich im wesentlichen in drei Arten gliedern[142]: Koordination durch Leitungszusammenhang, Koordination durch Vereinbarung und Koordination durch Rechtsverordnung.

4.2.4.1. Koordination durch Leitungszusammenhang

Überall dort, wo eine hinsichtlich des Leitungszusammenhangs zentralisierte ADV-Organisation geschaffen wurde, wird die Koordination weitgehend durch die administrative Hierarchie bestimmt. Dies gilt jedoch nur insoweit, als unter dem Gesichtspunkt des Aufgabenzusammenhangs ausschließliche Zuständigkeiten der ADV-Organe geschaffen worden sind. Dies ist vor allem in Hessen der Fall, wo einerseits ein (zumindest faktischer) Anschlußzwang für die ministeriellen

[141] Einwohnerwesen und Katasterwesen sind deshalb auch die Schwerpunkte der Automationsbemühungen; in diesem Zusammenhang muß vor allem die Einführung des Personenkennzeichens gesehen werden, das den Fluß aller personenbezogenen Daten innerhalb der öffentlichen Verwaltung ganz erheblich erleichtert. Vgl. hierzu *Steinmüller* u. a. (1970) S. 77 f.; Bundesministerium des Innern (1971); zum Grundstückswesen vgl. Arbeitsgemeinschaft der Vermessungsverwaltungen (1971).

[142] *v. Berg* u. a. (1972 b) S. 127 schlagen eine systematische Gliederung der Koordinationsregelungen anhand der Kriterien Benutzungszwang, Normen oder Einzelweisungen und Beteiligung vor; dagegen spricht jedoch, daß Koordination nicht unmittelbar aus dem Benutzungszwang folgen muß, sondern nur dann, wenn damit gleichzeitig eine Eingliederung in eine administrative Hierarchie verbunden ist; aus diesem Grund wird hier der Leitungszusammenhang als erstes Koordinierungsmerkmal gewählt. Auch das Merkmal der Beteiligung (bei v. Berg u. a.: Partizipation) sagt noch nichts über die Koordination aus; ihre Auswirkungen werden vielmehr durch das Leitungsgefüge relativiert. Soweit jedoch der Leitungszusammenhang die Koordination nicht vorbestimmt, wird diese entweder durch freie Vereinbarung unter den Beteiligten oder durch Rechtssetzungsakt festgelegt.

Fachbereiche wie für die kommunalen Gebietskörperschaften im Hinblick auf die ADV-Organe HZD und Kommunale Gebietsrechenzentren besteht, zum anderen aber diese Organe in eine administrative Hierarchie eingeordnet sind. Die Koordinationsbefugnis für den staatlichen wie kommunalen Bereich und die staatlich-kommunale Zusammenarbeit liegt hier beim Koordinierungsausschuß der HZD[143]; sie ist jedoch für den Fall, daß eine einheitliche Willensbildung im Koordinierungsausschuß nicht zustande kommt, durch die Schlichtungsbefugnis des Verwaltungsrats[144] eingeschränkt, ebenso wie im übrigen generell durch das Aufsichtsrecht des hessischen Ministerpräsidenten.

In Schleswig-Holstein ist die Koordination der ADV ebenfalls durch den Leitungszusammenhang determiniert; anders als in Hessen gilt dies jedoch nur für den kommunalen Bereich. Dies ergibt sich daraus, daß ein faktischer Benutzungszwang der Datenzentrale Schleswig-Holstein nur für ADV-Aufgaben im kommunalen Bereich besteht. Soweit reicht auch die Koordinationsbefugnis der Datenzentrale Schleswig-Holstein. Für den Bereich der Landesverwaltung wurde dagegen eine sehr differenzierte Koordinationsregelung getroffen, die im folgenden Abschnitt dargestellt wird.

Eine besondere Form der Koordination durch Leitungszusammenhang sieht § 4 ADVG NW für den Bereich der Landesverwaltung vor. Da der Innenminister die Rahmenplanung und die Grundkonzeption für die integrierte Datenverarbeitung und den Datenverbund entwickelt, die Geschäftsbereiche jedoch gleichzeitig verpflichtet sind, ihre Automationsvorhaben mit dem Innenminister abzustimmen, ergibt sich daraus eine weitgehende Leitungsbefugnis des Innenministers hinsichtlich der Organisation der gesamten Datenverarbeitung im staatlichen Bereich.

Ähnliches gilt für das Saarland, wo weitreichende Koordinationsbefugnisse im Bereich der Landesverwaltung beim Minister der Finanzen und Forsten liegen[145].

4.2.4.2. Koordination durch Vereinbarung

Die einheitliche und aufeinander abgestimmte Entwicklung der ADV im Bereich der öffentlichen Verwaltung setzt voraus, daß die Vorstel-

143 § 12 Abs. 2 Hess.EDVG.

144 § 12 Abs. 3 Hess.EDVG: „Der Vorstand der Hessischen Zentrale für Datenverarbeitung ist berechtigt, Einwendungen gegen die Beschlüsse des Koordinierungsausschusses zu erheben. Er hat seine Einwendungen schriftlich zu begründen und sie dem Verwaltungsrat zur endgültigen Beschlußfassung vorzulegen."

145 Vgl. Erlaß des Ministers der Finanzen und Forsten bzgl. der Errichtung der Zentralen Datenverarbeitungsstelle für das Saarland vom 4. Dez. 1970 (Amtsbl. S. 981).

lungen aller beteiligten Verwaltungsträger gegenseitig bekanntgemacht und daß zugrunde liegende Interessen und Zielsetzungen, soweit sie für die konkrete Ausgestaltung des ADV-Bereichs von Einfluß sind, ausgetauscht und angeglichen werden. Wo diese Abstimmung nicht durch den Leitungszusammenhang der beteiligten Verwaltungsträger geleistet wird, liegt es zunächst nahe, daß diese sich in Verhandlungen auf Gemeinsamkeiten bei der ADV-Entwicklung einigen, soweit dies für die Schaffung einheitlicher Verfahren notwendig ist. Diese Organisationsform soll als „Koordination durch Vereinbarung" verstanden werden.

Beispiel hierfür ist die Regelung der staatlich-kommunalen Zusammenarbeit im Bereich ADV in Rheinland-Pfalz. Koordinierungsgremium ist hier der aus den Vertretern des Ministeriums des Innern und Vertretern der kommunalen Spitzenverbände gebildete Koordinierungsausschuß, der Richtlinien für die ADV-Entwicklung im kommunalen wie im staatlichen Bereich erarbeitet[146].

In Schleswig-Holstein, dessen EDVG keine explizite Koordinationsregelung vorsieht, ist für die Koordination der ADV-Entwicklung im Bereich der Landesverwaltung ein differenziertes Verfahren in der Gemeinsamen Geschäftsanweisung für die elektronische Datenverarbeitung in der Landesverwaltung niedergelegt. Diese weist Koordinierungsbefugnisse der Automationskommission zu, in der u. a. die in den obersten Landesbehörden für die Automation zuständigen Referenten mit Sitz und Stimme vertreten sind. Die Automationskommission, die eng mit der Datenzentrale Schleswig-Holstein zusammenarbeitet, gibt Empfehlungen zur Gestaltung der zu automatisierenden Datenverarbeitungsprozesse in der Landesverwaltung ab; will die jeweilige Fachverwaltung den Empfehlungen nicht folgen, so entscheidet letztlich das Kabinett über die in diesem Zusammenhang strittigen Fragen.

In Baden-Württemberg, Bayern, Hessen, Niedersachsen und Nordrhein-Westfalen schließlich gibt es explizite Koordinationsregelungen in den ADV-Organisationsgesetzen, die Koordination im Wege der Vereinbarung zwischen den beteiligten Verwaltungsträgern vorsehen. Die Bedeutung dieser Regelungen wird jedoch überall dort stark relativiert, wo Koordinationsmaßnahmen aufgrund des Leitungszusammenhangs von der Spitze einer administrativen Hierarchie verfügt werden können oder wo sie, was noch zu zeigen sein wird, im Verordnungswege angeordnet werden können. In all diesen Fällen sind Vereinbarungslösungen lediglich als Formen der Beratung anzusehen.

---

[146] Vgl. Ziff. 16 f. der Vereinbarung über die Organisation der elektronischen Datenverarbeitung im kommunalen Bereich und die Zusammenarbeit mit der Landesverwaltung vom 22. 12. 1970 (MinBl. 1971 Sp. 365).

Dies gilt etwa in Baden-Württemberg für den Fachbeirat[147], der sich aus je acht Vertretern der Landesverwaltung sowie der Gemeinden und Gemeindeverbände als stimmberechtigte Mitglieder zusammensetzt und den Vorstand der Datenzentrale Baden-Württemberg fachlich berät. Ebenfalls beratend tätig werden in Bayern der Koordinierungsausschuß Datenverarbeitung[148] sowie der staatlich-kommunale Ausschuß[149]. Der Koordinierungsausschuß Datenverarbeitung, in dem je ein Vertreter der Staatskanzlei und sämtlicher Staatsministerien vertreten sind, prüft die Auswirkungen des Einsatzes von Datenverarbeitungsanlagen im staatlichen Bereich in personeller, organisatorischer und finanzieller Hinsicht und gibt Empfehlungen ab. Der staatlich-kommunale Ausschuß besteht aus sechs Mitgliedern, von denen drei aus dem staatlichen Bereich kommen (ein Vertreter des Staatsministeriums des Innern und zwei von der Staatsregierung bestellte Mitglieder) und die übrigen drei von je einem bayerischen kommunalen Spitzenverband bestellt werden. Dieser Ausschuß soll die Entwicklung der Datenverarbeitung im staatlichen und kommunalen Bereich aufeinander abstimmen und Rechtsverordnungen der Staatsregierung zur Koordinierung der Datenverarbeitung vorberaten. Daneben sieht das Bay.EDVG in Art. 5 die Bildung eines Beirats beim Landesamt für Datenverarbeitung vor, in den Staatsregierung und Landtag je fünf, der Senat und die drei bayerischen kommunalen Spitzenverbände sowie das Staatsministerium für Arbeit und soziale Fürsorge (letzteres auf Vorschlag der seiner Aufsicht unterstehenden Sozialversicherungsträger) je einen Vertreter entsenden. Dieser Beirat hat die Aufgabe der „Beratung in fachlichen, organisatorischen und technischen Fragen".

In Nordrhein-Westfalen ist der kommunale Koordinierungsausschuß[150] vorgesehen, der Empfehlungen für eine einheitliche ADV-Entwicklung im kommunalen Bereich abgeben soll, während der Beirat die Förderung der Zusammenarbeit zwischen Landtag, Landesverwaltung und Kommunalverwaltung auf dem Gebiet der ADV fördern soll und zu diesem Zweck bei einer Vielzahl von Maßnahmen zu hören ist, insbesondere zum Erlaß von Rechtsverordnungen der Landesregierung zur Koordinierung der Datenverarbeitung.

Während die Einflußmöglichkeiten dieser bisher genannten organisationsgesetzlich festgelegten Koordinationsgremien, in denen jeweils

[147] § 7 B.-W. EDVG; beratende Mitglieder sind je ein Vertreter des Statistischen Landesamts und der Gemeindeprüfungsanstalt sowie vier Mitglieder, die nicht der öffentlichen Verwaltung angehören.

[148] Art. 8 Bay.EDVG.

[149] Art. 11 Bay.EDVG.

[150] §§ 10, 11 ADVG NW.

die beteiligten Verwaltungsträger vertreten sind[151], durch ihre lediglich beratende Funktion beschränkt sind bzw. durch die Entscheidungsbefugnisse anderer Stellen stark begrenzt werden können, gehen die Befugnisse der Koordinationsgremien in Hessen und Niedersachsen über den Bereich der Beratung hinaus. Diese Gremien haben vielmehr gesetzlich festgelegte Kompetenzen, aufgrund derer sie unmittelbar auf die Gestaltung der ADV-Organisation einwirken können. Es ist deshalb gerechtfertigt, hier von einer echten Vereinbarungslösung zu sprechen.

In Hessen soll der Koordinierungsausschuß[152] dafür garantieren, daß Koordinierungsmaßnahmen unter Wahrung der Interessen der Beteiligten von diesen einvernehmlich vereinbart werden. Der Koordinierungsausschuß ist ein Organ der Hessischen Zentrale für Datenverarbeitung und wird aus deren Vorstand (bestehend aus dem Vorsitzenden und zwei weiteren Mitgliedern) und den Direktoren der fünf Kommunalen Gebietsrechenzentren gebildet. Der Koordinierungsausschuß entscheidet vor allem über die ADV-Entwicklung im Hardware- und Software-Bereich, soweit sie für die HZD und für die Kommunalen Gebietsrechenzentren von gemeinsamer Bedeutung ist. Allerdings entscheidet der Koordinierungsausschuß nicht zwingend in letzter Instanz; der Vorstand der HZD kann gegen seine Beschlüsse Einwendungen erheben mit der Folge, daß eine endgültige Beschlußfassung vom Verwaltungsrat der HZD getroffen wird. Darüber hinaus besteht die (rechts- und fach-)aufsichtliche Bindung der HZD an den hessischen Ministerpräsidenten.

Am konsequentesten ist eine Vereinbarungslösung in Niedersachsen vorgesehen. Dies gilt zunächst für den Bereich der Landesverwaltung, wo die Entscheidungsbefugnisse über die Koordination der Datenverarbeitung dem Landesausschuß ADV übertragen werden sollen mit der Maßgabe, daß bei Meinungsverschiedenheiten jeder Minister die Entscheidung des Landesministeriums herbeiführen kann[153].

Im kommunalen Bereich ist die Tätigkeit des entsprechenden Gremiums, des Kommunalen Ausschusses ADV, zwar auf den Bereich der Beratung und die Ausarbeitung von Empfehlungen beschränkt; von besonderer Bedeutung jedoch ist die Regelung, daß eine Rechtsverordnung des Landesministeriums zur Koordination der ADV, soweit sie gemeindliche Belange berührt, der Zustimmung des Kommunalen Ausschusses ADV bedarf. Im Gegensatz zu allen anderen organisationsge-

---

[151] Die Kommunen sind allerdings nur mittelbar über die kommunalen Spitzenverbände vertreten.

[152] § 12 Hess.EDVG.

[153] §§ 12, 13 EADVG Nds.; vgl. dazu und zum folgenden auch oben Abschnitt 4.1.2.3.

setzlichen Regelungen wird damit zum ersten Mal auch im Bereich der staatlich-kommunalen Zusammenarbeit eine echte Vereinbarungslösung verwirklicht, die Landesverwaltung und Kommunalverwaltung in Fragen der ADV-Entwicklung zu einem einvernehmlichen Vorgehen zwingt.

4.2.4.3. Koordination durch Rechtsverordnung

Von besonderer Bedeutung für die Koordination der staatlich-kommunalen Zusammenarbeit bei der ADV sind schließlich Ermächtigungen in den ADV-Organisationsgesetzen in Baden-Württemberg, Bayern, Niedersachsen und Nordrhein-Westfalen, aufgrund derer die jeweilige Landesregierung im Verordnungsweg auf die Gestaltung automatisierter Datenverarbeitungsprozesse im staatlichen wie im kommunalen Bereich Einfluß nehmen kann, soweit dies zur Verwirklichung integrierter Datenverarbeitung erforderlich ist[154]. Im Rahmen dieser Maßnahmen besteht ein Anhörungsrecht der Datenzentrale (in Baden-Württemberg) und des Beirats (Nordrhein-Westfalen), in Bayern muß sich die Staatsregierung mit den kommunalen Spitzenverbänden zuvor ins Benehmen setzen. Gegenüber diesen Regelungen sieht § 4 Abs. 2 EADVG Nds. eine sehr viel weitergehende Beteiligung der Kommunalverwaltung im Rahmen des Verordnungsverfahrens vor: „Soweit die Verordnungen Angelegenheiten der Gemeinden und Gemeindeverbände berühren, ist vor Erlaß der Verordnungen die Zustimmung des Kommunalen Ausschusses ADV einzuholen. Betreffen Regelungen nach Abs. 1 Ziffer 5 einzelne Gemeinden oder Gemeindeverbände, sind diese vor Erlaß der Verordnung zu hören.“

Gegenstand der Rechtsverordnungen können sein die Verwendung bestimmter organisatorischer Verfahren (Bayern), die Verwendung bestimmter einheitlicher, von der Datenzentrale bezeichneter Programme zur Erledigung bestimmter Aufgaben (Baden-Württemberg) sowie die Bereitstellung bestimmter Daten in einheitlicher Form (in Bayern zusätzlich die zeitgerechte Erfassung und Lieferung in einheitlicher Form, in Nordrhein-Westfalen das zur Verfügung Stellen von Daten auf bestimmten Datenträgern oder ihre Übermittlung in bestimmter Form). Regelungsgegenstand in Nordrhein-Westfalen ist darüber hinaus, daß die Automation bestimmter Aufgaben innerhalb einer angemessenen Frist verlangt werden kann. § 4 EADVG Nds. weist den umfangreichsten Maßnahmekatalog auf, der neben den bisher genannten Maßnahmen auch Regelungen über Datenschutz und Datensicherung und vor allem über die (örtlichen und sachlichen) Einzugsbereiche der Rechenzentren sowie für einen Anschluß- und Benutzungszwang der Gemein-

---

[154] Vgl. § 12 Abs. 2 B.-W. EDVG, Art. 12 Bay.EDVG, § 4 EADVG Nds., § 14 ADVG NW.

den und Gemeindeverbände an bestimmte Datenverarbeitungszentralen gestattet.

Die Bedeutung dieser Verordnungsermächtigungen ist darin zu sehen, daß sie vor allem den betroffenen Kommunalverwaltungen eine freie Gestaltung des Ablaufs von automatisierten Datenverarbeitungsprozessen verwehrt. Die Bedingungen, die in den Gesetzen an den Erlaß der Rechtsverordnungen geknüpft sind, schränken dieses Ergebnis nur ganz unwesentlich ein. Dies gilt etwa hinsichtlich des Vorbehalts, daß die genannten Regelungen nur ergehen dürfen, soweit dies zur Verwirklichung der integrierten Datenverarbeitung in der gesamten öffentlichen Verwaltung erforderlich ist, da in diesem Zusammenhang das Interesse der Landes- (Staats-)Verwaltung nahezu auf alle Daten gerichtet ist, die in den Kommunen ermittelt, erfaßt und gespeichert werden. Auch die Beteiligung der Kommunen im Rahmen des Verfahrens zum Erlaß der Verordnungen kann an diesem Ergebnis nichts ändern, da sie auf ein (sogar nur mittelbares)[155] Anhörungsrecht beschränkt bleibt. Einzig in Niedersachsen, wo die Zustimmung des Kommunalen Ausschusses ADV vor Erlaß von Verordnungen einzuholen ist, haben die Kommunen über die kommunalen Spitzenverbände und die Vertreter der kommunalen Datenverarbeitungszentralen, die zusammen die Mehrheit im Kommunalen Ausschuß ADV besitzen, ein weitgehendes Mitspracherecht.

Faßt man die unter dem Gesichtspunkt der Koordinationsregelung vermittelten Ergebnisse der Ablauforganisation der ADV im Bereich der öffentlichen Verwaltung zusammen, so lassen sich Gemeinsamkeiten zwischen der Koordination durch Leitungszusammenhang und der Koordination durch Rechtsverordnung feststellen: Bei beiden Organisationsformen wird der Konflikt zwischen den Partikularinteressen der Beteiligten und der Notwendigkeit einer einheitlichen Lösung, wie sie die integrierte Datenverarbeitung fordert, dadurch gelöst, daß eine einzige Organisationseinheit — sei es an der Spitze einer administrativen Hierarchie, sei es der Verordnungsgeber — allein ermächtigt wird, die Konzeption für eine einheitliche ADV-Entwicklung zu bestimmen. Anders dagegen bei der Koordination durch Vereinbarung: Hier werden alle Beteiligten durch Rechtsvorschrift gezwungen, ihre Interessen im Verhandlungswege geltend zu machen und dabei gleich-

---

[155] Mittelbar ist die Beteiligung in Baden-Württemberg in doppelter Hinsicht; angehört wird die Datenzentrale, in der die Kommunen über die Vertreter der kommunalen Spitzenverbände vertreten sind. In Bayern werden die kommunalen Spitzenverbände direkt gehört und in Nordrhein-Westfalen ist vorgesehen, daß der Beirat gehört wird, in dem fünf Mitglieder des kommunalen Koordinierungsausschusses sitzen; im kommunalen Koordinierungsausschuß sind die Kommunen durch die kommunalen Spitzenverbände vertreten.

zeitig die der übrigen Beteiligten zu berücksichtigen. Die Nachteile der Vereinbarungslösung liegen auf der Hand; die Einigung auf eine einheitliche ADV-Entwicklung ist zeitraubend, umständlich und erfordert große Aufwendungen. Unter dem Gesichtspunkt der Effizienz, aber auch nur unter diesem, gebührt daher den beiden anderen Koordinationsformen der Vorrang.

Dies wird wohl auch einer der maßgeblichen Gründe sein, weshalb mit Ausnahme von Niedersachsen keine echte Vereinbarungslösung Eingang in die ADV-Organisationsgesetze gefunden hat. Zwar weisen alle übrigen organisationsgesetzlichen Regelungen (und in Schleswig-Holstein die Gemeinsame Geschäftsanweisung) Elemente einer Vereinbarungslösung auf, doch ist im Konfliktfall der Staats- bzw. Landesverwaltung immer die Möglichkeit gegeben, aufgrund des hierarchischen Aufbaus[156] der ADV-Organisation oder im Verordnungswege eine ADV-Entwicklung durchzusetzen, bei der ihre Interessen vorrangig vor allen übrigen verwirklicht werden können. Einzig in Niedersachsen wurde eine Form der Koordination gewählt, bei der pluralistische Interessen, nämlich insbesondere die Interessen der Gemeinden und Gemeindeverbände, gleiches Gewicht wie den Interessen der Landesverwaltung eingeräumt wird.

Ergebnis

Um den sehr differenzierten Organisationsformen der ADV im Bereich der öffentlichen Verwaltung gerecht zu werden, wurde eine Vielzahl von Kategorien und Begriffsmerkmalen entwickelt, anhand derer wichtige Strukturen der Aufbau- und Ablauforganisation der ADV aufgezeigt wurden. Versucht man, die Ergebnisse im Bereich der Aufbauorganisation und im Bereich der Ablauforganisation zusammenzufassen, so sind folgende Tendenzen erkennbar:

In den Ländern mit zentraler ADV-Aufbauorganisation wie Hessen und Schleswig-Holstein finden sich Elemente in der ADV-Ablauforganisation, die eine Koordination der Partikularinteressen aller an der ADV-Entwicklung beteiligten Verwaltungsträger im Wege der Vereinbarung vorsehen, die jedoch im Konfliktsfall eine Koordination durch Leitungsentscheidungen der obersten Verwaltungsbehörden dieser Länder ermöglichen. Ebenso sind jedoch auch in den Ländern mit dezentralem Aufbau der ADV-Organisation (Baden-Württemberg, Bayern und Nordrhein-Westfalen; eine Ausnahme bildet Niedersachsen) gesetzliche Lösungen gefunden worden, die bei einem Konflikt der Partikularinteressen eine Koordination im Verordnungswege durch die Staats- bzw. Landesregierung ermöglichen. Insgesamt läßt sich deshalb feststellen,

[156] So (im Ergebnis) für Bayern auch *Podlech* (1973) S. 153.

daß die ADV-Organisation im Bereich der öffentlichen Verwaltung in Gestalt der ADV-Organisationsgesetze der Länder letztlich hierarchische Züge trägt. Von den Ländern mit ADV-Organisationsgesetzen macht lediglich Niedersachsen eine Ausnahme, wo ein dezentraler Aufbau der ADV-Organisation durch ein Koordinationsverfahren nach dem Vereinbarungsmodell ergänzt wird.

5. Rechtliche Beurteilung

Berücksichtigt man die Veränderungen der Entscheidungsinterdependenzen in der öffentlichen Verwaltung, die als Folge der Verwaltungsautomation feststellbar sind, im Zusammenhang mit der organisatorischen Neuregelung des gesamten ADV-Bereiches, dann stellt sich die Frage, ob die organisatorischen Konzeptionen nicht Strukturen verletzen, deren Bestand von der Rechtsordnung besonders geschützt ist. Da unter organisationalem Aspekt die Veränderungskraft der ADV vorwiegend die Verknüpfung von Entscheidungsprozessen mit Entscheidungssystemen berührt, sind als gefährdete Strukturen deshalb insbesondere solche anzusehen, die unter dem Gesichtspunkt der Zuständigkeit und der Eigenverantwortlichkeit die Aufgabenverteilung und -erfüllung innerhalb der öffentlichen Verwaltung regeln. Der Bestand dieser Strukturen, die zugleich solche der Staatsorganisation darstellen, wird in seinen Grundzügen durch das Ressortprinzip (Abschnitt 5.1.) und das Prinzip der kommunalen Selbstverwaltung (Abschnitt 5.2.) garantiert. Die Regelungen der ADV-Organisation sind deshalb anhand dieser Rechtsgrundsätze zu überprüfen.

5.1. Ressortprinzip

Das Grundgesetz schreibt in Art. 65 S. 2 vor, daß jeder Bundesminister seinen Geschäftsbereich selbständig und unter eigener Verantwortung, jedoch innerhalb der vom Bundeskanzler bestimmten Richtlinien der Politik leitet. Das Ressortprinzip gehört zu den Grundsätzen des demokratischen Rechtsstaates[1] und ist deshalb auch gem. Art. 28 Abs. 1 GG in den verfassungsmäßigen Ordnungen der Länder zu beachten; dem wurde durch seine rechtliche Verankerung in den Verfassungen der Länder entsprochen[2].

5.1.1. Inhalt

Inhalt des Ressortprinzips ist die Alleinzuständigkeit und Einzelverantwortlichkeit der Minister für ihren Geschäftsbereich[3]. Die Minister-

[1] BVerwGE 22, 299 (310).

[2] Für die hier interessierenden Länder vgl. Art. 49 B.-W. Vf.; Art. 49, 51 Bay. Vf.; Art. 102 Hess.Vf.; Art. 28 Vorl. Nds. Vf.; Art. 55 NRW Vf.; Art. 104 Rh.-Pf. Vf.; Art. 24 Schl.-H. Vf.

[3] *Kröger* (1972) S. 76.

verantwortlichkeit umfaßt dabei die Rechenschaftspflicht gegenüber dem Parlament hinsichtlich der Erfüllung des übertragenen Mandats[4]. Dies setzt voraus, daß der Minister in seinem Geschäftsbereich, für den er rechenschaftspflichtig ist, allein zuständig ist. Er darf also insbesondere nicht an die Entscheidungen eines anderen, etwa eines außenstehenden, unabhängigen Gremiums, gebunden sein[5]. Ausgenommen hiervon ist jedoch die Richtlinienkompetenz des Kanzlers bzw. des Ministerpräsidenten. Aus dem Ressortprinzip resultiert schließlich auch die Organisationsgewalt des Ministers, d. i. die Bestimmungsgewalt über die Aufbau- und Ablauforganisation innerhalb seines Geschäftsbereichs[6].

5.1.2. Beeinträchtigungen

5.1.2.1. DV-Zentralen auf Landesebene

Das Ressortprinzip in seiner speziellen Ausprägung in Form der ministeriellen Organisationsgewalt problematisiert nun zunächst insbesondere eine Erscheinungsform der ADV-Organisation, nämlich die organisatorische Verknüpfung von Datenzentralen auf Landesebene mit obersten Landesbehörden[7].

Mit der organisationsrechtlichen Bindung des Landesamts für Datenverarbeitung an die Bayer. Staatskanzlei[8] bzw. der HZD an den Hess. Ministerpräsidenten[9] gilt für diese landeshöchsten ADV-Organisationseinheiten gleichermaßen, daß sie keinem ministeriellen Geschäftsbereich zugeordnet sind. Für Bayern, anhand dessen exemplarisch die Problematik abgehandelt werden soll, ergibt sich das insbesondere aus Art. 49, 52 Bay. Vf. Hier sind die Geschäftsbereiche enume-

---

[4] *Kröger* (1972) S. 17 ff. führt neben der Rechenschaftspflicht auch eine Prästationspflicht gegenüber dem Parlament an, unter der die Pflicht der Minister zu verstehen ist, „für ihre geleistete bzw. nicht geleistete Tätigkeit und die darüber gelegte Rechenschaft einzustehen". Dies ist für das Ressortprinzip gem. Art. 65 GG streitig; die h. M. vertritt die Ansicht, daß Verantwortlichkeit nur gegenüber dem Bundeskanzler besteht, vgl. *Maunz / Dürig / Herzog* Art. 65 Rdn. 4; *Hamann / Lenz* (1970) S. 505; a. A. *v. Mangoldt / Klein* II (1964) S. 1260, 1265; *v. Wick* (1956) S. 114; der Grundsatz der parlamentarischen Verantwortlichkeit gilt jedoch größtenteils in den Bundesländern.

[5] Vgl. Bay.VerfGH 4, 30 (47).

[6] Zum Begriff der Organisationsgewalt vgl. *Böckenförde* (1964) S. 21 ff., insbes. auch S. 47 ff.

[7] Bedenken gegen diese organisatorische Lösung aus Datenschutzgesichtspunkten hat *Podlech* (1972) S. 159.

[8] „Das Landesamt für Datenverarbeitung ist der Staatskanzlei unmittelbar nachgeordnet", Art. 3 Abs. 2 Bay.EDVG.

[9] „Die Hessische Zentrale für Datenverarbeitung steht unter der Aufsicht des Landes Hessen, Aufsichtsbehörde ist der Hessische Ministerpräsident", § 14 Hess.EDVG; vgl. dazu auch oben Abschnitt 4.1.2.2. Fn. 78.

rativ aufgezählt, wobei die Staatskanzlei (Art. 52 Bay. Vf.) ausdrücklich nicht als eigener Geschäftsbereich ausgewiesen ist: Sie ist vielmehr lediglich ein Organ des Ministerpräsidenten, den sie ebenso wie die Staatsregierung in deren verfassungsmäßigen Aufgaben unterstützen soll.

Das Bayer. Landesamt für Datenverarbeitung, der Staatskanzlei nachgeordnet, nimmt jedoch nicht nur Hilfsaufgaben dieser Art, sondern vielmehr auch in erheblichem Umfang darüber hinausgehende Verwaltungsaufgaben wahr[10]. Da diese Verwaltungstätigkeit nicht in einen ministeriellen Geschäftsbereich eingeordnet ist, handelt es sich hier um einen „ressortfreien Raum"[11], dessen verfassungsrechtliche Zulässigkeit bestritten wird. So geht *Böckenförde* von einer „lückenlosen" Ressorteinteilung aus[12]. Es dürfe, „soweit die Verfassung selbst nicht Ausnahmen vorsieht, keinen Bereich staatlicher Verwaltungstätigkeit und keine organisatorische Einheit der Exekutive geben, die nicht von einem ministeriellen Ressort erfaßt werden". Er begründet dies damit, daß die parlamentarische Verantwortlichkeit der Exekutive, die nur über den verantwortlichen Minister geltend gemacht werden könne, nicht anders gewährleistet werden könne. Ihm widerspricht *Kröger* mit dem Argument, daß sich aus Artikel 65 S. 2 GG lediglich entnehmen läßt, daß die Ministerverantwortlichkeit nur im Rahmen der jeweiligen Ressortzuständigkeit begründet wird, ohne daß damit zum Ausdruck kommt, ob und inwieweit eine Einzelaufgabe zu einem ministeriellen Geschäftsbereich gehört oder nicht[13]. Wenngleich sich die Unzulässigkeit eines ressortfreien Raumes nicht unter Berufung auf die parlamentarische Ministerverantwortlichkeit begründen läßt — die parlamentarische Verantwortlichkeit besteht ja über den Ministerpräsidenten —, so wird sie doch als allgemeine Grundentscheidung der Verfassung „in der Form des Prinzips der lückenlosen" oder „flächendeckenden" Aufteilung der Aufgaben auf die Minister gelten müssen[14]. Diese Auffassung wird erhärtet durch ausdrückliche Regelungen der Bay. Vf. Deutlicher als im Bonner Grundgesetz ist dort in Art. 55 Ziff. 5 vorgeschrieben, daß die *gesamte* Staatsverwaltung der Staatsregierung und den zuständigen Staatsministerien untergeordnet ist. Er-

[10] Vgl. hierzu oben Abschnitt 4.1.2.

[11] Der „ressortfreie Raum", im Rahmen dessen der Ministerpräsident (bzw. Bundeskanzler) sich einen Aufgabenbereich vorbehält, ist zu unterscheiden vom „ministerialfreien Raum", der dann entsteht, wenn Aufgaben auf regierungsunabhängige Institutionen übertragen werden. Vgl. *Kölble* (1973) S. 6.

[12] *Böckenförde* (1964) S. 197 f.

[13] *Kröger* (1972) S. 75; für Bayern ähnlich *Meder* (1971) Rdn. 2 zu Art. 51 Bay. Vf.

[14] So für den „originären" Wirkungskreis der einzelnen Bundesminister *Kölble* (1973) S. 6.

gänzend heißt es dazu in Art. 49 Bay. Vf., daß die Geschäfte der Staatsregierung, also auch die gesamte Staatsverwaltung, lückenlos in acht Geschäftsbereiche (Staatsministerien) aufzuteilen sind, wobei die Zahl der Ministerien nur unter ganz bestimmten Voraussetzungen erhöht werden kann. Eine Verteilung von Aufgaben an Institutionen, die nicht von den ministeriellen Geschäftsbereichen abhängen, die Schaffung eines ressortfreien Raumes also, wäre demnach unzulässig.

Etwas anderes ergibt sich auch nicht aus der Einrichtung der Staatskanzlei. Die Staatskanzlei ist kein Ministerium, da ihr keiner der in Art. 49 Bay. Vf. ausgewiesenen Geschäftsbereiche der Staatsregierung zugewiesen ist. Dementsprechend sieht die Verfassung vor, daß sie auch von einem Staatssekretär geleitet werden kann[15]. Die Verordnung über die Geschäftsverteilung der bayer. Staatsregierung[16] ist deshalb ungenau, wenn sie die Staatskanzlei (§ 1 GVVSTR) als eigenen Geschäftsbereich ausweist. Aus der in § 1 Ziff. 1 - 15 GVVSTR erstellten Aufzählung der ihr übertragenen Aufgaben ergibt sich jedoch, daß ihr bislang keine Aufgaben zugewiesen sind, die zum originären Wirkungskreis eines der Staatsministerien zählen. Sie nimmt vielmehr grundsätzlich nur Hilfsaufgaben zur Unterstützung des Ministerpräsidenten und der Staatsregierung wahr, während die Geschäfte der Staatsregierung von den Ministerien geführt werden.

Wird nun der Staatskanzlei das Landesamt für Datenverarbeitung nachgeordnet, so kennzeichnet dies eine entscheidende Erweiterung ihres Aufgabenbereiches: Ihr werden nämlich über die Qualität von Hilfsaufgaben hinausgehende Aufgaben aus dem Bereich der Staatsverwaltung übertragen. Die Automation von Entscheidungsprozessen, das wurde oben gezeigt, hat zur Folge, daß auch auf den materiellen Ablauf dieser Prozesse Einfluß genommen wird, u. U. bis hin zum Verlust von Eigenverantwortlichkeit und gar Zuständigkeit der bis dahin mit der Durchführung des Entscheidungsprozesses betrauten Stelle. Automation kann also dazu führen, daß ein Wechsel der zur Aufgabenerfüllung bestellten Subjekte eintritt. Dieser potentielle Einfluß auf die materielle, nach außen wirksame Verwaltungstätigkeit läßt die ADV als eine Verwaltungsaufgabe erscheinen, die nicht lediglich der generellen Aufgabe „Bereitstellung von Mitteln für die Verwaltung" zuzurechnen ist. Sie ist vielmehr jeweils in den Aufgabenbereich einzuordnen, von dem die zu automatisierende Entscheidung erfaßt wird, eine Art Querschnittsaufgabe also, die jedoch nicht lediglich verwaltungsinterne Wirkung entfaltet. Zählt die ADV aber nicht lediglich zu

---

[15] Vgl. Art. 52 Bay. Vf.

[16] GVVSTR gem. Art. 53 Bay. Vf. v. 19. 12. 1956 i. d. F. vom 10. 10. 1961, GVBl. S. 229.

den Hilfsaufgaben, dann ist die Ansiedelung des Landesamtes für Datenverarbeitung bei der Staatskanzlei unzulässig.

Man könnte allerdings daran denken, die Zulässigkeit dieser organisatorischen Lösung aus Art. 50 Abs. 1 S. 2 Bay. Vf. zu begründen. Dort ist die Möglichkeit vorgesehen, daß sich der Ministerpräsident selbst einen Geschäftsbereich vorbehält. Unter Geschäftsbereich ist jedoch ein Staatsministerium i. S. d. Art. 49 Abs. 1 Bay. Vf. zu verstehen[17], und um ein solches handelt es sich hier nicht. Allenfalls könnte man daran denken, daß der Ministerpräsident, wenn er schon einen gesamten Geschäftsbereich an sich ziehen kann, sich auch oder erst recht einzelne Aufgaben übertragen darf. Ließe man dies jedoch zu, dann stünde es dem Ministerpräsidenten frei, beliebige, ihm wichtig erscheinende Aufgabengebiete aus den ministeriellen Geschäftsbereichen herauszulösen und so die Bereiche der ministeriellen Eigenverantwortlichkeit beliebig einzuschränken. Seine Einflußnahme auf die Erfüllung der Staatsaufgaben ist jedoch durch die Verfassung u. a. auf die Richtlinienkompetenz (Art. 47 Abs. 2 Bay. Vf.) beschränkt. Art. 50 Abs. 1 S. 2 ist insoweit eine Ausnahmeregelung, die eng auszulegen ist[18] und bei deren Auslegung die tragenden Organisationsgrundsätze der Staatsregierung wie eben das Ressortprinzip mit heranzuziehen sind. Welch großen Wert der Verfassungsgeber auf eine möglichst breite, auf verschiedene Personen verteilte Streuung der Ressorts im Gegensatz zu einer Aufgabenkonzentration beim Ministerpräsidenten legt, zeigt auch die Regelung in Art. 50 Abs. 1 S. 3 Bay. Vf., wonach der Ministerpräsident mehr als einen Geschäftsbereich nicht auf Dauer, sondern nur vorübergehend selbst übernehmen darf. Als Ergebnis bleibt deshalb festzuhalten, daß nach Art. 50 Abs. 1 S. 2 Bay. Vf. der Ministerpräsident zwar einen Geschäftsbereich, nicht aber einzelne Aufgaben wie z. B. die Verwaltungsautomation an sich ziehen kann.

Diese Argumentation ist zu ergänzen durch Überlegungen zur Funktion des Ressortprinzips, die generell jede Kompetenzhäufung im Bereich der ADV nicht nur beim Ministerpräsidenten, sondern auch bei einem Minister unzulässig erscheinen lassen.

Man würde der Bedeutung des Ressortprinzips nicht gerecht, wollte man seine Funktion nur im Rahmen der Kontrolle der Regierung durch das Parlament sehen. Dies gilt um so mehr, als die Wirksamkeit dieser Kontrolle vor allem von Seiten der empirischen Politikwissenschaft mehr und mehr in Frage gestellt wird. Folge dieser Entwicklung sei das „Auseinanderklaffen von Verfassungsrecht und Verfassungswirk-

---

[17] So *Nawiasky* u. a. Art. 50 Rdn. 4 und *Meder* (1971) Art. 50 Rdn. 1.

[18] Für eine enge Auslegung des Art. 50 Abs. 1 S. 3 im Hinblick auf die Machtbegrenzung des Ministerpräsidenten *Nawiasky* u. a. Art. 50 Rdn. 5.

lichkeit". Unter diesem Gesichtspunkt gewinnt das Ressortprinzip eine neue Bedeutung, indem es als spezielle Form der Gewaltengliederung das Gewaltenteilungsprinzip (im herkömmlichen Sinne) ergänzt.

Die Diskrepanz zwischen Verfassungsrecht und Verfassungspraxis konnte von der traditionellen Gewaltenteilungslehre nicht überwunden werden. Ihr fehlt es vor allem an Methoden, die Unterwanderung formaler Organisationsstrukturen wie der Verfassung im Wege der informalen Organisation[19] sichtbar zu machen. So muß man heute eingestehen, daß parlamentarische Kontrolle nicht schlechthin durch das gesamte Parlament, sondern vorwiegend durch die Opposition geübt wird[20], daß zugleich aber die Wirksamkeit dieser Kontrolle oftmals hinter dem zurücksteht, was als öffentliche Meinung mit Hilfe der Massenmedien (Fernsehen, Rundfunk, Presse) formuliert wird. Eine besonders wichtige Veränderung spiegelt sich in der Stellung der Exekutive wider, deren Bedeutung gegenüber dem Parlament stark zugenommen hat. Dies ist nicht zuletzt eine Folge des stetig steigenden Umfangs der von ihr wahrzunehmenden Aufgaben und der damit verbundenen Komplexität des Regierungs- und Verwaltungshandelns. Die Erweiterung ihres Tätigkeitskreises und damit verbunden ihr wachsender Sachverstand sichern ihr mehr und mehr eine Vorrangstellung gegenüber dem Parlament, das seiner Kontrollfunktion nur mehr unzulänglich nachkommen kann. Diese Entwicklung wird noch verstärkt, wenn die Entscheidungskapazität der Exekutive durch den Einsatz automatisierter Datenverarbeitung qualitativ und quantitativ erweitert wird.

Es lieg deshalb der Gedanke nahe, das Prinzip der Gewaltenteilung — Kontrolle der Staatsgewalt durch Aufgliederung der Machtbefugnisse — durch die Gewaltengliederung innerhalb der Organisation der Exekutive zu ergänzen, indem die Staatsgewalt der Exekutive nur in den Befugnissen der Ressorts aktualisiert werden darf, wobei jedoch die notwendige Koordination durch die Richtlinienkompetenz des Regierungschefs (Kanzler, Ministerpräsident) gewahrt werden muß[21]. Die Komplexität des modernen Verwaltungshandelns, die mehr und mehr ein ressortüberschreitendes Zusammenwirken der Geschäftsbereiche erfordert, würde wesentlich dazu beitragen, daß deren wechsel-

[19] Zum Begriff der informalen Organisation vgl. *Mayntz* (1963).

[20] Vgl. vor allem *Gehrig* (1969).

[21] Eine im Bereich der Rechtsinformatik ähnliche Interpretation des Ressortprinzips findet man bei *Podlech* (1972) S. 154 f. und *v. Berg* u. a. (1972 a) S. 3, vgl. auch *Eberle* (1972 b) S. 440; *Steinmüller* (1971 c) S. 15. In diesem Zusammenhang ist auch der Begriff der „administrativen Gewaltenteilung" zu sehen, vgl. *Lenk* (1973 a) S. 23 ff.: Hierunter ist die Aufgliederung und Verteilung der Machtbefugnisse innerhalb der öffentlichen Verwaltung auf deren verschiedene Teilsubjekte zu verstehen. Hierzu auch *Peters* (1969) S. 100 ff.

seitige Kontrolle in der Ausübung ihrer Machtbefugnisse gewährleistet wird. Das Ressortprinzip beschränkt sich deshalb nicht in der Verantwortlichkeit der Minister gegenüber dem Parlament, sondern garantiert darüber hinaus die Gewaltengliederung innerhalb der Exekutive.

Unter Berücksichtigung dieser mit dem Ressortprinzip verknüpften Zielsetzung ergeben sich Bedenken gegen die organisatorischen Regelungen, die DV-Zentralen auf Landesebene dem Ministerpräsidenten bzw. der Staatskanzlei nachzuordnen. Die hierdurch bewirkte Zentralisation von Aufgaben aus den Geschäftsbereichen der Ministerien widerspricht dem Prinzip der Gewaltengliederung. Diese Bedenken können nicht unter Hinweis auf die Richtlinienkompetenz des Ministerpräsidenten ausgeräumt werden. Diese ermöglicht zwar eine Einflußnahme auf die Aufgabenerfüllung durch die Minister, ohne daß sie jedoch eine Übernahme von Aufgaben aus den Geschäftsbereichen der Ressorts gestattet.

Bedenken gelten auch einem Anschlußzwang in der Form, daß die Ressorts bei der Erfüllung ihrer Aufgaben an die Einschaltung der Datenzentrale gebunden sind, die ihrerseits wiederum einem bestimmten Ressort fachaufsichtlich unterstellt ist, wobei vor allem an den Innenminister zu denken ist. Hier bedeutet die Zuweisung von Aufgaben an die Datenzentralen zugleich, daß diese Aufgaben den Ressorts insoweit entzogen sind. Dadurch verstärkt sich in dem Maße, in dem die Automation fortschreitet, der Einflußbereich des Innenressorts zu Lasten der übrigen Ressorts: Die Fachressorts bestimmen dann in zunehmendem Maße nicht mehr selbst über Art und Umfang, in dem sie ihre Verwaltungsaufgaben automatisieren, mithin wie sie ihre Aufgaben erfüllen, sie sind vielmehr an die Entscheidungen des Ministers gebunden, der die Aufsicht über die Datenzentrale führt. In Nordrhein-Westfalen, wo dem Innenminister lediglich die Dienstaufsicht über die Datenzentrale gegeben werden soll, wird der dadurch verminderte Einfluß durch weitreichende Koordinationsbefugnisse ausgeglichen[22]. Doch auch im übrigen befriedigt die unterschiedliche Regelung der Dienst- und Fachaufsicht nicht[23]. Ihr ist unter Hinweis auf die ministerielle Organisationsgewalt entgegenzuhalten, daß sich die Befugnisse der Ressorts nicht auf die funktionelle Organisation, die die Arbeitsabläufe zur Aufgabenerfüllung umfaßt, beschränkt. Vielmehr stehen ihnen auch Befugnisse im Rahmen der Aufbauorganisation innerhalb ihres Fachbereiches zu, also die Zuweisung von Aufgaben zu bestimmten Aufgabenträgern sowie deren innere organisationsrechtliche Ausgestaltung. Gerade letzteres wird jedoch durch die Fachaufsicht bei der

---

[22] Vgl. *Weyer* (1971).

[23] Vgl. Art. 3 Abs. 2 Bay.EDVG; § 5 Abs. 2 ADVG NW.

Aufgabenerfüllung allein nicht gewährleistet. Darüber hinaus lassen sich auch die Grenzen zwischen Dienst- und Fachaufsicht nicht immer festlegen[24].

Die Zentralisation von ADV-Aufgaben bei einem Minister, wenn auch nur mittelbar in der Form der Aufsicht über die Datenzentrale, stört die bestehende Gewichtung unter den Ressorts erheblich mit der Folge, daß der Grundsatz der Gewaltengliederung innerhalb der Exekutive nur schwerlich aufrecht erhalten werden kann. Unter Berücksichtigung dieser verfassungsrechtlichen Überlegungen sind deshalb im Ergebnis organisationsrechtliche Regelungen, die DV-Zentralen auf Landesebene dem Ministerpräsidenten bzw. der Staatskanzlei nachordnen oder sie bei Anschlußzwang für alle Ressorts der Aufsicht eines Ressorts unterstellen, abzulehnen, weil sie das Ressortprinzip verletzen.

5.1.2.2. Interministerielle Koordinierungsausschüsse

Eine besondere Form interministerieller Koordination ist die Bildung von (Koordinierungs-)Ausschüssen. Solche Ausschüsse können beratende Funktion haben[25], ihnen können aber auch Entscheidungsbefugnisse[26] übertragen sein.

Die verfassungsrechtliche Zulässigkeit interministerieller, mit Entscheidungsbefugnissen ausgestatteter Ausschüsse ist unter Berufung auf das Ressortprinzip bestritten. Nach *Böckenförde* läßt es die Ressortselbständigkeit nicht zu, daß der Minister der Leitungsgewalt eines Ausschusses unterworfen wird[27]. Diese wäre nämlich aus einer Leitungsgewalt des Kabinetts (Regierung) herzuleiten, die Böckenförde jedoch verneint. Er begründet dies damit, daß die dem Kabinett gemäß Art. 65 S. 3 GG zustehende „Koordinationsvollmacht" nicht eine übergeordnete, leitende Koordination, sondern nur eine, wie es Art. 65

[24] Vgl. etwa aus der Begründung zu § 7 EADVG Nds.: „Bei den Mehrzweckrechenzentren ist zu berücksichtigen, daß die Bereiche der Dienstaufsicht und der Fachaufsicht sich abstrakt nicht ausreichend abgrenzen lassen."

[25] Z. B. der Koordinierungsausschuß Datenverarbeitung (Art. 8, 9 Bay.-EDVG), „zur Koordinierung des Einsatzes von Datenverarbeitungsanlagen im staatlichen Bereich, der die Auswirkungen des Einsatzes von Datenverarbeitungsanlagen in personeller, organisatorischer und finanzieller Hinsicht prüft und Empfehlungen abgibt".

[26] Z. B. dem Koordinierungsausschuß für die EDV in der staatlichen Verwaltung des Landes Baden-Württemberg, der auf einen Beschluß des Ministerrats vom 12. 1. 1971 zurückgeht, bekanntgemacht mit Rundschreiben des Finanzministers vom 4. Mai 1971 Nr. VI D 13 -6/71 Gemeinsames Amtsblatt des Landes Baden-Württemberg 19. Jg. Nr. 18 S. 436 f. Ein weiteres Beispiel ist der Landesausschuß ADV in Niedersachsen, vgl. oben Abschnitt 4.1.2.3. Die interministeriellen Koordinierungsausschüsse unterscheiden sich im übrigen der Form nach nicht wesentlich von schon bestehenden anderen Ausschüssen.

[27] *Böckenförde* (1964) S. 246.

S. 3 GG auch vorsehe, „Meinungsverschiedenheiten und Überschneidungen ausgleichende Koordination“[28] ermöglicht. Dieser Argumentation ist jedoch zu widersprechen. Ansatzpunkt ist dabei die Unterscheidung zwischen leitender und ausgleichender Koordination mit der Folgerung, daß Leitungsaufgaben nur bei ersterer, nicht jedoch bei ausgleichender Koordination wahrgenommen werden. Dieser Schluß ist unzutreffend. Zwar gibt es Formen der Koordination, die nicht durch Übertragung von Leitungsbefugnissen auf eine koordinierende Stelle durchgeführt werden. Dies ist der Fall, wenn diese Stelle die Beteiligten lediglich informiert und berät. Das gilt jedoch nicht für die Koordinationstätigkeit des Kabinetts. Hier geht es vielmehr darum, Meinungsverschiedenheiten der Minister untereinander in verbindlicher Form, nämlich durch Kabinettsbeschluß, auszuräumen. Verbindlichkeit der Kabinettsbeschlüsse kann jedoch nur bedeuten, daß die Leitungsgewalt der Minister insoweit eingeschränkt wird, als sie sich an diese Beschlüsse halten müssen. Das bedeutet jedoch, daß auch bei ausgleichender Koordination Leitungsgewalt vom Kabinett wahrgenommen wird. Gesteht man dem Kabinett demnach Leitungsgewalt zu, so kann es diese auch einem interministeriellen Ausschuß übertragen[29].

Hierbei sind allerdings zwei Einschränkungen zu beachten. Die Leitungsgewalt des Kabinetts beschränkt sich auf die Fälle, in denen es um Meinungsverschiedenheiten zwischen den Ministern geht. Immer also muß es sich um Angelegenheiten handeln, die mehr als nur ein Ressort betreffen. Die Aufgaben der Ausschüsse müssen sich deshalb auf die Regelung ressortübergreifender, strittiger Angelegenheiten beschränken. Der Grundsatz der parlamentarischen Ministerverantwortlichkeit ist sodann nur gewahrt, wenn der Ausschuß von Ministern bzw. von diesen weisungsabhängigen Mitgliedern besetzt ist. Dem wurde z. B. Rechnung getragen bei der Bildung eines Koordinierungsausschusses für die elektronische Datenverarbeitung in der staatlichen Verwaltung in Baden-Württemberg[30], dem als stimmberechtigte Mitglieder je ein Vertreter jedes Ressorts angehört; der Rechnungshof und das statistische Landesamt jedoch entsenden je einen Vertreter nur als beratende Mitglieder. Problematisch ist allerdings die niedersächsische Regelung, wo der Landesausschuß ADV mit Mitgliedern besetzt ist, die nicht der Regierung angehören bzw. von ihr weisungsabhängig sind[31].

---

[28] *Böckenförde* (1964) S. 178, 246.

[29] Zu den interministeriellen Ausschüssen vgl. vor allem *Böckenförde* (1964) S. 243 ff.

[30] Vgl. oben Abschnitt 5.1.2.2. Fn. 26.

[31] Im Landesausschuß ADV haben neben Vertretern der Staatskanzlei und der Ministerien ein Vertreter des Landesrechnungshofs, ein Vertreter der Hochschulen und wissenschaftlichen Einrichtungen sowie der Vorsitzende des Kommunalen Ausschusses ADV Sitz und Stimme, § 12 Abs. 1 EADVG Nds.

Hier ist zu befürchten, daß die Minister in ihren Entscheidungen inhaltlich an die Entscheidung Außenstehender gebunden sind und so ihr Handeln nicht selbst verantworten können. Diesen Bedenken wird jedoch dadurch begegnet, daß jeder Minister bei Meinungsverschiedenheiten die Entscheidung des Landesministeriums herbeiführen kann, dessen Entscheidung praktisch einer Entscheidung des Kabinetts gleichkommt.

5.2. Prinzip der kommunalen Selbstverwaltung

Nirgendwo haben die durch die ADV geprägten neuen Formen des Verwaltungshandelns schneller und in breiterem Umfang konkrete Gestalt angenommen als im Bereich der Kommunalverwaltung. Die Kommunalverwaltung zeichnet sich gegenüber der Staatsverwaltung vor allem durch ihre größere Bürgernähe aus. Dies schlägt sich unter Datenverarbeitungsgesichtspunkten in der Tatsache nieder, daß die Mehrzahl der in der gesamten öffentlichen Verwaltung benötigten Daten durch die Kommunalverwaltung ermittelt und gespeichert sowie von dieser im Rahmen des Änderungsdienstes laufend auf dem neuesten Stand gehalten werden. Hierbei sind Kommunalverwaltung und Staatsverwaltung jedoch aufs engste miteinander verzahnt, das Verknüpfungselement ist der zwischen beiden Trägern öffentlicher Verwaltung in hohem Umfang praktizierte Datenaustausch. Unter organisationstheoretischen Gesichtspunkten fällt hierbei auf, daß trotz enger arbeitsteiliger Verknüpfungen im funktionalen Bereich Kommunalverwaltung und Staatsverwaltung in der bisherigen Verwaltungspraxis institutionell streng getrennt sind. Ausdrucksform hierfür ist im kommunalen Bereich vor allem die Gemeinde, die als Rechtsinstitution vom Grundgesetz[32] und von den Landesverfassungen[33] garantiert wird.

Gerade die Schaffung neuer ADV-Organisationsformen bringt nun tiefgreifende Veränderungen im staatlich-kommunalen Organisationsgefüge mit sich. Wenn die Bedeutung dieser Veränderungen noch nicht in ausreichendem Maße erkannt worden ist, so ist das wohl vor allem auf zwei Gründe zurückzuführen. Zunächst sind die datentechnischen Probleme der integrierten Datenverarbeitung, insbesondere was die Software und die Direktzugriffsverarbeitung sehr großer Datenmengen, wie sie in der öffentlichen Verwaltung anfallen, anbelangt, oftmals noch nicht in befriedigendem Maße gelöst. Die hieran sich knüpfenden Zweifel an der Funktionsfähigkeit integrierter Datenverarbeitung im größeren Rahmen[34] lenken leicht von den mit ihr verbundenen

[32] Art. 28 Abs. 2 GG.

[33] Vgl. Art. 71, 72 B.-W. Vf.; Art. 10, 11, 83 Bay.Vf.; Art. 137 Hess. Vf.; Art. 44 Vorl. Nds. Vf.; Art. 3, 78 NRW Vf.; Art. 49 Rh.-Pf. Vf.; Art. 39, 40 Schl.-H. Vf.

Möglichkeiten und Konsequenzen ab. Zum anderen ist die Diskussion über die Möglichkeiten der ADV im Bereich der Staatsverwaltung, insbesondere auf dem Gebiet der planenden Verwaltung, erst sehr spät in Gang gekommen und bei weitem noch nicht abgeschlossen. Um so wichtiger erscheint es, die durch die ADV-Organisation bewirkten Veränderungen im Bereich der Staatsorganisation zu einem Zeitpunkt aufzuzeigen, zu dem unerwünschte und rechtswidrige Folgen noch behoben werden können[35]. Dies gilt vor allem für den hier angesprochenen Bereich der Abgrenzung von Staats- und Kommunalverwaltung, die ihre Ausprägung im verfassungsmäßig garantierten Prinzip der kommunalen Selbstverwaltung gefunden hat. Die Frage lautet also: Wird das Prinzip der kommunalen Selbstverwaltung durch die neuen Formen der ADV-Organisation verletzt, wenn man zugleich die automationsbedingten Veränderungen der Entscheidungsinterdependenzen berücksichtigt?

5.2.1. Inhalt

Der Mindestinhalt des kommunalen Selbstverwaltungsrechts[36] wird durch Art. 28 Abs. 2 S. 1 GG festgelegt, der gleichzeitig als Auftrag an die Länderverfassungsgeber formuliert ist: „Den Gemeinden muß das Recht gewährleistet sein, alle Angelegenheiten der örtlichen Gemeinschaft im Rahmen der Gesetze in eigener Verantwortung zu regeln." Diese Garantie umfaßt die beiden Grundsätze der „Allzuständigkeit" und „Selbstverantwortung" der Gemeinden, die für die kommunale Selbstverwaltung maßgeblich sind.

(1) Das Prinzip der Allzuständigkeit der Gemeinden besagt, daß alle Aufgaben, die in der „örtlichen Gemeinschaft wurzeln oder auf die örtliche Gemeinschaft einen spezifischen Bezug haben"[37], grundsätzlich von den Gemeinden selbst wahrgenommen werden, also in den kommunalen Wirkungskreis fallen. Damit ist festgelegt, daß der Umfang der Angelegenheiten nicht enumerativ bestimmt, sondern allenfalls durch

---

[34] Vgl. hierzu vor allem *Fehl* (1972).

[35] An dieser Stelle darf nicht übersehen werden, daß die Weichen für die Entwicklung der ADV-Organisation durch die in verschiedenen Bundesländern erlassenen ADV-Organisationsgesetze weitgehend gestellt sind. Andererseits stellen die ADV-Organisationsgesetze lediglich den organisationsrechtlichen Rahmen dar, innerhalb dessen z. B. Konzeptionen landesweiter Informationssysteme verwirklicht werden können. Die hierzu eingeleiteten Entwicklungen sind jedoch noch in keinem Bundesland soweit gediehen, daß vom „point of no return" gesprochen werden kann, so daß eine Berücksichtigung der im folgenden angeführten Bedenken durchaus im Bereich des Möglichen liegt.

[36] Vgl. *Stern* (1964) Rdn. 86 ff.; *Maunz / Dürig / Herzog* Rdn. 30, 33 zu Art. 28; *Schmidt-Bleibtreu / Klein* (1973) Rdn. 10 zu Art. 18; *v. Mangoldt / Klein I* (1966) S. 706 ff.

[37] BVerfGE 8, 122 (134).

die eigene Leistungsfähigkeit der Gemeinde begrenzt ist. Allzuständigkeit bedeutet aber ebenso Einheit der örtlichen Verwaltung: Grundsätzlich soll die Verwaltung bei der Gemeinde konzentriert sein (dezentralisierte Konzentration)[38], insbesondere nicht bei staatlichen Behörden. Hierdurch erwächst das Selbstverwaltungsprinzip zu einem wichtigen Element des Staatsaufbaus[39].

(2) Für die Behandlung ihrer eigenen Angelegenheiten gilt für die Gemeinde der Grundsatz der Selbstverantwortung. Ihre Verwaltung soll sich „in eigenem Namen, in eigener Verantwortung und durch eigene gewählte Organe vollziehen". Damit ist die Gemeinde insoweit aus der staatlichen Verwaltungshierarchie herausgenommen[40], ihre Zielsetzungen sind unabhängig von denen der Staatsverwaltung[41]. Dem wird auch dadurch Rechnung getragen, daß die staatliche Kommunalaufsicht in Angelegenheiten des örtlichen Wirkungskreises auf die Überprüfung der Rechtmäßigkeit des kommunalen Verwaltungshandelns beschränkt ist[42]. Das Prinzip der Selbstverantwortung schlägt sich also in der „Gemeindehoheit"[43] nieder, die Ausdruck der gemeindlichen Eigenständigkeit ist. Sie gliedert sich in Personalhoheit, Gebietshoheit, Finanzhoheit, Planungshoheit, Gerichtshoheit, Rechtsetzungshoheit und Organisationshoheit. Besondere Beachtung kommt im Zusammenhang mit den Fragen der ADV der Organisationshoheit zu. Diese sichert der Gemeinde die eigenständige Regelung ihrer inneren Organisation und läßt es vor allem nicht zu, daß die Angelegenheiten der örtlichen Gemeinschaft von außenstehenden, staatlichen Institutionen („Staatskommissar") wahrgenommen werden.

5.2.2. Beeinträchtigungen

Einen Einbruch in die Erscheinungsformen kommunaler Verwaltungspraxis stellt die Errichtung interkommunaler Datenverarbeitungszentralen dar. Ihre Bedeutung unter dem Gesichtspunkt der kommunalen Selbstverwaltung besteht darin, daß ihnen ein Teil der von der Gemeinde wahrzunehmenden Aufgaben im Bereich der ADV zur Aus-

---

[38] *Gönnewein* (1963) S. 33; *Stern* (1964) Rdn. 93; *Wolff* (1970) S. 93 ff. Vgl. zu den Begriffen Zentralisation/Konzentration oben Abschnitt 4.1.2.2.

[39] *Stern* (1964) Rdn. 83.

[40] *Gönnewein* (1963) S. 38.

[41] BVerfGE 6, 104 (117); auf den dadurch möglichen politischen Pluralismus (der insoweit dem des Föderalismus entspricht) weist besonders *Scheuner* (1973) S. 31 hin.

[42] „Die Gemeinde ist nicht mit der Staatspolitik ‚gleichgeschaltet'. Innerhalb der verfassungsmäßigen Ordnung braucht ihr Wirken nicht wie in der dezentralistischen Diktatur ‚auf die Ziele der Staatsführung' abgestellt zu sein", *Gönnewein* (1963) S. 38 f.; zur Aufsicht vgl. auch *Stern* (1964) Rdn. 130.

[43] *Stern* (1964) Rdn. 96 ff.

führung[44] übertragen wird. Das Netz der Entscheidungsinterdependenzen wird damit erweitert um die zwischen Datenzentrale und (übriger) Kommunalverwaltung neu geschaffenen Verbindungen und Abhängigkeiten, die sich zugleich auch auf die Art und Weise der Erfüllung der gemeindlichen Aufgaben auswirken.

Die Gemeinde handelt dabei in Ausübung ihrer Finanz- und Organisationshoheit, wenn sie ADV-Aufgaben freiwillig und ohne fremde Weisung Gemeinsamen Kommunalen Datenverarbeitungszentralen überträgt. Wird sie nun durch Gesetz, Verordnung oder Weisung gezwungen, sich einer interkommunalen Datenverarbeitungszentrale anzuschließen (Anschlußzwang), so wird sie in ihrem Hoheitsbereich beeinträchtigt. Zu diesem gehört, daß sie auch ihre innere Organisation durch die Verteilung der ihr zustehenden Aufgaben gestaltet und die Art der Aufgabenerfüllung bestimmt. Durch die mit dem zwangsmäßigen Beitritt zur interkommunalen Datenverarbeitungszentrale verbundenen finanziellen Belastungen kann auch die Finanzhoheit berührt werden, wenn die Gemeinde nicht von diesen Mehrbelastungen freigestellt wird, wie dies allerdings häufig geschieht. Ein gegenüber den Gemeinden ausgesprochener Anschlußzwang hinsichtlich der Datenverarbeitungszentralen ist jedoch in jedem Falle ein Eingriff in die gemeindliche Organisationshoheit und damit eine Beschränkung der kommunalen Selbstverwaltung.

Ein solcher Anschlußzwang kann, wie z. B. in Nordrhein-Westfalen und Niedersachsen, im Gesetz selbst ausdrücklich geregelt sein[45]. Schwierigkeiten dagegen bereitet die Behandlung eines zwar rechtlich nicht ausdrücklich angeordneten, aber faktisch gegebenen Anschlußzwanges. Dies gilt für die Länder Hessen und Schleswig-Holstein, wo der Beitritt der Gemeinden zu den fünf Kommunalen Gebietsrechenzentren bzw. zur Datenzentrale Schleswig-Holstein zwar de lege lata freiwillig, in der Praxis jedoch durch die damit verbundenen erheblichen finanziellen Anreize sichergestellt wird[46]. Die finanziellen Vor-

[44] Vgl. jedoch zur Problematik des „reinen Dienstleistungscharakters" der ADV oben Abschnitt 3.2.3.

[45] § 9 Abs. 1 u. 2 ADVG NW; § 4 Abs. 1 Ziff. 5 EADVG Nds.

[46] Das Problem liegt darin, daß damit zwar einerseits den Gemeinden aus ihrer finanziellen Notlage geholfen wird, indem ihnen ADV zum „Selbstkostenpreis" angeboten wird, die sie — auf sich allein gestellt — kaum aus eigenen Finanzaufkommen finanzieren konnten, daß dieser Vorteil jedoch mit dem Verlust an hoheitlichen Gestaltungsbefugnissen erkauft wird. Der Verdacht ist bislang noch nicht entkräftet, daß die staatliche Finanzierung der ADV im kommunalen Bereich nur ein Alibi ist, hinter dem sich eine Ausgestaltung der kommunalen Datenverarbeitung auf die Interessen der Landes- (Staats-)Verwaltungen mit der Zielsetzung integrierter Informationssysteme verbirgt. Vgl. hierzu vor allem *Gebhardt* (1968) mit den Hinweisen auf die wirtschaftlichen Vorteile einerseits und die Notwendigkeit „zentraler" Lösungen andererseits.

teile bei einem Beitritt zu einem der Kommunalen Gebietsrechenzentren bestehen darin, daß die Datenzentralen, die durch Zuschüsse des Landes und unmittelbare Zuweisungen aus dem kommunalen Finanzausgleich finanziell unterstützt werden, die Kosten der maschinellen Verarbeitung (einschließlich der hohen Verfahrensentwicklungskosten) selbst tragen, den Gemeinden als Benutzern bleiben lediglich die vergleichsweise geringen Kosten der Datenerfassung[47]. Angesichts der ohnehin schwierigen finanziellen Lage der Kommunen bietet dieser finanzielle Anreiz die sichere Gewähr dafür, daß eigene Initiativen der Kommunen zur Bildung Gemeinsamer Kommunaler Datenverarbeitungszentralen unterbleiben.

Eine solche, auf finanzielle Erwägungen gestützte Verhaltenssteuerung im kommunalen Bereich wird allgemein als zulässig angesehen, wenn die Zuschüsse von seiten des Landes im Sachzusammenhang mit dem erstrebten Verhalten stehen und freiwillig erfolgen. Dabei muß zwischen den unmittelbaren Zuschüssen aus Landesmitteln und solchen aus dem kommunalen Finanzausgleich unterschieden werden. Bei ersteren stehen Sachzusammenhang und Freiwilligkeit nicht infrage. Problematisch erscheint jedoch die Vorweg-Zuweisung von Mitteln aus dem kommunalen Finanzausgleich mit der Folge, daß sich dadurch die an alle Kommunen zu verteilende Finanzmasse verringert. Mittelbar ist deshalb jede Gemeinde gezwungen, ob sie will oder nicht, ohne Rücksicht auf die tatsächliche Inanspruchnahme der Datenzentrale zu deren Finanzierung beizutragen. Soweit deshalb ein faktischer Anschlußzwang im Wege der finanziellen Unterstützung der Datenzentrale über Vorweg-Zuweisungen aus dem kommunalen Finanzausgleich bewirkt wird, ist er unzulässig.

Ein Eingriff in das kommunale Selbstverwaltungsrecht droht jedoch nicht nur durch den Zwangsanschluß an interkommunale Datenverarbeitungszentralen, sondern vor allem auch durch die Übertragung von ADV-Leitungsbefugnissen aus dem kommunalen Bereich auf Organe der Staatsverwaltung bzw. Organe, die kollegial aus Mitgliedern der Staats- und Kommunalverwaltung besetzt sind. Dies gilt einmal insoweit, als die kommunale Datenverarbeitung in die administrative Hierarchie der ADV-Organisation eingegliedert ist (Hessen, Schleswig-Holstein)[48], zum andern jedoch auch hinsichtlich der Befugnisse im Rahmen der Verordnungsermächtigungen (Baden-Württemberg, Bayern, Niedersachsen und Nordrhein-Westfalen)[49]. Aufgrund dieser Befugnisse

---

[47] Vgl. *Bresse* (1971) S. 4.

[48] Vgl. oben Abschnitt 4.2.4.1.

[49] Vgl. oben Abschnitt 4.2.4.3.; von der Möglichkeit, daß Regelungen im Rahmen der Verordnungsermächtigungen das kommunale Selbstverwal-

können die Landesregierungen etwa „bestimmte organisatorische Verfahren (anordnen), soweit das zur Erfüllung von Verwaltungsaufgaben geboten ist" als auch festlegen, daß „bestimmte Daten in einheitlicher Form zeitgerecht erfaßt, bereitgestellt und geliefert werden".

Die Problematik aller dieser externer Eingriffe in den Ablauf kommunaler Aufgabenerfüllung besteht darin, daß sie die kommunale Eigenverantwortlichkeit einschränken. Die automationsbedingten Entscheidungsinterdependenzen können Informationen und Verfahren der zur Aufgabenerfüllung durchzuführenden Entscheidungsprozesse nachhaltig verändern und damit auch das Ergebnis dieser Prozesse beeinflussen. Die Standardisierung von Daten kann dazu führen, daß ohne Rücksicht auf das Ergebnis nichtstandardisierte Daten immer weniger herangezogen werden[50]. Durch die Notwendigkeit, bereits vorentwickelte Programme zu übernehmen, kann die Eigenständigkeit spezifischer kommunaler Entscheidungsfindung reduziert werden. Das kann sich vor allem im Bereich der Planung[51] auswirken, indem die Entwicklung und Bewertung von Löungsalternativen auf der Grundlage automatisierter Entscheidungshilfen mangels geeigneter Programme entfallen muß. Kapazitätsgrenzen können zur Beschränkung des ADV-Einsatzes auf Routinearbeiten führen und das innovatorische Potential, das sich mit der ADV verbindet, lahmlegen.

Neben den ohnehin schon gegebenen Steuerungsmöglichkeiten organisationsrechtlicher oder finanzieller Art erwächst der Staats- bzw. Landesverwaltung im Wege der Einflußnahme über die ADV ein neues Instrument, mit dessen Hilfe sie das Verwaltungsgeschehen im kommunalen Bereich steuern und beeinflussen kann. Das Steuerungspotential wächst dabei in dem Maße, wie die ADV selbst sich ausweitet.

Vom Schutz des Selbstverwaltungsrechts sind freilich solche automatisierbaren Funktionen auszunehmen, die lediglich zum Bereich der Auftragsverwaltung zählen. In diesem Bereich, bei der Wahrnehmung von Auftragsangelegenheiten oder Pflichtaufgaben nach Weisung, unterliegen die Gemeinden ohnehin der staatlichen Fachaufsicht. Hier stehen auch einer Regelung der ADV keine Bedenken entgegen.

Diese beschränken sich vielmehr auf den eigenen Wirkungskreis der Gemeinden. Fraglich ist jedoch, ob die Organisation der ADV über-

---

tungsrecht verletzen können, geht wohl auch *Ruckriegel* (1974) S. 21 f. aus, wenngleich er nicht genau deutlich macht, worin der Eingriffstatbestand zu sehen ist.

[50] Vgl. Zur Bedeutung der Formatisierung der Daten und deren Bedeutung für den Verwaltungsablauf *Brinckmann* u. a. (1974) S. 55.

[51] Vgl. in diesem Zusammenhang auch die Untersuchung von *Brohm* (1972 b) über die Veränderungskraft der Einflußnahme von Sachverständigen auf politische Entscheidungen.

haupt zum örtlichen Wirkungskreis der Gemeinden zählt[52]. Angesichts der Vorstellungen von landesweiten, integrierten Informationssystemen könnte man daran denken, daß die Organisation der ADV grundsätzlich eine Aufgabe darstellt, die aufgrund ihrer überörtlichen Ausrichtung dem Staat vorbehalten bleiben sollte. Eine solche Argumentation würde jedoch verkennen, daß die von der Automation erfaßten Daten und Abläufe primär zur Erfüllung von Aufgaben aus dem eigenen Wirkungskreis der Gemeinden dienen. Um nur einige Beispiele zu nennen: Grundstücks-, Straßen- und Einwohnerdaten etwa werden für die örtliche Planung verwendet, wobei gerade für die Stadtplanung bereits hochdifferenzierte Verfahrenstechniken entwickelt wurden[53]. Auch große Teile des kommunalen Finanzwesens lassen sich unmittelbar mit Hilfe der Einwohnerdatenbank bewältigen.

Die Problematik beruht darauf, daß diese Daten zugleich auch für Aufgaben aus dem übertragenen Wirkungskreis benötigt werden. Die integrierte Datenverarbeitung bewirkt insofern eine Verknüpfung von Entscheidungselementen aus dem eigenen und dem übertragenen Wirkungskreis. Wollte man aus dieser Verknüpfung jedoch den Schluß ziehen, daß alle diese Elemente, nur weil sie auch für den übertragenen Wirkungskreis bedeutsam werden, nunmehr zu diesem zu zählen seien und ihre Zugehörigkeit zum eigenen Wirkungskreis der Gemeinden unbeachtlich sei, dann hätte das zur Folge, daß praktisch keine Daten mehr übrigblieben, die ausschließlich zum eigenen Wirkungskreis zu rechnen seien, da nahezu alle kommunalen Daten auch für die Erfüllung von übertragenen Aufgaben relevant sein können. Das aber würde bedeuten, daß im Hinblick auf die Automation die gesamte kommunale Verwaltungstätigkeit nicht mehr zum örtlichen Wirkungskreis zu zählen wäre, der Begriff der „Angelegenheiten der örtlichen Gemeinschaft" würde ausgehöhlt und inhaltsleer[54].

---

[52] Zum örtlichen Wirkungskreis vgl. *Stern* (1964) Rdn. 86 ff.; *v. Mangoldt / Klein* I (1966) S. 706 f.; *Leibholz / Rinck* (1971) Rdn. 16 zu Art. 28 GG.

[53] Besonders forgeschritten ist beispielsweise die Computer-Kartographie (d. i. die Erstellung von Landkarten durch Computer), durch die sich für die Stadtplanung wichtige Merkmale (z. B. Bevölkerungsdichte, Altersstruktur, Verkehrsaufkommen etc.) geographisch darstellen lassen. Spezielle Verfahren wie SYMAP, PYRAM und LINMAP wurden hierfür geschaffen, vgl. *Lehmann-Grube / Großkopf* (1972) S. 15 mit weiteren Nachweisen.

[54] *Korte* (1970) S. 163 bezeichnet Aufgaben, die sowohl dem örtlichen als auch dem überörtlichen Wirkungskreis angehören, in Anlehnung an *Weber* als „res mixtae". Auch er hält es für unzulässig, daß in einem solchen Fall von vornherein dem überörtlichen Interesse der Vorrang gegeben wird: „Die Interessen der Gemeinde gehen nicht notwendig in dem überörtlichen Interesse auf". Auf der Suche nach einer Lösung, die es der Gemeinde erlaubt, „eigene Vorstellungen im Zusammenhang mit einer kommunalen Maßnahme zu verwirklichen", will er die Staatsverwaltung lediglich ein Mitwirkungsrecht an den kommunalen Entscheidungen in der Form eines Genehmigungsvorbehalts einräumen. Vgl. zu den Formen der staatlich-kommunalen Zusammenarbeit bei der ADV unten Abschnitte 5.2.4.4. und 6.4.

Löst man das Problem der Verknüpfung von Entscheidungselementen anders und ordnet sie dem eigenen Wirkungskreis der Gemeinden zu, dann ist zu überlegen, ob nicht ungeachtet der kommunalen Eigenverantwortlichkeit staatliche Einflußmöglichkeiten auf die Ausgestaltung dieser Entscheidungselemente bestehen. Diese Einflußmöglichkeiten könnten sich daraus ergeben, daß das kommunale Selbstverwaltungsrecht nur im Rahmen der Gesetze besteht.

5.2.3. Gesetzesvorbehalt des Art. 28 Abs. 2 GG

Das verfassungsmäßig gewährleistete Recht der kommunalen Selbstverwaltung findet seine Grenzen in dem in Art. 28 Abs. 2 S. 1 GG enthaltenen Gesetzesvorbehalt: Kommunale Selbstverwaltung kann sich nur „im Rahmen der Gesetze" vollziehen. Die Auslegung dieses Gesetzesvorbehalts ist deshalb maßgeblich dafür, ob die festgestellten Eingriffe in das kommunale Selbstverwaltungsrecht zulässig sind oder nicht. Die Entscheidung hierüber ist deshalb nicht ohne weiteres möglich, weil die Auslegung des Gesetzesvorbehalts seit jeher strittig ist. Seine Tragweite wird von den Gegnern wie von den Verfechtern des kommunalen Selbstverwaltungsgedankens als Argument herangezogen. Von seiner Inhaltsbestimmung und der Beantwortung der hiermit verbundenen Fragen hängt es ab, ob die Selbstverwaltung weiterhin als wichtiges Organisationsprinzip des Staatsaufbaus angesehen werden kann, oder ob sie unter dem Signum „mittelbare Staatsverwaltung" mehr und mehr an Bedeutung verliert.

Einigkeit besteht heute weitgehend darüber, daß sich „im Rahmen der Gesetze" nicht lediglich auf „regeln" bezieht, sondern daß der Verfassungsgeber auch den Umfang des örtlichen Wirkungskreises („alle Angelegenheiten der örtlichen Gemeinschaft") unter den Vorbehalt des Gesetzes stellen wollte[55]. Er folgte damit der Regelung des Art. 127 Weimarer Verfassung („Gemeinden und Gemeindeverbände haben das Recht der Selbstverwaltung innerhalb der Schranken der Gesetze"), der ebenfalls den Umfang der kommunalen Selbstverwaltungsgarantie dem Vorbehalt des Gesetzes unterwarf.

Unter formalen Gesichtspunkten ist zunächst zu beachten, daß der Eingriff in das Selbstverwaltungsrecht nur aufgrund eines Gesetzes erfolgen darf. Strittig ist hierbei, ob der Begriff „Gesetz" ausschließlich im förmlichen Sinne zu verstehen ist[56]. Dieser Streit ist vor allem von Bedeutung für die Beurteilung der Verfassungsmäßigkeit der Er-

[55] Vgl. *Stern* (1964) Rdn. 114; *v. Mangoldt / Klein* I (1966) S. 707; *Maunz / Dürig / Herzog* Rdn. 31 zu Art. 28; eingehend *Gönnewein* (1963) S. 49 ff.

[56] So *Maunz / Dürig / Herzog* Rdn. 31 zu Art. 28; anders *Stern* (1964) Rdn. 115; *Henrichs* (1954) S. 735, die eine Rechtsverordnung genügen lassen wollen, soweit sie mit Art. 80 I GG übereinstimmt; ebenso BVerfGE 26, 228 (237).

mächtigungen, die in den ADV-Organisationsgesetzen in Bayern, Baden-Württemberg, Niedersachsen und Nordrhein-Westfalen den jeweiligen Regierungen bzw. dem Innenminister zugesprochen werden, aufgrund derer sie Verordnungen erlassen können, in denen DV-Verfahren landseinheitlich und auch für Kommunen verbindlich festgelegt werden. Nachdem oben aufgezeigt wurde, daß hierdurch inhaltlich in das kommunale Selbstverwaltungsrecht eingegriffen wird, wäre dieser Eingriff bereits unter formalen Gesichtspunkten verfassungswidrig, wenn nämlich unter „Gesetz" in Art. 28 Abs. 2 GG lediglich ein formelles Gesetz zu verstehen ist. Dieser Ansicht ist jedoch zu widersprechen. Selbst wenn der Grundgesetzgeber mit der Bindung des Eingriffs an ein Gesetz die Absicht verfolgt, das Selbstverwaltungsrecht gegenüber emanzipatorischen Übergriffen der Staatsverwaltung zu schützen und Eingriffsbefugnisse lediglich der Legislative einzuräumen, so ist dem Genüge getan, wenn diese ihre Befugnisse unter den strengen Voraussetzungen des Art. 80 GG an die Landesregierung delegiert.

Fraglich ist jedoch, ob die Verordnungsermächtigungen den Voraussetzungen des Art. 80 Abs. 1 GG genügen. Dies gilt vor allem hinsichtlich der Bestimmung von Inhalt, Zweck und Ausmaß der erteilten Ermächtigung in den genannten EDV-Gesetzen. Zwar lassen sich Inhalt und Zweck der Ermächtigung ausmachen; sie betreffen organisatorische Maßnahmen im Bereich der ADV, die zum Zwecke der einheitlichen Gestaltung der ADV-Verfahren im jeweiligen Landesbereich getroffen werden können. Es fehlen jedoch Regelungen, die das Ausmaß der zu treffenden Maßnahmen umgrenzen. Statt dessen finden sich generalklauselartige Formulierungen, die sich mit den Voraussetzungen des Art. 80 Abs. 1 S. 2 GG nicht vereinbaren lassen. Am allgemeinsten ist die Formulierung des § 12 Bay.EDVG: „soweit das zur Erfüllung von Verwaltungsaufgaben geboten ist". Aufgabe ist jedoch gemäß Art. 1 Bay.EDVG ganz allgemein die Anwendung von ADV „zur Gewinnung von Planungsinformationen und Entscheidungshilfen". Das bedeutet, daß grundsätzlich ein Interesse der Staatsverwaltung an allen Daten besteht, die in irgendeiner Weise im Rahmen planerischer Tätigkeit herangezogen werden können. Es fällt schwer, sich Daten vorzustellen, die hiervon nicht erfaßt würden, so daß aus diesem Grunde das Ausmaß möglicher Verfahrensvorschriften keiner Beschränkung unterliegt. Gleiches gilt von den Bestimmungen im B.-W. EDVG, im ADVG NW und im EADVG Nds., wenngleich dort auch Ansätze für eine detailliertere Regelung zu finden sind (vgl. z. B. § 4 Abs. 1 EADVG Nds.). Eine „einheitliche Erfüllung von Aufgaben im Bereich des Landes" und eine „gemeinsame Anwendung der elektronischen Datenverarbeitung für bestimmte Aufgaben"[57] grenzen das Ausmaß der Regelung

[57] § 12 Abs. 2 B.-W. EDVG.

hinsichtlich der von ihr betroffenen Daten und Verfahren ebensowenig ein wie das Erfordernis der „Sicherstellung der Zusammenarbeit, der einheitlichen Erledigung automatisierbarer Verwaltungsaufgaben" sowie des „Aufbaus eines Landesinformationssystems"[58]. Damit stellen die genannten Verordnungsermächtigungen bereits deshalb einen unzulässigen Eingriff in das kommunale Selbstverwaltungsrecht dar, weil sie den formalen Erfordernissen, die an die Zulässigkeit eines Eingriffs zu stellen sind, nicht genügen.

5.2.4. Wesensgehaltsgarantie

Wesentlich problematischer als die formalen Voraussetzungen eines Eingriffs in die kommunale Selbstverwaltung ist die Frage nach den Grenzen des gesetzlichen Vorbehalts. Der Verfassungsgeber klärt diese Frage nicht, ohne deren Beantwortung jedoch die Zulässigkeit der oben aufgezeigten Eingriffe in das kommunale Selbstverwaltungsrecht nicht bestimmt werden kann. Die Grenzen der gesetzlichen Eingriffsmöglichkeiten sind deshalb durch Auslegung zu bestimmen.

5.2.4.1. Rechtsprechung der Verfassungsgerichtsbarkeit

Das BVerfG zieht die Grenzen der gesetzlichen Eingriffsmöglichkeiten da, wo der „Wesensgehalt" der kommunalen Selbstverwaltung berührt wird. Diese darf nicht „innerlich ausgehöhlt" werden und nur noch ein „Scheindasein" führen[59]. Gleichzeitig gibt das BVerfG jedoch keine Begriffsbestimmung dessen, was unter dem Wesensgehalt der Selbstverwaltung verstanden werden soll. Vielmehr geht es von einem relativierten Begriff der Selbstverwaltung aus, bei dessen Bestimmung der „geschichtlichen Entwicklung ... Rechnung getragen werden (muß)"[60]. Konsequent hält es demnach in Zeiten der Not oder besonderer Belastungen schärfere Eingriffe für zulässig als in normalen Zeiten[61]. Zu einer Beurteilung gelangt das BVerfG, indem es prüft, was nach dem erfolgten Eingriff noch übrig bliebe.

Diese Rechtsprechung des BVerfG ist nicht unwidersprochen geblieben. So wirft ihr *Stern* vor, daß sie das Wesen der Institution Selbstverwaltung verkenne, die aus sich heraus bestimmt werden muß[62]. Dem ist insoweit zuzustimmen. Das BVerfG versucht lediglich eine negative

[58] § 14 ADVG NW; zur Unbestimmtheit des Begriffs „Landesinformationssystems" vgl. oben Abschnitt 4.2.2.3.

[59] BVerfGE 1, 167 (174 ff.) im Anschluß an die Rechtsprechung des Staatsgerichtshofs zu Art. 127 Weimarer Verfassung.

[60] BVerfGE 7, 358 (364 ff.); 11, 266 (274 ff.).

[61] BVerfGE 1, 167 (178).

[62] *Stern* (1964) Rdn. 122.

Abgrenzung des Wesensgehalts, ohne jedoch Leitlinien aufzuzeigen, die über historisch sich wandelnde Ausdrucksformen kommunaler Selbstverwaltung hinausgehen und ihren eigentlichen Kern positiv erfassen. Die kommunale Selbstverwaltung stünde auf schwachen Füßen, wollte man ihren Kernbereich vorwiegend nach dem jeweiligen Entwicklungsstand der Kommunalverwaltung beurteilen. Die Unzulänglichkeit dieser Methode zeigt sich da besonders deutlich, wo es an historisch entwickelten Erscheinungsformen fehlt, an den Stellen beispielsweise, wo die Schwelle zu neuen Entwicklungen richtungsweisend überschritten wird. Dies gilt gerade für den Bereich der ADV, wo der Prozeß der Einflußnahme auf das Bild der Verwaltung in vollem Gange ist. Eine zusammenfassende Betrachtung der ADV-Gesetze zeigt, daß der Staatsverwaltung die Möglichkeit eingeräumt werden soll, eigenständigen kommunalen Organisationsformen mit Rücksicht auf ein an den Interessen der Staatsverwaltung ausgerichtetes Konzept zuvorzukommen, dessen Planungen teilweise weit hinter den in der Kommunalverwaltung sichtbaren Ansätzen hinterherhinken. Die Rechtsprechung des BVerfG scheint daher wenig geeignet, dieses Spannungsfeld zwischen Kommunalverwaltung und Staatsverwaltung darzustellen, geschweige denn eine Beurteilung zu erlauben, die die widerstreitenden Interessen berücksichtigt.

5.2.4.2. Stellungnahme des Schrifttums

Im Gegensatz zu der Rechtsprechung des BVerfG gibt es im Schrifttum vereinzelte Versuche, den Wesensgehalt der kommunalen Selbstverwaltung nicht allein aufgrund einer negativen Abgrenzung all dessen, was nicht hierzu zählt, zu bestimmen, sondern vielmehr positiv zu formulieren, was diesen Wesensgehalt ausmacht[63]. Der Erfolg dieser Erläuterungsversuche kann jedoch nicht allzu hoch veranschlagt werden. Der Begriff des Wesensgehalts wird nicht allein schon dadurch eingegrenzt, daß man ihn mit „Struktur und Typus" der Gemeinde in Verbindung bringt oder auf die zu wahrende „wesensmäßige Identität" verweist. Alle diese Bemühungen, den unscharfen Begriff Wesensgehalt durch (vermeintlich) schärfere wie die eben genannten zu ersetzen, sind daran zu messen, wie diese Ersatzbegriffe inhaltlich aufzufüllen sind. Hierbei zeigt es sich, daß man im wesentlichen auf die vom BVerfG angewandte Methode zurückgreift, „die typusbestimmenden Elemente ... durch historische und traditionelle Betrachtungsweise zu ermitteln", wobei *Stern* darüber hinaus die Forderung nach Berücksichtigung eines aktuellen Leitbildes aufstellt[64]. Dagegen sind jedoch die gleichen Einwände zu erheben, die oben gegen die Rechtsprechung des

---

[63] Vgl. etwa *Stern* (1964) Rdn. 123; *Lerche* (1961) S. 241 f.

[64] *Stern* (1964) Rdn. 124.

BVerfG geltend gemacht worden sind. Der Hinweis auf einen Typus oder auf gewachsene Strukturen schlägt fehl, wo es gilt, Ergebnisse von Innovationsprozessen in neue Strukturen einzukleiden, die den von der Verfassung vorgeschriebenen Formen der Staatsorganisation Rechnung tragen. Die Kommunalverwaltungen sind als Initiator richtungsweisender Neuerungen im Bereich der ADV anzusehen, ohne daß sich jedoch festgefügte, typusbestimmende Strukturen im Sinne von Rechtsprechung und Literatur im Bereich der kommunalen ADV ergeben hätten, da die Entwicklungen in diesem Bereich noch weit vor ihrem Abschluß stehen. Man würde jedoch der Bedeutung des Problems nicht gerecht, wollte man die Zugehörigkeit der ADV-Organisation zum Wesensgehalt der kommunalen Selbstverwaltung allein unter dem Hinweis auf bislang fehlende, typische Strukturierungen verneinen.

5.2.4.3. Funktionen des kommunalen Selbstverwaltungsrechts

Literatur und Rechtsprechung wollen den Wesensgehalt der Selbstverwaltung unter Berücksichtigung des historisch entwickelten Typus und der gewachsenen Strukturen der Kommunalverwaltung bestimmen. Diese Methode, die man auch als strukturelle Methode bezeichnen könnte, versagt dort, wo, wie im Bereich der ADV, Veränderungen der Erscheinungsformen des Verwaltungshandelns noch nicht abgeschlossen sind und noch nicht zu gefestigten Strukturen geführt haben, die als Bezugspunkte für einen strukturellen Vergleich dienen könnten. Deshalb soll hier der strukturellen Methode die funktionale Methode gegenüber gestellt werden[65]. Nach dieser Methode sind zunächst die Zielsetzungen aufzuzeigen, die sich mit dem Verfassungsprinzip der kommunalen Selbstverwaltung verbinden. Als Ergebnis dieser Überlegungen erhält man die Funktionen, denen das Selbstverwaltungsrecht dient. Durch einen Eingriff in die Selbstverwaltung wird der Wesensgehalt berührt, wenn die der Selbstverwaltung obliegenden Funktionen beeinträchtigt werden. Die Untersuchung beschränkt sich dabei im folgenden auf die Funktionen, die für die Gestaltung des Verhältnisses Staatsverwaltung — Kommunalverwaltung, das im wesentlichen durch die ADV-Organisation berührt wird, maßgeblich sind.

Ihre zunächst bedeutsamste Ausprägung erfuhr die kommunale Selbstverwaltung wohl durch das Reformwerk des *Freiherrn vom Stein,* der die Idee der Selbstverwaltung wiederbelebte und erstmals durch die Städteordnung vom 19. November 1808 zu einem Element der formalen Staatsorganisation machte. Die kommunale Selbstverwaltung war hierbei als Ausdrucksform des bürgerlichen Gemeingeistes

[65] Zur funktionalen Methode vgl. *Luhmann* (1966 a) S. 102 ff.; auch *Podlech* (1972) S. 155 geht von einer funktionalen Betrachtungsweise aus.

gedacht: Die Angelegenheiten der örtlichen Gemeinschaft sollten ehrenamtlich von den Bürgern (status activus), selbständig und in eigener Verantwortung wahrgenommen werden, um so eine auf „Selbsttätigkeit“ und Anteilnahme an den öffentlichen Dingen gestützte Erstarkung der Nation von unten nach oben zu bewirken[66]. Daneben jedoch fand der Dualismus Bürgertum - Monarch mehr und mehr seine Widerspiegelung im konkurrierenden Nebeneinander von Kommunal- und Staatsverwaltung, letztere gekennzeichnet durch das Berufsbeamtentum.

Für die Aufnahme der kommunalen Selbstverwaltungsgarantie in den Grundrechtskatalog der Weimarer Reichsverfassung vom 11. August 1919 waren diese beiden Zielsetzungen nicht mehr maßgeblich. Gemeint war hier „die eigenverantwortliche Erledigung der Aufgaben der örtlichen Gemeinschaft durch Körperschaften des öffentlichen Rechtes, deren Vertretungsorgane aus Wahlen hervorgehen“[67]. Selbstverwaltung diente hier nicht zuletzt der Verwirklichung der Demokratie in der örtlichen Gemeinschaft.

Einen schweren Rückschlag bedeutete die im nationalsozialistischen Einheitsstaat erlassene Deutsche Gemeindeordnung vom 30. Januar 1935, deren verfassungsrechtliche Zulässigkeit infolge des Neuaufbaugesetzes vom 30. Januar 1934 nicht mehr in Frage gestellt werden konnte. Sie brachte eine Gleichschaltung der Gemeinden, deren Verwaltung nunmehr „im Einklang mit den Gesetzen und den Zielen der Staatsführung“ stehen mußte.

Art. 28 Abs. 2 GG stellt demnach einen Neubeginn und eine Wiederbelebung der kommunalen Selbstverwaltung dar. Dabei ist davon auszugehen, daß die durch das Selbstverwaltungsrecht gekennzeichneten Strukturen nicht um ihrer selbst willen garantiert werden sollten; vielmehr soll die Selbstverwaltung der Erfüllung bestimmter, von der Verfassung gewollter Funktionen dienen[68]. Als solche wären zu nennen die „Verwirklichung der Demokratie von unten nach oben“[69], die vor allem in der Abhängigkeit der Kommunalverwaltung vom Willen der wählenden Gemeindebürger zum Ausdruck kommt. Gerade die demokratische Legitimation der Gemeinde wird im neueren Schrifttum besonders betont[70]. Dies setzt freilich ein Demokratieverständnis voraus, das nicht so sehr auf die Gesamtwillensbildung des Volkes (deren einheitliche Ausrichtung zum dezentralisierenden Element Gewalten-

---

[66] *Ritter* (1931) S. 378 ff.; *Becker* (1959) S. 37 ff.; *Gönnewein* (1964) S. 12 ff.

[67] *Gönnewein* (1964) S. 20 ff.

[68] Zu den heutigen Funktionen der kommunalen Selbstverwaltung ausführlich *Scheuner* (1973).

[69] So ausdrücklich Art. 11 Abs. 4 Bay. Vf.

[70] *Macher* (1971) S. 83 ff.; *Bückmann* (1973) S. 47, 50; *Scheuner* (1973) S. 29 ff.

teilung in Widerspruch stünde) als vielmehr auf ein System abgestufter Legitimation durch die Willensbildung der jeweils Beteiligten abstellt (dessen spezifische örtliche Ausformung dann der Selbstverwaltungsgedanke ist)[71]. Hiermit eng zusammen hängt eine weitere Zielsetzung, die sich als Wahrnehmung spezifischer regionaler Belange charakterisieren läßt und in der „Volks-, Orts- und Sachnähe" der Kommunalverwaltung ihre Wurzeln hat[72].

Diese aus der Verfassung selbst ableitbaren Funktionen müssen jedoch ergänzt werden aus Überlegungen, die sich aus der Betrachtung der Verfassungswirklichkeit ergeben. Die Kritiker der kommunalen Selbstverwaltung[73] wenden an dieser Stelle ein, daß diese in der heutigen Verwaltungspraxis weitgehend ihre Bedeutung verloren habe und wollen sie nunmehr als eine Form der „mittelbaren Staatsverwaltung" gelten lassen[74]. Die Selbstverwaltung wird gar als eine „Art von Mythos"[75] angesehen, deren Funktion hinsichtlich der Verwirklichung des Demokratiegedankens nicht zuletzt deshalb in Frage zu stellen sei, weil dieser doch in einer demokratischen Staatsform selbst seine Verwirklichung gefunden habe und deshalb keines Garanten auf der Ebene der örtlichen Gemeinschaft mehr bedürfe. Die Überwindung der kommunalen Selbstverwaltung, so wird geltend gemacht, zeige sich auch in der Verlagerung des Schwerpunkts der kommunalen Verwaltungsarbeit auf den Bereich der staatlichen Auftragsangelegenheiten und die damit verbundene Angleichung der Bürokratie in Staats- und Kommunalverwaltung.

Dieser Kritik am kommunalen Selbstverwaltungsgedanken ist jedoch zu widersprechen. Erstes Argument hierfür ist der immer deutlicher zutage tretende Wandel in der öffentlichen Verwaltung, in der die Leistungsverwaltung stärker in den Vordergrund rückt und das Bild des Verwaltungshandelns in weiten Bereichen bestimmt. Kennzeichnend für diese Leistungsverwaltung sind einerseits bundes- bzw. landesweite Maßnahmen zur unmittelbaren und mittelbaren Befriedigung der von den Bürgern geltend gemachten Bedürfnisse. Daneben

---

[71] Vgl. *Bückmann* (1973) S. 47.

[72] *Laux* (1970) S. 224 spricht in diesem Zusammenhang von der „Notwendigkeit der räumlichen Anpassung von Verwaltungsleistungen und -maßnahmen". Überhaupt erlangt die Gemeinde heute zunehmend als Element „dezentraler demokratischer Ordnung", als „Zentrum der Initiative und Eigenverantwortung" ihre Legitimation und Existenzberechtigung, vgl. etwa *Franz Mayer* (1972) S. 328; *Scheuner* (1973) S. 29 ff.; *Lerche* (1963) S. 114 ff.

[73] Zu nennen sind für die Zeit der Weimarer Republik vor allem *Köttgen* (1931); für die Nachkriegszeit ist vor allem *Weber* (1951, 1953) hervorzuheben.

[74] Vor allem *Forsthoff* (1973) S. 471 ff.; kritisch zum Begriff der mittelbaren Staatsverwaltung dagegen *Macher* (1971) S. 85 ff.; *Bückmann* (1973) und *Scheuner* (1973) S. 9 ff.

[75] *Weber* (1951) S. 512.

ist jedoch deutlich zu beobachten, daß sich das Interesse in wachsendem Maße den Bereichen der Leistungsverwaltung zuwendet, deren Gegenstand die Gestaltung der Lebensbedingungen in der unmittelbaren Umwelt der Bürger, der örtlichen Gemeinschaft, ist. Dieser Bereich der öffentlichen Verwaltung, etwa im Beispiel der Stadtentwicklungsplanung, gehört zum Zentralbereich der örtlichen Angelegenheiten der Gemeinden. Die Wahrnehmung dieser Aufgaben erfordert in hohem Maße Kenntnisse der örtlichen Belange und Gegebenheiten einerseits und Rücksichtnahme auf die in den demokratischen Organen der Gemeinden entwickelten Zielsetzungen andererseits. Hieraus wird deutlich, daß Selbstverwaltung nicht zur mittelbaren Staatsverwaltung werden darf, sondern daß ihre Funktion, die Artikulierung und Verwirklichung regionaler Interessen, von neuem auflebt. Gerade die automatisierte Datenverarbeitung erweist sich hierbei als schlagendes Argument gegenüber dem Vorwurf der mangelnden Leistungsfähigkeit der Kommunen: Die mit ihrem Einsatz verbundene Steigerung der Effektivität gerade im Bereich der planenden Verwaltung bedeutet eine Stärkung der kommunalen Verwaltungskraft.

Eine weitere wichtige Funktion der kommunalen Selbstverwaltung schließlich besteht darin, zur Differenzierung der öffentlichen Verwaltung im Dienste einer „Gewaltenteilung" im weitesten Sinne beizutragen[76]. Die Überlegungen zum Ressortprinzip haben gezeigt, daß mit dem Machtzuwachs, den die öffentliche Verwaltung insbesondere gegenüber der Legislative in der Verfassungswirklichkeit errungen hat, eine Differenzierung der öffentlichen Verwaltung durch Aufgabenteilung und wechselseitige Kontrolle als notwendiges Korrelat einhergehen muß. Neben dem Ressortprinzip, das auch als horizontale Gewaltengliederung verstanden werden kann, erlangt vor allem das kommunale Selbstverwaltungsprinzip in dieser Hinsicht besonderes Gewicht, das seinerseits als eine Form der vertikalen Gewaltengliederung bezeichnet werden kann. Diese Vorstellung bleibt m. E. jedoch allzu sehr an einer, vielleicht von der staatlichen Kommunalaufsicht her zu erklärenden, hierarchischen Betrachtungsweise des Verhältnisses Staats- — Kommunalverwaltung haften. Die besondere Rolle der Kommunen erschöpft sich gerade nicht darin, daß sie die unterste Stufe eines mehrstufigen Aufbaus der öffentlichen Verwaltung einnehmen, deren Wirkungskreis so weit als möglich ausgebaut werden soll. Es gilt vielmehr auch, die öffentliche Verwaltung in ihrer regionalen Dimension zu würdigen, wobei das föderalistische Prinzip sein Pendant in der

---

[76] Zur Interpretation der Selbstverwaltung als „vertikaler Gewaltenteilung" vgl. *Podlech* (1972) S. 154; *v. Berg* u. a. (1972 a) S. 3; *Eberle* (1972 b) S. 440; *Bückmann* (1972) S. 47; vgl. auch den Hinweis auf die „Dezentralisierungsfunktion" bei *Macher* (1971) S. 80 ff., *v. Unruh* (1973) S. 417 f.

kommunalen Aufgliederung des Staatsgebietes besitzt und die Kommunen ihre Bedeutung gerade als regionale Verwaltungseinheiten erlangen. Man sollte daher besser von der Selbstverwaltung als einer Form der regionalen Gewaltengliederung sprechen.

5.2.4.4. Funktioneller Vergleich

Geht man nun daran, die Zulässigkeit der Eingriffe in das kommunale Selbstverwaltungsrecht durch die Regelungen im Bereich der ADV-Organisation zu beurteilen, so ist diese Frage danach zu beantworten, ob durch die Eingriffe eine wesentliche Beeinträchtigung der mit der kommunalen Selbstverwaltung verbundenen Funktionen bewirkt wird. Als erster Eingriffstatbestand in Form einer Beeinträchtigung der gemeindlichen Organisationshoheit wurde oben der Anschlußzwang an interkommunale Datenverarbeitungszentralen angeführt. Solange es sich hierbei lediglich um die Wahrnehmung von ADV-Verrichtungsaufgaben durch Datenzentralen handelt, werden die Funktionen der kommunalen Selbstverwaltung nicht wesentlich berührt. Die Zielsetzung einer dezentralen öffentlichen Verwaltung erscheint nicht gefährdet, handelt es sich doch hier lediglich um eine Neuordnung mit regionalen Ausmaßen, die das Prinzip der regionalen Gliederung der öffentlichen Verwaltung unberührt läßt. Auch unter dem Gesichtspunkt der Gewaltengliederung ergeben sich keine Bedenken, soweit lediglich Verrichtungsaufgaben übertragen werden und die Leitungsaufgaben im wesentlichen bei den Kommunen verbleiben.

Anderes gilt jedoch, wenn den Gemeinden ADV-Leitungsbefugnisse entzogen werden. Dies kann mit dem Anschlußzwang an Datenverarbeitungszentralen gekoppelt werden, indem diesen auch die ADV-Leitungsbefugnisse ihrer Mitglieder obliegen. In diesem Falle ist es von Bedeutung, wie die Entscheidungen der Leitungsorgane der Datenzentrale zustande kommen[77]. Soweit die Leitungsorgane kollegial mit den Vertretern der an die Datenzentrale angeschlossenen Gemeinden besetzt sind und ihre Entscheidungen frei von Weisungen der Staatsverwaltung treffen können, wird man darin ebenfalls keinen unzulässigen Eingriff in den Wesensgehalt der kommunalen Selbstverwaltung erblicken können. Ein Zwangsanschluß an andere interkommunale Organisationseinheiten wie z. B. Zweckverbände etc. ist auch in einigen Gesetzen über die kommunale Zusammenarbeit vorgesehen. Der Zwangsanschluß soll hier gerade nicht die kommunale Selbstverwaltung einschränken, sondern vielmehr im Wege der interkommuna-

---

[77] *Grimmer* (1974) S. 62 f. betont angesichts der qualitativen Veränderungen der Verwaltungsarbeit durch den Einsatz von ADV u. a. die Notwendigkeit der demokratischen Legitimation und Kontrolle der ADV-Verwaltung.

len Zusammenarbeit die gemeindliche Verwaltungskraft stärken[78]. Dies gilt besonders für den Bereich der ADV, wo der Bedarf an sachlichen und persönlichen Mitteln die Kapazität einer einzelnen Gemeinde meist übersteigt, wo andererseits eine interkommunale Datenzentrale die Leistungsfähigkeit der einzelnen Kommunalverwaltungen in erheblichem Maße steigern kann. Allerdings sollte auch hier die Anordnung eines Anschlußzwanges auf den Fall beschränkt bleiben, wo ein freiwilliger Zusammenschluß der Gemeinden nicht erreicht werden kann.

Bedenken ergeben sich jedoch gegen einen Anschlußzwang an Datenzentralen, deren Leitungsentscheidungen nicht allein von kommunalen Kollegialorganen getroffen werden, die vielmehr von staatlichen ADV-Koordinationsstellen abhängig sind. Die gleichen Bedenken gelten jedoch auch hinsichtlich der generellen, nicht auf den Bereich der Auftragsangelegenheiten beschränkten Ermächtigungen, aufgrund derer die Landesregierungen in Baden-Württemberg, Bayern, der Innenminister in Norhein-Westfalen und das Landesministerium in Niedersachsen auf die Gestaltung des automatisierten Verwaltungsverfahrens im kommunalen Bereich Einfluß nehmen können. Diese Regelungen zielen auf eine landeseinheitliche Form der Datenverarbeitung ab und sollen den späteren Aufbau umfassender Informationssysteme der Staatsverwaltung sicherstellen. Durch sie wird die mit der kommunalen Selbstverwaltung verbundene Funktion der Gewaltengliederung stark beeinträchtigt und unter dem Gesichtspunkt der „einheitlichen Form" geradezu ins Gegenteil verkehrt: Sie bieten ein Mittel, individuelle Verwaltungsformen im kommunalen Bereich zu verhindern und die Kommunalverwaltung den Zielen der Staatsverwaltung unterzuordnen, um nicht zu sagen gleichzuschalten. Zwar darf nicht verkannt werden, daß gerade die Staatsverwaltung ein berechtigtes Interesse an einer effektiven Ausgestaltung der ADV hat; für die Rationalität von Regierungsentscheidungen wird es in absehbarer Zukunft unerläßlich sein, ADV als Entscheidungshilfen einzusetzen. Die ADV darf jedoch nicht als Alibi dazu benutzt werden, Elemente des verfassungsmäßig festgelegten Staatsaubaus wie die Selbstverwaltung zu unterlaufen.

Immerhin gibt es Versuche, diesen Konflikt zu lösen, ohne auf die für die Staatsverwaltung wichtige Möglichkeit der Koordination einerseits und auf das Prinzip der Gewaltengliederung andererseits verzichten zu müssen. Einer dieser Versuche besteht in der kollegialen Besetzung der Koordinationsorgane mit Vertretern der Staats- wie der Kommunalverwaltung. Unzureichend ist jedoch eine lediglich beratende Funktion dieser Organe, wie dies etwa für den staatlich-kommunalen Ausschuß nach Art. 11 Bay.EDVG vorgesehen ist. Er muß vielmehr mit

---

[78] Vgl. hierzu auch BVerfGE 26, 228 (239).

Entscheidungsbefugnissen ausgestattet sein, da anders eine echte Gewaltengliederung nicht aktualisiert werden kann. Eine andere Lösung ist das niedersächsische Modell, das eine Verordnung zur Koordinierung der ADV mit Wirkung im kommunalen Bereich von der vorherigen Zustimmung des Kommunalen Ausschusses ADV abhängig macht und damit der Berücksichtigung der kommunalen Interessen wie der Vermeidung eines staatlichen Alleinganges dienen soll. Problematisch bei beiden Lösungen ist jedoch, daß nicht jede betroffene Gemeinde selbst in den Leitungsgremien vertreten ist.

In den genannten Koordinationsorganen — wie übrigens allgemein häufig im Bereich der ADV-Organisation — sind die Kommunen lediglich mittelbar über die kommunalen Spitzenverbände oder Vertreter der kommunalen Datenverarbeitungszentralen vertreten. Dies bringt für die Landes-(Staats-)verwaltung den Vorteil, daß sie sich nurmehr einer übersichtlichen Zahl von Gesprächspartnern gegenübersieht und somit eine Verfahrensvereinfachung möglich ist. Diese den Rechtsverstoß nicht beseitigende, aber verwaltungstechnisch sinnvolle Lösung war zunächst auch noch dadurch nützlich für die Gemeinden, als in Form der kommunalen Spitzenverbände ein kompetenter Gesprächspartner die kommunalen Interessen vertreten konnte, da bei den einzelnen Gemeinden selbst in einem frühen Stadium der Automationsbemühungen z. T. wenig Erfahrungen auf diesem Gebiet vorlagen. Diese Situation ändert sich aber in dem Maße, als die Gemeinden sich in ständig wachsendem Umfang selbst mit ADV-Fragen befassen müssen. So ist nicht nur inzwischen der Sachverstand auch bei den einzelnen Gemeinden vorhanden, auch ist es darüber hinaus fraglich, ob nicht anstelle eines gemeinsamen Interesses der kommunalen Seite in einer Vielzahl von Gemeinden eine individuelle Interessenlage gegeben ist, die von den kommunalen Spitzenverbänden allein nicht mehr repräsentiert werden kann. Sachverstand und Wahrnehmung regionaler Interessen findet sich jedoch bei den Vertretern der kommunalen Datenverarbeitungszentralen, die damit einerseits zum gegebenen Repräsentanten kommunaler Belange im ADV-Bereich werden und die Kompetenz der kommunalen Spitzenverbände sinnvoll ergänzen, die andererseits aufgrund ihrer aufsichtlichen Bindung an die die Datenverarbeitungszentralen tragenden Gemeinden eine gewisse Legitimation erfahren.

Unzureichend wäre es allerdings auch, die Kollegialorgane fachaufsichtlich an Regierungsmitglieder zu binden, wie dies § 14 Hess. EDVG vorsieht. Die mit der Aufsicht verbundene Weisungsbefugnis läßt die kollegiale Ausgestaltung der Koordinationsorgane im Konfliktsfall zur Bedeutungslosigkeit herabsinken.

Der Ansicht, eine Beteiligung der Kommunen in den Koordinationsorganen verletze das Ressortprinzip, ist zu widersprechen. Die Ministerverantwortlichkeit findet nach einhelliger Auffassung ihre Beschränkung durch den Ausdehnungsbereich der kommunalen Selbstverwaltung. Hieraus ergeben sich Konsequenzen für die Tätigkeit der Koordinationsorgane. Diese muß auf die Klärung strittiger Fragen im Grenzbereich zwischen kommunaler Selbstverwaltung und Ministerverantwortlichkeit beschränkt bleiben; das bedeutet, daß sich eine generelle Zuständigkeit des Koordinationsorgans für den Bereich der staatlichen und kommunalen ADV verbietet. Der Tätigkeitsbereich muß dadurch gekennzeichnet sein, daß eine Notwendigkeit nachgewiesen wird, staatliche und kommunale ADV aufeinander abzustimmen.

Die Überlegungen zum kommunalen Selbstverwaltungsrecht schließen mit dem Ergebnis, daß gegen alle organisationsgesetzlichen Regelungen der staatlich-kommunalen Zusammenarbeit auf dem Gebiet der ADV verfassungsrechtliche Bedenken aus der Sicht der kommunalen Selbstverwaltung anzumelden sind. Damit wird zugleich die Tragweite deutlich, mit der die Veränderungskraft der ADV im Bereich der öffentlichen Verwaltung auf die herkömmlichen Strukturen zu wirken begonnen hat[79].

[79] *Bückmann* (1973) S. 169 ist deshalb Recht zu geben, wenn er befürchtet: „Es ist weniger der Zug zum Sozialstaat, der die kommunale Selbstverwaltung in Frage stellt, als der Zug zur Zentralisation bei der automatischen Datenverarbeitung, der bei fehlender Kenntnis oder mangelhafter Beachtung der Grenzlinien der Verfassung dazu führen könnte, daß die kommunale Selbstverwaltung in der Zukunft nur noch als vergangene Methode humaner Daseinsgestaltung erscheint."

6. Denkmodell der modularen Datenverarbeitung

Der Widerspruch zwischen der organisationsrechtlichen Ausgestaltung der ADV in bestimmten Regelungen der ADV-Organisationsgesetze der Länder und verfassungsrechtlichen Prinzipien der Staatsorganisation wie dem Ressortprinzip und dem Prinzip der kommunalen Selbstverwaltung wirft die Frage nach den Ursachen auf, die dieser Entwicklung zugrunde liegen. Diese Frage wiegt um so schwerer, als man bei der Konzeption der ADV-Gesetze sehr wohl eine mögliche Gefahr für die genannten verfassungsrechtlichen Grundsätze sah, die von neuen ADV-Organisationsformen ausgehen könnte. Indiz hierfür ist z. B. die ausdrückliche Garantie der Nichtverletzung des kommunalen Selbstverwaltungsrechts in § 2 Hess. EDVG[1], wenngleich gerade in diesem Gesetz die Unzulässigkeit einer rein verbalen Bestandsgarantie gegenüber einem faktischen Eingriff besonders deutlich zutage tritt.

Dieses Beispiel zeigt, wo die grundlegende Schwierigkeit einer rechtlichen Behandlung von ADV-Tatbeständen liegt, auch wenn sie, wie in den ADV-Organisationsgesetzen geschehen, organisationsrechtlich strukturiert und damit — vermeintlich — einer juristischen Argumentation zugänglich erscheinen: Es ist bislang noch nicht ausreichend gelungen, ADV-Sachverhalte und insbesondere die Interdependenzen zwischen automatisierten und kognitiven Informationsprozessen im Bereich der öffentlichen Verwaltung so darzustellen, daß diese Sachverhalte unmittelbar unter rechtliche Normen subsumiert werden können.

Die bisherigen Überlegungen haben jedenfalls gezeigt, daß der rechtliche Rahmen der ADV selbst durch Erfordernisse der ADV nur wenig determiniert wird, daß diese im Gegenteil die verschiedensten organisationsrechtlichen Ausgestaltungen zulassen, wobei dann beispielsweise vor allem auch auf verfassungsrechtliche Postulate Rücksicht genommen werden kann. Daß letztere bei den aktuellen, auf den Gestaltungsprinzipien der klassischen Organisationstheorie beruhenden Organisationsformen nur unzulänglich beachtet wurden, ist nicht zuletzt auf die Zweck-Mittel-Rationalität zurückzuführen, die diesen Prinzipien zu-

---

[1] „Durch die Arbeit der Hessischen Zentrale für Datenverarbeitung darf das verfassungsmäßige Recht der kommunalen Gebietskörperschaften auf Selbstverwaltung nicht verletzt werden."

grunde liegt. Systemdifferenzierung oder, organisationsrechtlich ausgedrückt, das Zuständigkeitsgefüge innerhalb der öffentlichen Verwaltung wird dabei allein als Folge einer komplexen Arbeitsteilung gesehen, deren Rationalität sich aus der Aufgabenanalyse ergibt, im Rahmen derer die Gesamtaufgabe als oberste Zielsetzung zum Zwecke der Aufgabenerfüllung in Teilaufgaben mit entsprechenden Unterzielen aufgegliedert wird[2]. Die Systemdifferenzierung im Bereich der öffentlichen Verwaltung läßt sich jedoch nur zum Teil als Zweck-Mittel-Rationalität interpretieren und unter dem Gesichtspunkt der Arbeitsteilung verstehen. Zum anderen Teil entspringt sie grundgesetzlicher Rechtssetzung in Form der Verfassungsprinzipien zur Staatsorganisation, etwa dem Ressortprinzip und dem Prinzip der kommunalen Selbstverwaltung. Die Ergebnisse zeigen, daß im Bereich der ADV-Organisation bislang der Zweck-Mittel-Rationalität unter dem Aspekt der klassischen Organisationstheorie der Vorrang gegenüber den genannten Verfassungsgeboten eingeräumt worden ist. Im folgenden soll jedoch gezeigt werden, daß es sehr wohl möglich ist, beide Gestaltungsprinzipien in einem Organisationsmodell zu vereinen, ohne daß der Einfluß eines der beiden dominiert.

Die Untersuchungen über das Entscheidungsverhalten in organisationalen Systemen haben gezeigt, daß organisationale Strukturen weitgehend durch die zwischen den Verhaltenselementen des organisationalen Systems bestehenden Entscheidungsinterdependenzen bestimmt sind. Dabei konnte insbesondere der Begriff der Macht als spezifische Ausprägung von Entscheidungsinterdependenzen interpretiert werden. Die Untersuchung der Auswirkungen, die sich aufgrund der Automation von Entscheidungsprozessen für das organisationale System ergeben, hat gezeigt, daß die Einführung der ADV mit der Konstituierung neuer Entscheidungsinterdependenzen verbunden ist. Die damit verbundenen Probleme könne deshalb weitgehend als Probleme der Strukturierung von Macht verstanden werden.

Automatisierte Programmelemente stellen immer einen Eingriff in Entscheidungsprozesse dar, die bisher menschlichen Verhaltenselementen vorbehalten waren: Entweder treten sie unmittelbar an die Stelle kognitiver Programmelemente oder aber sie machen eine Ergänzung bestehender Programmstrukturen im Hinblick auf die durch die Datentechnik erforderlichen Veränderungen notwendig. Diese Eingriffe, die, etwa in Form von Arbeitsanweisungen, immer als Output be-

---

[2] Die Zweck-Mittel-Rationalität stellt wohl das wichtigste Verbindungsglied zwischen klassischer Organisationstheorie und Organisationsrecht dar: Der integrativen Strukturierung der Aufgaben und der daraus resultierenden Aufbauorganisation der Organisationstheorie entsprechen die Verteilung der hoheitlichen Aufgaben auf die einzelnen Verwaltungsstellen und die daraus resultierende Aufbauorganisation der öffentlichen Verwaltung.

stimmter Entscheidungsprozesse qualifiziert werden können, bedürfen einer Autorisierung, damit ihre Verbindlichkeit innerhalb des organisationalen Systems und insbesondere gegenüber den betroffenen menschlichen Verhaltenselementen konstituiert wird. Jedes organisationale System hat bestimmte Regeln entwickelt, die eindeutig festlegen, wann ein Output als autorisiert gelten darf. In dem spezifischen organisationalen System öffentliche Verwaltung wird diese Leistung vom Organisationsrecht erbracht. Die ADV selbst begründet somit immer nur eine potentielle Neugestaltung von Entscheidungsinterdependenzen; erst die ADV-Organisation, d. i. die organisationsrechtliche Autorisierung automatisierter Verfahrenselemente, konstituiert tatsächliche Veränderungen der Entscheidungsinterdependenzen.

Die Summe der in der öffentlichen Verwaltung bestehenden Entscheidungsinterdependenzen bestimmt die Machtstrukturen innerhalb des organisationalen Systems öffentliche Verwaltung. Hierbei gibt es mindestens zwei Klassen von Machtstrukturen, die sich vor allem im Hinblick darauf unterscheiden, in welchem Maße sie Veränderungen unterworfen sind. Die Entstehung einer Vielzahl von Machtstrukturen hängt eng mit der durch das unerhörte Anwachsen der öffentlichen Aufgaben bedingten Arbeitsteilung zusammen. Dies gilt etwa für Entscheidungsinterdependenzen, die sich aus dem personellen Wachstum einer Stadtverwaltung oder eines Ministeriums ergeben. Die Machtstrukturen wurden hier aus Zweckmäßigkeitsgesichtspunkten entwikkelt. Sie zeichnen sich vor allem dadurch aus, daß ihr Bestand nicht gesichert ist. Ebenso wie eine Stadtverwaltung wachsen kann, kann sie andererseits auch personell schrumpfen mit der Folge, daß Entscheidungsinterdependenzen entfallen und damit verbundene Machtstrukturen reduziert werden. Im Bereich der öffentlichen Verwaltung gibt es jedoch neben diesen verzichtbaren Machtstrukturen solche, deren Bestand durch Verfassungsgarantien gesichert ist. Zu ihnen zählen vornehmlich das Ressortprinzip und das Prinzip der kommunalen Selbstverwaltung. In ihnen kommen nicht lediglich Zweckmäßigkeitserwägungen zum Ausdruck, sie spiegeln vielmehr tragende und auf Dauer gerichtete Grundsätze der Staatsorganisation wider.

Bewertet man nun die Veränderungen der Machtstrukturen der öffentlichen Verwaltung, die auf die durch die ADV bewirkten Veränderungen von Entscheidungsinterdependenzen zurückgehen, so wird man zu unterschiedlichen Ergebnissen kommen müssen, je nachdem, ob es sich bei den veränderten Machtstrukturen um verzichtbare oder unverzichtbare Machtstrukturen handelt. Diese Veränderungen werden nämlich regelmäßig dann zulässig sein, wenn es sich um verzichtbare Machtstrukturen handelt. Als Beispiel hierfür können die Entscheidungsinterdependenzen angesehen werden, die dadurch entstehen, daß innerhalb einer Kommune die kommunale Datenzentrale Programme und Arbeitsanweisungen für Sachberarbeiter der gleichen Kommunalverwaltung entwirft. Die Autorisierung des Outputs des Sachbearbeiters (Zuständigkeit) beruht hier lediglich auf Zweckmäßigkeitserwägungen im Hinblick auf die Notwendigkeit der Arbeitsteilung innerhalb einer Stadtverwaltung. Damit zusammenhängende Machtstrukturen sind verzichtbar und können in zulässiger Weise verändert werden, indem an Stelle des autorisierten Outputs des Sachbearbeiters die von der Datenzentrale erarbeiteten Programme und Arbeitsanweisungen autorisiert werden.

Anders verhält es sich jedoch bei Machtstrukturen, die aufgrund ihrer verfassungsmäßigen Absicherung zu den unverzichtbaren Elementen der Verwaltungsorganisation zählen. Eine Veränderung dieser Machtstrukturen durch die ADV-Organisation muß als unzulässig abgelehnt werden. Die bei der Prüfung der rechtlichen Regelungen der ADV-Organisation festgestellten Verletzungen des Ressortsprinzips und des kommunalen Selbstverwaltungsrechts haben jedoch gezeigt, daß diesem Grundsatz bislang nicht Rechnung getragen worden ist. Dies mag darauf zurückzuführen sein, daß die Regelungen ohne vorausgehende Analyse der durch die ADV-Organisation bewirkten Veränderungen organisationaler Strukturen konzipiert worden sind. Der Entwurf eines Denkmodells der modularen Datenverarbeitung soll zeigen, daß es möglich ist, ADV-Organisation rechtlich so zu regeln, daß unverzichtbare Machtstrukturen, die durch das Ressortprinzip und das kommunale Selbstverwaltungsrecht geprägt sind, unverändert bleiben, ohne daß dadurch die mit der ADV verbundenen Vorteile verloren gehen müssen.

Wenn man berücksichtigt, daß diese Machtstrukturen zugleich eine Differenzierung des Gesamtsystems öffentliche Verwaltung darstellen, dann liegt es nahe, auch bei der Organisation der ADV dem „Grundsatz der Systemdifferenzierung“[3] Rechnung zu tragen. *Podlech* hat deshalb vorgeschlagen, auf das Prinzip der „Konkurrenz der staatlichen Teilsysteme“ zurückzugreifen und zwischen dem Unternehmer eines Informationssystems und den Benutzern des Informationssystems auch organisatorisch eine Trennung zu vollziehen[4]. Unternehmer integrierter (d. h. bei ihm: ressortübergreifender) Informationssysteme sollte ein unabhängiges (Bundes- bzw. Landes-)Informationsamt sein, an dessen Spitze jeweils drei Abgeordnete, ein Richter und ein Beamter aus

---

[3] *Podlech* (1973 b) S. 39 ff.; *Leisner* (1969) S. 411 („Verbunddezision“).

[4] *Podlech* (1973 b) S. 40; vgl. zum folgenden auch §§ 36 ff. seines Entwurfs eines Bundesdatenschutz-Rahmengesetzes (S. 19 ff.). Eine organisatorische Trennung zwischen ADV- und Fachverwaltung schlägt auch *Grimmer* (1974) S. 64 f. vor.

der Praxis der Datenverarbeitung stehen sollten. Aufgabe dieser Informationsämter sollte es sein, „den technischen Betrieb der Zentraleinheiten und peripheren Speicher der Daten und Programmbanken" sicherzustellen und „durch organisatorische und technische Maßnahmen zu gewährleisten, daß der Datenaustausch zwischen den Benutzern des Informationssystems und zwischen dem Informationssystem und anderen Datenverarbeitungsanlagen entsprechend den rechtlichen Vorschriften verläuft".

Fraglich ist, ob *Podlech* mit seinem Konzept nicht neue Machtzentren schafft mit der Folge, daß anstelle einer Systemdifferenzierung eine Schwerpunktbildung bei den Informationsämtern eintritt. Selbst wenn man einer solchen Tendenz mit der Konkretisierung von Benutzerrechten (z. B. Abrufanspruch bezüglich gespeicherter Daten) entgegenwirken möchte, so wird bei dieser Lösung doch eines übersehen. Bedenkt man nämlich, daß Datenzentralen niemals reine Dienstleistungsunternehmen sein können, sondern daß immer zugleich mit der Automation auch auf den zu automatisierenden Entscheidungsprozeß Einfluß genommen wird, dann bedeutet die Errichtung der Informationsämter bei gleichzeitiger Bindung der Verwaltung an diese Informationszentren einen Eingriff in die Eigenverantwortlichkeit der Verwaltungsträger. Die rechtlichen Bedenken im Hinblick auf die Garantie der ministeriellen Eigenverantwortlichkeit und der kommunalen Selbstverwaltung richten sich in gleichem Umfang auch gegen einen solchen Ansatz.

Statt dessen soll im folgenden versucht werden, die in den genannten Rechtsprinzipien bereits angelegten Systemdifferenzierungen auch für die ADV-Organisation zu aktualisieren. Ergebnis dieser Überlegungen ist das Denkmodell der „modularen Datenverarbeitung", dessen Inhalt Prinzipien zur Organisation der Datenverarbeitung in der öffentlichen Verwaltung sind[5].

Im Mittelpunkt der Überlegungen zu diesem Denkmodell steht der Begriff des Moduls[6] als einer organisatorischen Einheit, der ADV-Auf-

---

[5] Bei den vorgeschlagenen Prinzipien handelt es sich lediglich um hypothetische Mindestanforderungen, denen eine ADV-Organisation genügen sollte; darüber hinaus bleiben weite Bereiche, in denen unterschiedliche organisatorische Lösungen verwirklicht werden können. Es würde den Rahmen dieser Untersuchung überschreiten, wollte man ein umfassendes Organisationsmodell entwerfen, vielmehr muß es genügen, einige verfassungsrechtlich unverzichtbare, jedoch den Erfordernissen der Datentechnik entsprechende Bedingungen für die ADV-Organisation zu formulieren.

[6] Der Begriff „Modul" wird in der Mathematik mit verschiedenen Bedeutungen gebraucht; in der Datenverarbeitung wird er einmal als Bezeichnung für elektronische Bauelemente von Computern verwendet, zum anderen bezeichnet er Hardware-Funktionseinheiten ebenso wie Programmteile von Software-Systemen zur aufgabenbezogenen universellen Verwendung, vgl. *Löbel* u. a. (1969). Neuerdings wird er auch für den Bereich der Datenorganisation verwendet, vgl. *Goller* u. a. (1971) S. 32.

gaben übertragen werden. Die ADV-Organisation in der öffentlichen Verwaltung sollte modular angelegt sein, d. h. in eine Vielzahl von Moduln gegliedert sein. Mit dem Begriff des Moduls verknüpfen sich dabei zwei Vorstellungen, die eng mit den Anforderungen verbunden sind, die an die ADV-Organisation zu stellen sind. Die erste Anforderung kann formuliert werden als Respektierung der unverzichtbaren Machtstrukturen, die sich aus dem Ressortprinzip und der kommunalen Selbstverwaltung ergeben. Der modulare Aufbau der ADV-Organisation trägt dieser Anforderung Rechnung, indem er durch enumerative Aufgabenzuweisung genau definierte Organisationseinheiten schafft, die selbst Bestandteile der durch die Machtstrukturen privilegierten organisationalen Subsysteme der öffentlichen Verwaltung, der ministeriellen Fachbereiche und der kommunalen Gebietskörperschaften, sind. Einzelheiten dieser organisatorischen Lösung werden unter dem „Prinzip der ressorteigenen Datenverarbeitung“ (Abschnitt 6.1.) und dem „Prinzip der regionalen Datenverarbeitung“ (Abschnitt 6.2.) dargestellt.

Die Datenverarbeitungsorganisation in der öffentlichen Verwaltung muß jedoch auch dem Gesichtspunkt Rechnung tragen, daß die Effektivität der ADV insbesondere unter der Zielsetzung der integrierten Datenverarbeitung nur dann gewährleistet werden kann, wenn zwischen den Beteiligten eine weitgehende Koordination möglich ist. Auch dieser Gedanke spiegelt sich im Begriff Modul wider; modularer Aufbau heißt insoweit bausteinartiger Aufbau, wobei der informationellen Koppelung der ADV-Organisationseinheiten eine besondere Bedeutung zukommt (Abschnitte 6.3. und 6.4.).

6.1. Prinzip der ressorteigenen Datenverarbeitung

Das Prinzip der ressorteigenen Datenverarbeitung läßt sich aus den mit dem Ressortprinzip verbundenen unverzichtbaren Machtstrukturen entwickeln. Diese haben ihren Ursprung in der Eigenverantwortlichkeit des Ministers für seinen Geschäftsbereich. Interpretiert man dieses Postulat entscheidungstheoretisch, so bedeutet dies, daß Minister in ihren Entscheidungsprozessen grundsätzlich nicht daran gebunden sein dürfen, den Output eines anderen als Entscheidungsprämisse aufzunehmen[7]. Überträgt man diesen Grundsatz auf die Organisation der ADV, so bedeutet dies, daß auch die Einführung automatisierter Verfahren mit Rücksicht auf die damit verbundenen Entscheidungsinterdependenzen alleinige Angelegenheit des jeweiligen Ministers ist.

[7] Eine Ausnahme bilden selbstverständlich die von der Verfassung selbst festgelegten Entscheidungsinterdependenzen, etwa in Form der von der Verwaltung zu beachtenden Outputs des Parlaments (Gesetze) und der Judikative.

Dieser Grundsatz schränkt den Aktionsrahmen einer Datenzentrale auf Landesebene erheblich sein. Aber auch weitreichende Koordinationsbefugnisse im Bereich der ADV in der Hand eines Ministers, wie dies etwa in Nordrhein-Westfalen für den Innenminister vorgesehen ist, sind danach unzulässig.

Den mit dem Ressortprinzip verbundenen Machtstrukturen entspricht es vielmehr, wenn jeder ministerielle Fachbereich selbst über eigene EDVA verfügt, seine Programme selbst entwickelt und autorisiert. Dabei ist davon auszugehen, daß in den Fachbereichen der Umfang der ADV so erheblich ist, daß eine EDVA wirtschaftlich sinnvoll eingesetzt werden kann. Dies wird sicher für die Mehrzahl der Fachbereiche anzunehmen sein, von denen einige (z. B. das Finanzressort) bereits heute schon in erheblichem Umfang ADV innerhalb ihres Geschäftsbereiches betreiben. Im einzelnen bedarf diese Frage jedoch noch einer empirischen Untersuchung, wobei allerdings z. B. die aufgrund der Planungen zum Bayerischen Informationssystem vorgesehenen Fachdatenbanken als Indiz dafür angesehen werden können, daß Art und Umfang der ADV einem Konzept der ADV-Organisation nach dem Prinzip der ressorteigenen Datenverarbeitung nicht widersprechen.

Die Bedeutung der Datenzentralen im Hinblick auf mögliche Veränderungen der Machtstrukturen wird oftmals mit dem Argument geleugnet, daß Datenzentralen lediglich Dienstleistungsbetriebe seien, deren Einflußmöglichkeiten auf das Verwaltungshandeln sehr beschränkt sind[8]. Dieses Argument verkennt jedoch die Veränderungskraft, die die ADV gegenüber herkömmlichen Entscheidungsverfahren besitzt. Selbst wenn die Datenzentrale lediglich die EDVA betreibt und die Programme innerhalb des Fachbereichs erstellt werden, so ist der Fachbereich dennoch mindestens zwei Beschränkungen unterworfen. Zunächst ist die Programmgestaltung in der Regel maschinenabhängig; Umfang und Struktur der Programme müssen sich nach den Möglichkeiten richten, die die maschinelle Ausstattung der Datenzentrale zuläßt. Dies hat wichtige Folgen z. B. für den Fall der Änderung der maschinellen Ausstattung, mit der die Notwendigkeit verbunden sein kann, ganze Programmkomplexe neu zu erarbeiten. Eine weitere Einschränkung ergibt sich im Hinblick auf die zeitliche Auslastung der EDVA. Konflikte etwa um Programme, deren Rechenzeit als zu lange angesehen wird, könnten zu Lasten der Benutzerfreundlichkeit der Programme gelöst werden.

Eine stärkere Beeinträchtigung ergibt sich jedoch dann, wenn auch die Programme von der Datenzentrale erarbeitet werden, da hiermit

[8] Vgl. auch *Steinmüller* (1972 g) S. 462, der (ironisch?) von einem „Servicebetrieb EDV" mit reinen Ausführungsaufgaben spricht.

erhebliche Eingriffe in den Ablauf der zu automatisierenden Entscheidungsprozesse verbunden sind. Die Problematik der damit verbundenen Änderung der Machtstrukturen kommt etwa in der Frage des Vertreters eines Finanzministeriums zum Ausdruck, ob es wohl zulässig sei, daß die Formblätter zur Einkommenssteuerveranlagung in Zukunft nicht mehr vom Finanzministerium, sondern vom Landesamt für Datenverarbeitung entworfen werden. Mit der Ausgestaltung der Formblätter wird jedoch u. U. über den Ablauf der Einkommenssteuerberechnung und, was besonders wichtig ist, auch über die Möglichkeit einer späteren Auswertung der Daten etwa im Rahmen der staatlichen Finanzplanung vorentschieden[9]. Es ist deshalb besonders wichtig, daß dem Ressortprinzip im Bereich der ADV durch das Prinzip der ressorteigenen Datenverarbeitung entsprochen wird. Freilich soll damit die dringend notwendige interministerielle Zusammenarbeit nicht berührt werden; deshalb gilt es, auch hierfür ein geeignetes Organisationsmodell zu entwickeln[10].

6.2. Prinzip der regionalen Datenverarbeitung

Das kommunale Selbstverwaltungsprinzip konstituiert die Eigenverantwortlichkeit der Gemeinden bei der Besorgung der Angelegenheiten der örtlichen Gemeinschaft. Eine entscheidungstheoretische Interpretation dieses Prinzips verbietet es, die Kommunen im Rahmen von Entscheidungsprozessen, die zum Selbstverwaltungsbereich zählen, an den Output eines anderen zu binden und diesen so zur Entscheidungsprämisse zu machen. Die dadurch gekennzeichneten unverzichtbaren Machtstrukturen müssen auch vor Veränderungen geschützt sein, die durch die Einführung automatisierter Verfahren konstituiert werden. Aus diesem Grunde verbietet sich eine staatliche Einflußnahme (in dem durch die ADV-Organisationsgesetze vorgezeichneten Ausmaß) auf die kommunale Datenverarbeitung, soweit es sich um den Selbstverwaltungsbereich der Kommunen handelt.

Die Problematik der ADV-Organisation im kommunalen Bereich besteht jedoch darin, daß die mit der ADV verbundenen notwendigen finanziellen und personellen Aufwendungen die Verwaltungskraft einer Kommune in der Regel übersteigen. Die Kommune muß deshalb einen Partner finden, dessen Finanzkraft zusammen mit ihrer eigenen die notwendigen Investitionen zu tragen vermag. Die Gefahr ist groß, daß allein aufgrund dieser organisatorischen Bindung an einen Partner und der damit verbundenen Entscheidungsinterdependenzen die

---

[9] Vgl. zu diesem Fragenkomplex die Untersuchungen von *Eberle / Garstka* (1972), deren Gegenstand eine ähnliche Problematik im Bereich der staatlichen Ausbildungsförderung bildet.

[10] Vgl. dazu unten Abschnitt 6.3.

durch das kommunale Selbstverwaltungsrecht geprägten Machtstrukturen verändert werden. Dies gilt jedoch nicht, wenn sich die Kommune mit anderen Kommunen zusammenschließt. Das kommunale Selbstverwaltungsrecht gilt vom Grundgesetz her zugunsten der Gemeinden und Gemeindeverbände und ist vorwiegend als ein Abwehrrecht gegen staatliche Eingriffe anzusehen. Es wird deshalb nicht gefährdet, wenn Gemeinden in partiellen Bereichen eine Zusammenarbeit pflegen. Dies ist nicht zuletzt auch dadurch anerkannt, daß der Gesetzgeber durch gesetzliche Regelungen über den kommunalen Zweckverband die kommunale Zusammenarbeit gefördert und begünstigt hat. In diesem Zusammenhang ist schließlich auch zu berücksichtigen, daß der Einsatz automatisierter Datenverarbeitung die kommunale Verwaltungskraft wesentlich erhöht; angesichts der wachsenden Zahl neuer Aufgaben, die auf die Gemeinden zukommen, kann die These aufgestellt werden, daß die ordnungsgemäße Erfüllung dieser Aufgaben in absehbarer Zeit ohne den Einsatz von ADV nicht mehr möglich sein wird.

Dem Prinzip der regionalen Datenverarbeitung entspricht die Bildung Gemeinsamer Kommunaler Datenverarbeitungszentralen als einer Organisationsform, die die mit dem kommunalen Selbstverwaltungsprinzip verbundenen Machtstrukturen festigt. Fraglich ist jedoch, wie die organisatorische Ausgestaltung dieser Datenzentralen im einzelnen aussehen soll. Bei der Beantwortung dieser Frage muß — entgegen einer weit verbreiteten Ansicht — davon ausgegangen werden, daß Datenzentralen nicht lediglich als reine Dienstleistungsbetriebe angesehen werden können, sondern daß sie einen erheblichen Einfluß auf die Gestaltung des Verwaltungshandelns der beteiligten Kommunen ausüben[11]. An diese Erkenntnis knüpft sich die Forderung, daß Gemeinsame Kommunale Datenverarbeitungszentralen nicht nach bürgerlichem oder Handelsrecht institutionalisiert werden sollten. Es empfehlen sich vielmehr öffentlich-rechtliche Organisationsformen. Dabei wird im allgemeinen der Anstaltsform der Vorzug zu geben sein. Der gemeindliche Zweckverband ist für die ADV-Aufgaben nur wenig geeignet; die Schwerfälligkeit seiner Organe steht im Widerspruch zu der für die ADV erforderlichen Beweglichkeit. Dazu kommt, daß die Zweckverbandsvorschriften vorsehen, daß die Organe durch die Verwaltungschefs der Kommunen beschickt werden und nicht, wie das für die ADV erforderlich wäre, mit Spezialisten.

Kernproblem der Gemeinsamen Kommunalen Datenverarbeitungszentralen ist jedoch die Autorisierung der mit den automatisierten

---

[11] Es gilt insoweit das oben zu den Fragen der DV-Zentralen auf Landesebene Gesagte entsprechend: Die Automation kommunaler Entscheidungsprozesse ist materiell ein Bestandteil der Aufgabenerfüllung und damit Ausübung hoheitlicher Tätigkeit.

Verfahren bedingten Eingriffe in den Ablauf kommunaler Entscheidungsprozesse. Die generalklauselartigen Ermächtigungen in den Satzungen oder Gesellschaftsverträgen von Datenzentralen können nicht als ausreichende Autorisierung der von der Datenzentrale gefertigten Programme und Arbeitsanweisungen angesehen werden. An ihre Stelle sollte ein enumerativer Aufgabenkatalog treten, in dem die einzelnen Aufgaben genau definiert sind. Aus der Aufgabenbeschreibung muß genau ersichtlich sein, welche Verwaltungsfunktionen automatisiert werden. Eine besondere inhaltliche Anforderung geht dahin, die regelmäßig nur für Datenverarbeitungsfachkräfte verständlichen Programmablaufpläne leichter lesbar zu machen, um auch Laien die Überprüfung der in ihnen enthaltenen Entscheidungsabläufe zu ermöglichen. Ansätze hierzu wären eine verbale Programmbeschreibung und eine übersichtliche graphische Gestaltung der Programmablaufpläne[12].

Dies scheint um so mehr notwendig, als es gilt, die inhaltlichen Anforderungen, wie sie oben beschrieben wurden, auch durch entsprechende formelle Verfahrensvorschriften abzusichern. Dabei ist zu bedenken, daß für den Verwaltungsvollzug, soweit es um automatisierte Funktionen geht, Arbeitsanweisung und Programmablaufpläne den Platz einnehmen, den früher Gesetzestext und Verwaltungsvorschriften innehatten, der Sachbearbeiter also praktisch ohne den Gesetzeswortlaut auskommt. Es wird deshalb vorgeschlagen, Programmablaufpläne und Arbeitsanweisungen mit der Maßgabe zu verrechtlichen, daß sie nur in Form einer Verwaltungsverordnung angewendet werden dürfen[13]. Dadurch wird gewährleistet, daß die Autorisierung der mit der ADV verbundenen Eingriffe nicht in Generalklauseln, sondern konkret und im Einzelfall von der Fachverwaltung geleistet wird.

Aufgrund der Überlegungen, die oben zur Frage der Änderung von Zuständigkeiten im Rahmen automatisierter Verfahren angestellt wurden, ist darüber hinaus zu fordern, daß die an der Datenzentrale beteiligten Kommunen in den Leitungsgremien der Datenzentrale angemessen vertreten sind. Aus diesem Grunde empfiehlt es sich nicht, diese Gremien mit Vertretern der kommunalen Spitzenverbände zu besetzen, wie das häufig praktiziert wird. Zwar sind die Datenzentralen rechtlich subjektivierte und institutionalisierte Organisationen, doch leiten sie ihre Befugnisse lediglich aus den den beteiligten Kommunen zustehenden Befugnissen ab. Die Entscheidungsinterdependenzen zwischen Datenzentrale und Kommunen sind deshalb diesem Verhältnis entsprechend zu gestalten, indem die Kommunen ihre eigenen sachverständigen Vertreter in die Leitungsgremien der Datenzentrale entsenden. Damit werden Einflußmöglichkeit und Kontrolle der Kommu-

---

[12] Vgl. *Eberle / Garstka* (1972) S. 266.

[13] Vgl. *Eberle / Garstka* (1972) S. 266.

nen über die Entscheidungsprozesse der Datenzentrale sichergestellt. Erst wenn alle diese Grundsätze bei der Organisation der Datenzentralen Beachtung gefunden haben, kann davon ausgegangen werden, daß deren Outputs im Verhältnis zu den beteiligten Kommunalverwaltungen als autorisiert gelten können.

6.3. Interministerielle Koordination

Um die Effektivität der ADV insbesondere unter dem Gesichtspunkt der integrierten Datenverarbeitung im staatlichen Bereich zu erhöhen, gilt es, die zur Verwirklichung der integrierten Datenverarbeitung notwendigen Gemeinsamkeiten hinsichtlich der Gestaltung von Programmen und Datenbanken zu erreichen. Es geht hier vor allem darum, eine Lösung für einen immer deutlicher zutage tretenden Konflikt zu finden: Neue, problembezogene Organisationsformen wie etwa das Projektmanagement und damit verbundene Datenverarbeitungstechniken (integrierte Datenverarbeitung) stehen im Gegensatz zur festgefügten, relativ starren Ressortorganisation[14]. Eine Vermittlung zwischen diesen gegensätzlichen Prinzipien scheint jedoch unter dem Gesichtspunkt der interministeriellen Koordination möglich. Würde man jedoch Koordinationsbefugnisse einer Stelle (z. B. der Datenzentrale) übertragen, verbunden mit der Befugnis, den Ressorts Weisungen zur Verwirklichung der integrierten Datenverarbeitung zu erteilen, so wären hierdurch wiederum die durch das Ressortprinzip geprägten Machtstrukturen gefährdet. Das Verfassungsrecht konstituiert nun mit dem Kabinettsprinzip eine Organisationsform, die gerade darauf abzielt, Koordinationsmöglichkeiten zwischen den Ressorts zu institutionalisieren. Das Kabinett kann jedoch nicht als geeigneter Ort angesehen werden, in dem alle Fragen der Koordination im ADV-Bereich zwischen den Ressorts geklärt werden können. Es wird deshalb vorgeschlagen, unterhalb der Kabinettsebene einen interministeriellen Ausschuß „ADV" zu bilden, in den die einzelnen Ressorts sachverständige Vertreter entsenden[15]. Aufgabe dieses Ausschusses sollte es jedoch nicht sein, selbst automatisierte Verfahren zu entwickeln; er sollte sich vielmehr darauf beschränken, die Bedingungen zu definieren, denen Programme und Datenbanken genügen müssen, damit das Ziel der integrierten Datenverarbeitung verwirklicht werden kann. Die Ausarbeitung der Programme selbst bliebe dann nach wie vor den Ressorts überlassen, die jedoch bei ihrer Arbeit an die Entscheidungen des interministeriellen Ausschusses gebunden sind.

---

[14] Auf diesen Konflikt hat vor allem *Luhmann* (1972) S. 47 hingewiesen.

[15] Die Einrichtung interministerieller Ausschüsse ist nicht neu, vgl. die Hinweise bei *Böckenförde* (1964) S. 243 ff. und oben Abschnitt 5.1.2.2.

6.4. Staatlich-kommunale Koordination

Der modulare Aufbau der ADV-Organisation in der öffentlichen Verwaltung bedingt eine informationelle Koppelung nicht nur zwischen den ADV-Moduln der staatlichen Fachbereiche, sondern auch zwischen diesen und den kommunalen (regionalen) ADV-Moduln. Auf die Notwendigkeit des Informationsaustausches zwischen Kommunalverwaltung und Staatsverwaltung wurde oben bereits hingewiesen. Dieser Informationsaustausch ist vor allem für den Bereich kennzeichnend, in dem die Kommunen nicht eigene Angelegenheiten wahrnehmen, sondern staatliche Aufgaben erfüllen. Es ist dies der Bereich der Auftragsverwaltung, der übertragene Wirkungskreis der Gemeinden. Anders als im Selbstverwaltungsbereich werden die Machtstrukturen hier durch ein hierarchisches Über- und Unterordnungsverhältnis hinsichtlich Staats- und Kommunalverwaltung bestimmt, im Rahmen dessen die Staatsverwaltung weitgehende Eingriffs- und Gestaltungsrechte auf den Ablauf kommunaler Entscheidungsprozesse besitzt. Es liegt deshalb der Schluß nahe, daß auch die Koordination im ADV-Bereich durch staatliche Aufsichtsmaßnahmen gedeckt ist und keiner gesonderten organisatorischen Regelung bedarf. Es ist jedoch zu berücksichtigen, daß besonders unter dem Gesichtspunkt der integrierten Datenverarbeitung in der kommunalen Verwaltungspraxis die Automation von Funktionen der Auftragsverwaltung gleichzeitig Art und Ausmaß der Automation von Funktionen aus dem Selbstverwaltungsbereich determiniert. Das hat zur Folge, daß staatliche Koordinationsmaßnahmen im Bereich der ADV regelmäßig auch in den Bereich eingreifen, in dem die Kommunen den Schutz des Selbstverwaltungsrechts genießen[16].

Diese Spannung zwischen den Tendenzen zu einer erweiterten staatlichen Lenkung einerseits und Wahrung dezentraler, demokratisch legitimierter Autonomie in Form der kommunalen Selbstverwaltung andererseits tritt auch in anderen Bereichen derzeit verstärkt zutage; erinnert sei in diesem Zusammenhang vor allem an die Fragen der Raum- und Entwicklungsplanung.

Anerkennt man jedoch die Bedeutung der kommunalen Selbstverwaltung und will man ihre Funktionen gerade im modernen Leistungsstaat sichern, dann bedarf sie im Hinblick auf die notwendige staatlich-kommunale Zusammenarbeit einer Neuinterpretation. Es wäre abwegig, wollte man angesichts der Notwendigkeit überörtlicher Planung und Entscheidung am Modell einer unabhängig und autonom selbst entscheidenden Gemeinde festhalten. An die Stelle dieses Modells müssen vielmehr Überlegungen treten, die den Gemeinden und Gemeinde-

[16] Vgl. oben Abschnitt 5.2.

verbänden eine Teilhabe an den modernen Verbundsystemen (Bund)/ Land/Gemeinde sichern und die ihnen auf dieser Ebene die Formulierung und Vertretung ihrer Interessen und Zielsetzungen erlauben[17].

Damit ist der Grundsatz vorgezeichnet, der auch für die Koordination der staatlichen und kommunalen Datenverarbeitung gelten sollte: An allen Entscheidungsprozessen, deren Output Koordinierungsmaßnahmen mit Wirkung für den kommunalen Bereich darstellen, sind die Kommunen zu beteiligen. Beteiligung kann dabei nur heißen, daß den Kommunen rechtlich gesicherte Einflußmöglichkeiten hinsichtlich der sie betreffenden Koordinierungsmaßnahmen zugestanden werden, deren Geltendmachung zu Verhandlungen zwischen der Kommunal- und Staatsverwaltung führen muß. Freilich wäre es wenig praktikabel, diese Einflußmöglichkeiten für jede einzelne Kommune gegenüber der Staatsverwaltung vorzusehen; aus diesem Grund ist es sinnvoll, die Zielsetzungen im kommunalen Bereich aufeinander abzustimmen und in einer zweiten Stufe dann mit der Staatsverwaltung in Verhandlungen einzutreten.

Für die erste Stufe, die Koordination im kommunalen Bereich, wird deshalb ein kommunaler Koordinierungsausschuß vorgeschlagen, in dem die Vertreter der interkommunalen Datenverarbeitungszentralen Sitz und Stimme haben. Sie repräsentieren die regionalen Belange ihrer beteiligten Kommunen und verfügen gleichzeitig über die nötigen Fachkenntnisse, diese Belange im ADV-Bereich zu artikulieren. In diesem Gremium wird die gemeinsame Haltung zu Fragen der staatlich-kommunalen Koordination entschieden.

Damit sind die Beteiligten festgelegt, die sich im Rahmen der zweiten Stufe im Verhandlungswege auf die Koordinierungsmaßnahmen einigen müssen: Es sind dies der interministerielle Ausschuß ADV sowie der kommunale Koordinierungsausschuß. Für den Ablauf der Verhandlungen wird ein Modell vorgeschlagen, das im wesentlichen dem niedersächsischen Koordinationsmodell[18] entspricht: Die Koordinationsmaßnahmen werden im interministeriellen Ausschuß beschlossen und vom Kabinett als Verordnung erlassen, die jedoch der vorherigen Zustimmung des kommunalen Koordinierungsausschusses bedarf. Die-

---

[17] Dieser Gedanke wird vor allem von *Scheuner* (1973) S. 14 vertreten. Auch der von *Macher* (1971) begründete „Grundsatz des gemeindefreundlichen Verhaltens", der Exekutive wie Legislative bindet (S. 157 ff.), sollte in diesem Sinne ausgelegt werden.

[18] Vgl. oben Abschnitte 4.2.4.2. und 4.2.4.3.; anders als beim niedersächsischen Modell wird es jedoch für nötig gehalten, die kommunalen Repräsentanten in den Koordinationsgremien an die betroffenen Gemeinden zu binden, sei es, daß sie offiziell beauftragt werden, sei es, daß sie, wie die Leiter der kommunalen Datenverarbeitungszentralen, der Weisungsgewalt der beteiligten Kommunen unterworfen sind.

ses Modell hat vor allem drei Vorteile. Es beläßt zunächst die Initiative zur Koordination bei der Staats- bzw. Landesverwaltung. Durch das Zustimmungserfordernis wird diese jedoch gezwungen, bereits im Stadium der Planung die Interessen der kommunalen Seite, wie sie vom kommunalen Koordinierungsausschuß formuliert werden, zu berücksichtigen; damit verbietet es Lösungen, die sich über kommunale Belange zugunsten einseitig auf die staatlichen Bedürfnisse ausgerichteter Maßnahmen hinwegsetzen. So wird die Selbstverwaltungsgarantie in ihrer neuen Interpretation als kommunale Beteiligung an überörtlichen Planungen aktualisiert. Schließlich entspricht die Verordnungsform dem Erfordernis der Öffentlichkeit und Transparenz, wie es in zunehmendem Maße gerade für den Bereich der ADV geltend gemacht wird[19].

6.5. Schlußbemerkung

Das Denkmodell der modularen Datenverarbeitung versteht sich als ein Versuch, die rechtlichen und datentechnischen Anforderungen an die Organisation der ADV im Bereich der öffentlichen Verwaltung in einem einheitlichen Organisationsvorschlag zu verbinden. Mit Rücksicht auf die Komplexität dieses Gegenstandsbereiches konnte dies nur erfolgen, indem einerseits von den tatsächlichen Gegebenheiten weitgehend abstrahiert, zum anderen viele wichtige Problembereiche bewußt vernachläßigt oder sogar ganz außer Acht gelassen wurden. So wichtige Anliegen wie die Verfeinerung und Konkretisierung des Modells, aber auch seine gegenständliche Ausweitung über den Bereich der öffentlichen Verwaltung hinaus konnten im Rahmen dieser Arbeit nicht dargestellt werden. Doch je intensiver man sich mit den Fragen der automatisierten Datenverarbeitung befaßt, um so deutlicher wird das Bewußtsein, daß jede Untersuchung in diesem Bereich nicht zu abschließenden Ergebnissen, sondern zu immer neuen Fragen führt.

[19] Vgl. etwa *Grimmer* (1973) S. 242 ff.

Literaturverzeichnis

Anstalt für Kommunale Datenverarbeitung in Bayern (AKDB) (1972): Anwendungshandbuch Einwohnerwesen. Grundstufe 1. (2. vorläufige Ausgabe) München 1972

— Arbeitsanweisung für Sachbearbeiter in Einwohnerwesen

Arbeitsgemeinschaft der Vermessungsverwaltungen der Länder der Bundesrepublik Deutschland (1971): Automatisiertes Liegenschaftskataster als Basis der Grundstücksdatenbank. Rahmen-Soll-Konzept. Mainz 1971

Bachof, Otto (1952): Verwaltungsakt und innerdienstliche Weisung. In: Festschrift für Laforet. München 1952

Bayerisches Staatsministerium für Unterricht und Kultus (Hrsg.) (1971): Einführung der Datenverarbeitung im Bildungswesen. Heft 1: Schülerdatei. München 1971

Becker, Erich (1959): Die staatspolitische Bedeutung der Preußischen Städteordnung vom 19. November 1808. In: Festschrift für Karl Gottfried Hugelmann zum 80. Geburtstag. Bd. 1. Aalen 1959 S. 37 - 75

v. Berg, Malte (1968): Automationsgerechte Rechts- und Verwaltungsvorschriften. Köln und Berlin 1968

v. Berg, Malte u. a. (1972 a): Schafft die Datenverarbeitung den modernen Leviathan? In: Öffentliche Verwaltung und Datenverarbeitung 2 (1972) S. 1 - 7

v. Berg, Malte / *Busch* / *Rustemeyer* (1972 b): Die ADV-Organisationsgesetze und Vereinbarungen der Bundesländer. In: Öffentliche Verwaltung und Datenverarbeitung 2 (1972) S. 319 - 329; 380 - 385

Berger, Alfred (1972): Datenbank und Informationssystem — Schlagwort oder Realität. In: Öffentliche Verwaltung und Datenverarbeitung 2 (1972) S. 506 - 509

Berlin, Senator für Inneres (Hrsg.) (1970): Elektronische Datenverarbeitung in der Berliner Verwaltung. Berlin 1970

v. Bertalanffy, Ludwig (1972): General Systems Theory. 3. Aufl. New York 1972

Biddle, Bruce J. (1964): Roles, Goals and Value. Structures in Organizations. In: Cooper u. a. (Hrsg.): New Perspectives in Organizations Research. New York u. a. 1964 S. 150 - 172

Blum, Winfried (1969): Einführung elektronischer Datenverarbeitung in die Finanzverwaltung des Landes Rheinland-Pfalz. In: Die Verwaltung 2 (1969) S. 235 - 246

Böckenförde, Ernst-W. (1964): Die Organisationsgewalt im Bereich der Regierung. Eine Untersuchung zum Staatsrecht der Bundesrepublik Deutschland. Berlin 1964

Böhret, Carl (1970): Entscheidungshilfen für die Regierung. Opladen 1970

Bresse, Klaus (1971): Das Verbundsystem der hessischen Datenverarbeitung für die Landes- und Kommunalverwaltung. In: Öffentliche Verwaltung und Datenverarbeitung 1 (1971) S. 4 - 9

— (1972): Soll und Haben in der Datenverarbeitung mit Folgerungen für die Zukunft. In: Öffentliche Verwaltung und Datenverarbeitung 2 (1972) S. 501 - 505

Brightman, R. (1971): Information Systems for modern Management. London 1971

Brinckmann, Hans u. a. (1974): Verwaltungsautomation. (Beiträge zur juristischen Informatik Bd. 2) Darmstadt 1974

Brohm, Winfried (1972 a): Die Dogmatik des Verwaltungsrechts vor den Gegenwartsaufgaben der Verwaltung. In: VVDStRL Bd. 30 S. 245 - 312

— (1972 b): Sachverständige und Politik. Rechtsfragen der Beratung in der Wirtschafts- und Sozialpolitik. In: Schnur, Roman (Hrsg.): Festschrift für Ernst Forsthoff zum 70. Geburtstag. München 1972 S. 37 - 75

Bückmann, Walter (1972): Verfassungsfragen bei den Reformen im öffentlichen Bereich. (Schriftenreihe der Hochschule Speyer Bd. 49) Berlin / München 1972

Bull, Hans-P. (1964): Verwaltung durch Maschinen. Rechtsprobleme der Technisierung der Verwaltung. Köln 1964

Bundesminister für Bildung und Wissenschaft (Hrsg.) (1971): 2. DV-Programm. Zweites Datenverarbeitungsprogramm der Bundesregierung. Bonn 1971

Bundesministerium des Innern (1970): 2. Bericht der Bundesregierung über die Anwendung der elektronischen Datenverarbeitung in der Bundesverwaltung. Bundestags-Drucksache VI/648 vom 17. April 1970

— (1971): Einführung des Personenkennzeichens. Modell für die Organisation der Vergabe. (Hrsg.) (Bonn) 1971

Carnap, Rudolf (1960): Einführung in die symbolische Logik. 2. Aufl. Wien 1960

Chapin, Ned (1963): Einführung in die elektronische Datenverarbeitung. 2. Aufl. Wien 1963

Dagtoglou, Prodromos (1972): Partizipation Privater an Verwaltungsentscheidungen. In: DVBl. 87 (1972) S. 712 - 719

Dahrendorf, Ralf (1971): Homo soziologicus. 10. Aufl. Opladen 1971

Damkowsky, Wulf (1969): Die Entstehung des Verwaltungsbegriffs. Eine Wortstudie (Schriftenreihe zur Verwaltungslehre H. 6) Köln 1969

Datenzentrale Baden-Württemberg (1974): Rahmenplan zur zweckmäßigen und wirtschaftlichen Anwendung der elektronischen Datenverarbeitung in der Verwaltung des Landes, der Gemeinden und Gemeindeverbände — Rahmenplan EDV — (mit Anlagenband). Stuttgart 1974

Dearden, John u. a. (1971): Managing Computer-Based Information Systems. Homewood/Ill. 1971

Deutsch, Karl W. (1969): Politische Kybernetik. (The Nerves of Governement. New York 1966) Freiburg 1969

Dewey, John (1951): Wie wir denken. Eine Untersuchung über die Beziehungen reflektiven Denkens zum Prozeß der Erziehung. Zürich 1951

Dinkelbach, Werner (1969): Entscheidungsmodelle. In: Grochla, Erwin (Hrsg.): Handwörterbuch der Organisation. Stuttgart 1969 Sp. 485 - 496

Dornscheidt (1970): Personalverwaltung im Umbruch. Appenzell 1970

Drews, B. (1919): Grundzüge einer Verwaltungsreform. Berlin 1919

Dworatschek, Sebastian (1971): Management-Informations-Systeme. Berlin / New York 1971

Eberle, Carl-E. (1972 a): Rezension zu Rattel u. a.: Rahmen-Soll-Konzept Grundstücksdatenbank. Berlin 1971. In: Juristische Arbeitsblätter 4 (1972) S. 341 f.

— (1972 b): Verfassungsrechtliche Fragen der ADV-Organisation und das Denkmodell der „Modularen Datenverarbeitung". In: Öffentliche Verwaltung und Datenverarbeitung 2 (1972) S. 439 - 445

Eberle, Carl-E. / *Garstka*, Hansjürgen / *Köth*, Ingeborg (1971): Zur Definition der Begriffe Rechtsinformatik und Rechtsinformation (richtig: Rechtsdokumentation). In: Nachrichten für Dokumentation 22 (1971) S. 215

Eberle, Carl-E. / *Garstka*, Hansjürgen (1972): Soll das Verwaltungsverfahren durch einen bundesweiten Programmablaufplan determiniert werden? Einige Bemerkungen zum Vollzug des BAFöG. In: Öffentliche Verwaltung und Datenverarbeitung 2 (1972) S. 265 f.

Fehl, Gerhard (1971): Informationssysteme, Verwaltungsrationalisierung und die Stadtplaner. Bonn 1971

Fiedler, Herbert (1962): Rechenautomaten als Hilfsmittel der Gesetzesanwendung. In: Deutsche Rentenversicherung (1962) S. 149 - 155

— (1964): Probleme der elektronischen Datenverarbeitung in der öffentlichen Verwaltung. In: Deutsche Rentenversicherung (1964) S. 40 - 47

— (1966): Rechenautomaten in Recht und Verwaltung. In: Juristenzeitung 21 (1966) S. 689 - 696

— (1968): Perspektiven juristischer Dokumentation, Forschung und Textbearbeitung mit Elektronenrechnern. In: NJW 21 (1968) S. 273

— (1970 a): Theorie und Praxis der Automation in der öffentlichen Verwaltung. Zur Konzeption einer anwendungsorientierten „Informatik" für Recht und Verwaltung. In: DÖV 23 (1970) S. 469 - 472

— Automatisierung im Recht und juristische Informatik.
(1970 b): 1. Teil: Grundbegriffe der elektronischen Informationsverarbeitung und ihrer juristischen Anwendung. In: JuS 10 (1970) S. 432 - 436
(1970 c): 2. Teil: Datenverarbeitung und Automatisierung in der öffentlichen Verwaltung. In: JuS 10 (1970) S. 552 - 556
(1970 d): 3. Teil: Elektronische Rechtsdokumentation und juristische Informationssysteme. In: JuS 10 (1970) S. 603 - 607
(1971 a): 4. Teil: Datenverarbeitung als Hilfsmittel für Gesetzgebung und Rechtspflege. In: JuS 11 (1971) S. 67 - 71
(1971 b): 5. Teil: Perspektiven der Automatisierung im Recht und der juristischen Informatik. In: JuS 11 (1971) S. 228 - 233

— (1971 c): Theorie und Praxis der Automation in der öffentlichen Verwaltung. Zur Konzeption einer anwendungsorientierten „Informatik" für Recht und Verwaltung. In: Öffentliche Verwaltung und Datenverarbeitung 1 (1971) S. 92 - 99

Fischer, Hellmuth / *Gahse*, Sigfrid (1970): Handbuch der automatischen Datenverarbeitung für die gesamte betriebliche Praxis. München 1970

Fischer, Rolf / *Walter*, Helmut (1971): Informationssysteme in Wirtschaft und Verwaltung. Berlin 1971

Föcker, Egon (1973): Automation im Einwohnerwesen — Zielvorstellungen und Verwirklichung. In: Öffentliche Verwaltung und Datenverarbeitung 3 (1973) S. 110 - 121

Forsthoff, Ernst (1973): Lehrbuch des Verwaltungsrechts. 1. Bd. 10. Aufl. München 1973

Fuchs, E. (1973): Gedanken zur organisatorischen Eingliederung der ADV in der öffentlichen Verwaltung. In: Öffentliche Verwaltung und Datenverarbeitung 3 (1973) S. 99 - 102

Fuchs, Werner u. a. (Hrsg.) (1973): Lexikon zur Soziologie. Opladen 1973

Gäfgen, Gerhard (1968): Theorie der wirtschaftlichen Entscheidung. Untersuchungen zur Logik und ökonomischen Bedeutung des rationalen Handelns. 2. Aufl. Tübingen 1968

Garstka, Hansjürgen (1973): Grundbegriffe für den Datenschutz. In: Kilian, Wolfgang / Lenk, Klaus / Steinmüller, Wilhelm (Hrsg.): Datenschutz. Juristische Grundsatzfragen beim Einsatz elektronischer Datenverarbeitungsanlagen in Wirtschaft und Verwaltung. Frankfurt/M. 1973 S. 209 - 221

Garstka, Hansjürgen / *Eberle*, Carl-E. (1972): Anmerkungen zu Fritjof Haft: Überblick über das Gebiet der Rechtsinformatik. In: Juristische Arbeitsblätter 4 (1972) S. 546

Gebhardt, Karlheinz (1968): Zusammenarbeit in der Datenverarbeitung in der öffentlichen Verwaltung. In: adl-Nachrichten (1968) H. 50 S. 61 ff.

Gehrig, Norbert (1969): Parlament - Regierung - Opposition. Dualismus als Voraussetzung für eine parlamentarische Kontrolle der Regierung. München 1969

Geiger, Hansjörg (1972): Das Computergrundbuch. In: Datenverarbeitung in Steuer, Wirtschaft und Recht 1 (1971/72) S. 362 - 369

— (1973): Datenschutz und Gewaltenteilung. In: Kilian, Wolfgang / Lenk, Klaus / Steinmüller, Wilhelm (Hrsg.): Datenschutz. Juristische Grundsatzfragen beim Einsatz elektronischer Datenverarbeitungsanlagen in Wirtschaft und Verwaltung. Frankfurt/M. 1973 S. 173 - 184

Genscher, Hans-D. u. a. (1970): Moderne Mittel des Verwaltungshandelns. Bad Godesberg 1970

Gönnewein, Otto (1963): Gemeinderecht. Tübingen 1963

Goller, Friedrich / *Scheuring*, Heinrich / *Trageser*, Alfred (1971): Das KI-System. Stuttgart u. a. 1971

Greve, Roland (1971): Zur Gebietsabgrenzung regionaler Rechenzentren — Ziele, Grundsätze und Methoden der Planung. In: Öffentliche Verwaltung und Datenverarbeitung 1 (1971) S. 108 - 122, 141 - 158

Grimmer, Klaus (1973): Probleme der Instituierung von Informationssystemen im öffentlichen Bereich. In: Kilian, Wolfgang / Lenk, Klaus / Steinmüller, Wilhelm (Hrsg.): Datenschutz. Juristische Grundsatzfragen beim Einsatz elektronischer Datenverarbeitungsanlagen in Wirtschaft und Verwaltung. Frankfurt/M. 1973 S. 237 - 255

— (1974): Probleme der Institutionalisierung von Informationssystemen in der öffentlichen Verwaltung. In: ÖVD 4 (1974) S. 61 - 66

Grob, P. / *Frieden*, K. (1969): Elektronische Datenverarbeitung für die Polizei. In: Kriminalstatistik (1969) S. 90 - 94, 133 - 137, 174 - 178, 245 - 250

Grochla, Erwin (1969): Automation. In: Grochla, Erwin (Hrsg.): Handwörterbuch der Organisation. Stuttgart 1969 Sp. 249 - 257

— (1970): Die Wirtschaftlichkeit automatisierter Datenverarbeitung. Wiesbaden 1970

Grün, Oskar (1969): Hierarchie. In: Grochla, Erwin (Hrsg.): Handwörterbuch der Organisation. Stuttgart 1969 Sp. 677 - 683

Haft, Fritjof (1970): Elektronische Datenverarbeitung im Recht. Berlin 1970

— (1972): Überblick über das Gebiet der Rechtsinformatik. In: Juristische Arbeitsblätter 4 (1972) S. 205 - 208, 269 - 275

Hamann, Andreas / *Lenz*, Helmut (1970): Das Grundgesetz für die Bundesrepublik Deutschland vom 23. Mai 1949. 3. Aufl. Neuwied / Berlin 1970

Hamburg, Senatsamt für den Verwaltungsdienst (1969): Automation in der hamburgischen Verwaltung. Stand und Entwicklung. Hamburg 1969

Hartmann, Bernhard (1969): Integrierte Datenverarbeitung. In: Grochla, Erwin (Hrsg.): Handwörterbuch der Organisation. Stuttgart 1969 Sp. 774 - 782

Hartmann, Heinz (1964): Funktionale Autorität. Stuttgart 1964

Hennig, Karl W. (1965): Betriebswissenschaftliche Organisationslehre. 4. Aufl. Wiesbaden 1965

Henrichs, Wilhelm (1954): Die Rechtsprechung zur Verfassungsgarantie der kommunalen Selbstverwaltung in Deutschland. In: DVBl. 69 (1954) S. 728 - 736

v. Heppe, Klaus / *Becker*, Ulrich (1965): Zweckvorstellungen und Organisationsformen. In: Morstein-Marx, Fritz (Hrsg.): Verwaltung. Berlin 1965 S. 87 - 107

Herold, Horst (1970): Kybernetik und Polizei-Organisation. In: Die Polizei 61 (1970) S. 33 - 37

Hertel, Joachim (1971): Das bundeseinheitliche Personenkennzeichen. In: Öffentliche Verwaltung und Datenverarbeitung 1 (1971) S. 9 - 26

Herzfeld, Guenter (1972): Das Liegenschaftskataster als Basis der Grundstücksdatenbank. In: Öffentliche Verwaltung und Datenverarbeitung 2 (1972) S. 235 - 238, 271 - 277

Hessische Zentrale für Datenverarbeitung (HZD) (Hrsg.) (1970): Großer Hessenplan. Entwicklungsprogramm für den Ausbau der Datenverarbeitung in Hessen. Wiesbaden 1970

Hoschka, Peter (1974): Funktionen des Computers in der Planung. In: Öffentliche Verwaltung und Datenverarbeitung 4 (1974) S. 308 - 311

Hosse, Herbert (1968): Landesdatenbank Nordrhein-Westfalen. In: adl-Nachrichten (1968) S. 320 - 327

Huhn, Günther (1969): Grundlagen der elektronischen Datenverarbeitung. Köln 1969

Interministerielle Arbeitsgruppe beim Bundesministerium des Innern (Hrsg.) (1971): Das Informationsbankensystem. Bd. 1: Bericht der Interministeriellen Arbeitsgruppe beim Bundesministerium des Innern an die Bundesregierung. — Bd. 2: Materialband (Gutachten, Empfehlungen, Stellungnahmen). Bonn 1971

Jähnig, Werner (1971): Automatisierte Datenverarbeitung in der Kommunalverwaltung. In: Öffentliche Verwaltung und Datenverarbeitung 1 (1971) H. O S. 13 - 16

— (1973): Automatisierte Datenverarbeitung in der öffentlichen Verwaltung (Schriftenreihe Fortschrittliche Kommunalverwaltung Bd. 25) 2. Aufl. Köln und Berlin 1973

Janowsky, Bernd (1969): Organisationslehre II (Entwicklung im englischsprachigen Raum). In: Grochla, Erwin (Hrsg.): Handwörterbuch der Organisation. Stuttgart 1969 Sp. 1168 - 1180

Jellinek, Georg (1905): System der subjektiven öffentlichen Rechte. 2. Aufl. Tübingen 1905

Jellinek, Walter (1948): Verwaltungsrecht. 3. Aufl. Offenburg 1948

Kamlah, Ruprecht (1971): Der Informationsanspruch des Parlaments im Computerzeitalter. In: Öffentliche Verwaltung und Datenverarbeitung 1 (1971) S. 35 - 40, 60 - 63

Keidel, Kurt (1973): Ein kriminalpolizeiliches Datenverarbeitungssystem mit föderativer Struktur. In: Die Polizei 64 (1973) S. 211 - 214

Kerkau, Hans-J. (1971): Rechtliche Probleme maschinell erstellter Bescheide. In: Öffentliche Verwaltung und Datenverarbeitung 1 (1971) S. 106 - 108

Kilian, Wolfgang (1974): Juristische Entscheidung und elektronische Datenverarbeitung. Methodenorientierte Vorstudie. (Beiträge zur juristischen Informatik Bd. 3) Frankfurt/M. 1974

Kirsch, Werner: Entscheidungsprozesse
(1970): Bd. 1: Verhaltenswissenschaftliche Ansätze der Entscheidungstheorie. Wiesbaden 1970
(1971 a): Bd. 2: Informationsverarbeitungstheorie des Entscheidungsverhaltens. Wiesbaden 1971
(1971 b): Bd. 3: Entscheidungen in Organisationen. Wiesbaden 1971

Kisker, Gunter (1972): Gruppenmitbestimmung in der öffentlichen Verwaltung. In: DÖV 25 (1972) S. 520 - 529

Klaus, Georg (1969 a): Wörterbuch der Kybernetik. München 1969 (2 Bde.)

— (1969 b): Semiotik und Erkenntnistheorie. 2. Aufl. Berlin 1969

Klein, Heinz (1971): Heuristische Entscheidungsmodelle. Neue Technik des Programmierens und Entscheidens für das Management. Wiesbaden 1971

Klette, Dieter (1971): Die geeigneten Rechtsformen interkommunaler Datenverarbeitungszentralen. In: Öffentliche Verwaltung und Datenverarbeitung 1 (1971) H. 0 S. 29 - 34

Köhler, Christian (1974): Das ADV-System der bayerischen Kommunalverwaltung. In: ÖVD 4 (1974) S. 412 - 416

Kölble, Josef (1973): Ist Artikel 65 GG (Ressortprinzip im Rahmen von Kanzlerrichtlinien und Kabinettsentscheidungen) überholt? In: DÖV 26 (1973) S. 1 - 14

König, Klaus (1970): Erkenntnisinteressen der Verwaltungswissenschaft. (Schriftenreihe der Hochschule Speyer Bd. 46) Berlin 1970

Köttgen, Arnold (1931): Die Krise der kommunalen Selbstverwaltung (1931); abgedruckt in: Kommunale Selbstverwaltung zwischen Krise und Reform. (Schriftenreihe des Vereins für Kommunalwissenschaften e. V. Bd. 25) Stuttgart u. a. 1968 S. 1 - 36

Komarnicki, Oswald (1971): Programmiermethodik. Berlin u. a. 1971

Kommunale Gemeinschaftsstelle für Verwaltungsvereinfachung (KGSt) (1968): Zentrale elektronische Datenverarbeitung: Wirtschaftlichkeit. Rundschreiben Nr. 1/1968

— (1969 a): Zusammenarbeit zwischen Kommunalverwaltung und staatlicher Verwaltung bei integrierter Datenverarbeitung. Rundschreiben Nr. 3/1969

— (1969 b): Gemeinsame Kommunale Datenverarbeitungszentralen: Rechtsfragen. Rundschreiben Nr. 13/1969

— (1970 a): Gemeinsame Kommunale Datenverarbeitungszentralen. Rundschreiben Nr. 13/1970

— (1970 b): Automation im Bauwesen: Rahmenmodell. Köln 1970

— (1973 a): Automation im Bauwesen. Materialsammlung. Köln 1973

— (1973 b): Automation im Personalwesen. Gutachten. Köln 1973

Korte, Heinz W. (1970): Die Aufgabenverteilung zwischen Gemeinde und Staat unter besonderer Berücksichtigung des Subsidiaritätsprinzips. In: Verwaltungsarchiv Bd. 61 (1970) S. 3 - 59, 141 - 167

Kosiol, Erich (Hrsg.) (1959): Organisation des Entscheidungsprozesses. Berlin 1959

— (1962): Organisation der Unternehmung. Wiesbaden 1962

— (1968): Grundlagen und Methoden der Organisationsforschung. 2. Aufl. Berlin 1968

— (1969): Aufgabenanalyse. In: Grochla, Erwin (Hrsg.): Handwörterbuch der Organisation. Stuttgart 1969 Sp. 199 - 212

Krauch, Helmut (1970): Systemanalyse in Regierung und Verwaltung. In: Mitteilungen des Instituts für Gesellschaftspolitik in Wien (1970) H. 1 S. 36 - 51

Kröger, Klaus (1972): Die Ministerverantwortlichkeit in der Verfassungsordnung der Bundesrepublik Deutschland. Frankfurt/M. 1972

Kunz, Werner / *Klose*, T. / *Thomas*, U. (1967): Analyse des Arbeitsablaufs beim Deutschen Patentamt und Entwurf eines neuen Arbeitssystems unter Verwendung elektronischer Datenverarbeitung. 1. Projektbericht Juli - Dezember 1967

Kunz, Werner / *Jacob*, W. / *Klose*, T. (1968 a): Analyse des Arbeitsablaufs beim Deutschen Patentamt und Entwurf eines neuen Arbeitssystems unter Verwendung elektronischer Datenverarbeitung. 2. Projektbericht Januar - Dezember 1968

Kunz, Werner / *Meindl,* U. / *Meyer-Uhlenried,* Karl-H. (1968 b): Entwurf eines Dokumentationssystems in der wissenschaftlichen Abteilung des Deutschen Bundestages. Projektbericht 1 (Studiengruppe für Systemforschung (Hrsg.)) Heidelberg 1968

Kunz, Werner / *Rittel,* Horst (1970): Entwurfsskizze für ein Forschungsplanungs-Informationssystem (FIS). In: Nachrichten für Dokumentation 21 (1970) S. 3 - 7

— (1972): Die Informationswissenschaften. Ihre Ansätze, Probleme, Methoden und ihr Ausbau in der Bundesrepublik Deutschland. München 1972

Laband, Paul (1911): Das Staatsrecht des deutschen Reiches. Bd. 2 5. Aufl. Tübingen 1911

Laux, Eberhard (1970): Kommunale Selbstverwaltung im Staat der Siebziger Jahre. In: Archiv für Kommunalwissenschaften 9 (1970) S. 217 - 239

Lehmann, Helmut (1969 a): Integration. In: Grochla, Erwin (Hrsg.): Handwörterbuch der Organisation. Stuttgart 1969 Sp. 768 - 774

— (1969 b): Organisationslehre I (Entwicklung im deutschsprachigen Raum). In: Grochla, Erwin (Hrsg.): Handwörterbuch der Organisation. Stuttgart 1969 Sp. 1150 - 1168

Lehmann-Grube, Hinrich / *Großkopf,* Aribert (1972): Forschungsprojekt „Kommunale Planung" in Köln. In: Öffentliche Verwaltung und Datenverarbeitung 2 (1972) S. 14 - 16

Lehnert, Uwe (1970): Elektronische Datenverarbeitung in Schule und Ausbildung. Erfahrungen, Praxis, Planungen in Deutschland. München / Wien 1970

Leibholz, Gerhard / *Rinck,* Hans J. (1971): Grundgesetz für die Bundesrepublik Deutschland. Kommentar anhand der Rechtsprechung des Bundesverfassungsgerichts. 4. Aufl. Köln / Marienburg 1971

Leisner, Walter (1969): Die quantitative Gewaltenteilung. Für ein neues Verständnis der Trennung der Gewalten. In: DÖV 22 (1969) S. 405 - 411

Lenk, Klaus (1973 a): Datenschutz in der öffentlichen Verwaltung. In: Kilian, Wolfgang / Lenk, Klaus / Steinmüller, Wilhelm (Hrsg.): Datenschutz. Juristische Grundsatzfragen beim Einsatz elektronischer Datenverarbeitungsanlagen in Wirtschaft und Verwaltung. Frankfurt/M. 1973 S. 1 - 49

— (1973 b): Automated Information Management in Public Administration. Present Developments and Impact. (OECD Informatics Studies Bd. 4) Paris 1973

— (1974): Wie lassen sich (de-)zentralisatorische Wirkungen der Verwaltungsautomation bestimmen? In: ÖVD 4 (1974) S. 109 - 112

Lerche, Peter (1961): Übermaß und Verfassungsrecht. Zur Bindung des Gesetzgebers an die Grundsätze der Verhältnismäßigkeit und der Erforderlichkeit. Köln 1961

— (1963): Verfassungsfragen um Sozialhilfe und Wohlfahrt. Berlin 1963

Löbel, Guido / *Schmidt,* Hans / *Müller,* Peter (Hrsg.) (1969): Lexikon der Datenverarbeitung. 2. Aufl. München 1969

Luhmann, Niklas (1964): Funktion und Folgen formaler Organisation. Berlin 1964

— (1966 a): Theorie der Verwaltungswissenschaft. Köln und Berlin 1966

— (1966 b): Recht und Automation in der öffentlichen Verwaltung. Eine verwaltungswissenschaftliche Untersuchung. Berlin 1966

— (1972): Verfassungsmäßige Auswirkungen der EDV. In: Öffentliche Verwaltung und Datenverarbeitung 2 (1972) S. 44 - 47

Lutterbeck, Bernd (1973): Entscheidungstheoretische Bemerkungen zum Gewaltenteilungsprinzip. In: Kilian, Wolfgang / Lenk, Klaus / Steinmüller, Wilhelm (Hrsg.): Datenschutz. Juristische Grundsatzfragen beim Einsatz elektronischer Datenverarbeitungsanlagen in Wirtschaft und Verwaltung. Frankfurt/M. 1973 S. 187 - 205

Lutz, Theo (1972): Formale Aspekte des Informationssystems und Schlußfolgerungen für ein MIS. In: IBM-Nachrichten 22 (1972) Nr. 209 S. 54 - 59

Lutz, Theo / *Klimesch*, H. (1971): Die Datenbank im Informationssystem. München 1971

Maaß, Werner (1961): Zur Frage der Haftung und Verantwortlichkeit im Bereich der automatischen Datenverarbeitung. In: DVBl. 76 (1961) S. 7 - 10

Macher, Ludwig (1971): Der Grundsatz des gemeindefreundlichen Verhaltens. Zur Aktualisierung der Garantie der kommunalen Selbstverwaltung (Art. 28 Abs. 2 GG) (Schriften z. öffentl. Recht 165) (zugl. jur. Dissertation München 1970) Berlin 1971

v. Mangoldt, Hermann / *Klein*, Friedrich: Das Bonner Grundgesetz. 2. Aufl.
(1966): Bd. I Berlin und Frankfurt/M. 1966
(1966): Bd. II Berlin und Frankfurt/M. 1966

March, J. G. / *Simon*, A. H. (1958): Organizations. New York (1958)

Maser, Siegfried (1971): Grundlagen der allgemeinen Kommunikationstheorie. Stuttgart u. a. 1971

Maunz, Theodor / *Dürig*, Günther / *Herzog*, Roman: Grundgesetz. Kommentar Bd. I, II. 3. Aufl. München

Mayer, Franz (1965): Neuzeitliche Entwicklung der öffentlichen Verwaltung. In: Morstein-Marx, Fritz (Hrsg.): Verwaltung. Berlin 1965 S. 2 - 17

— (1972): Selbstverwaltung und demokratischer Staat. In: Demokratie und Verwaltung. 25 Jahre Hochschule für Verwaltungswissenschaften Speyer (Schriftenreihe der Hochschule Speyer Bd. 50) Berlin 1972 S. 326 - 340

Mayer, Otto (1924): Deutsches Verwaltungsrecht. 3. Aufl. Berlin 1924 (unveränderter Nachdruck Berlin 1961)

Mayntz, Renate (1963): Soziologie der Organisation. Reinbeck 1963

— (Hrsg.) (1968): Bürokratische Organisation. Köln / Berlin 1968

Meder, Theodor (1971): Handkommentar zur Verfassung des Freistaates Bayern. München 1971

Meincke, Eberhard (1970): Integrierte Datenverarbeitung in der öffentlichen Verwaltung. Stuttgart 1970

Menges, Günther (Hrsg.) (1969): Grundmodelle wirtschaftlicher Entscheidungen. Köln 1969

Meyer, Poul (1962): Die Verwaltungsorganisation. Göttingen 1962

Miller, George A. / *Galanter*, Eugene / *Pribram*, Karl H. (1960): Plans and the Structure of Behavior. New York 1960

Morgenstern, Wolfgang (1967): Datenverarbeitung in Sozialrecht und Sozialverwaltung. In: Sozialer Fortschritt 16 (1967) S. 163 - 165

Mrachacz, Hans-P. / *Bauer*, Richard (1970): Daten optimal erfassen. München 1970

Muschner, Rüdiger (1972 a): Methodik der Programmierung. In: Öffentliche Verwaltung und Datenverarbeitung 2 (1972) S. 206 - 211

— (1972 b): Herstellerunabhängigkeit durch Standardisierung der Programmiersprachen. In: Öffentliche Verwaltung und Datenverarbeitung 2 (1972) S. 370 - 372

Narr, Wolf-D. (1969): Theoriebegriff und Systemtheorie. Stuttgart u. a. 1969

Naschold, Frieder (1969): Systemsteuerung. Stuttgart u. a. 1969

Nawiasky u. a.: Die Verfassung des Freistaates Bayern. Systematischer Überblick und Handkommentar. München

Newell, A. / *Shaw*, J. C. / *Simon*, A. H. (1960): Report on a General Problem-Solving Program. In: Information Processing. Proceedings of the International Conference on Information Processing. München 1960 S. 257 ff.

Newell, A. / *Simon*, A. H. (1967): Memory and Process in Concept Formation. In: Kleinmuntz, B. (Hrsg.): Concepts and the Strukture of Memory. New York 1967 S. 241 ff.

Niesing, Hartmut / *Uphoff*, Helmut (1972): Kosten-Nutzen-Betrachtungen als Grundlagen der Auswahl von Alternativen — dargestellt am Beispiel der Datenerfassung. In: Öffentliche Verwaltung und Datenverarbeitung 2 (1972) S. 468 - 476

Nordrhein-Westfalen, Landesregierung (1970): Nordrhein-Westfalen-Programm 1975. Düsseldorf 1970

Nordsieck, Fritz (1961): Betriebsorganisation. Lehre und Technik. 1. Bd. (Textband) Stuttgart 1961

— (1969): Funktion. In: Grochla, Erwin (Hrsg.): Handwörterbuch der Organisation. Stuttgart 1969 Sp. 602 - 616

Nordsieck, Fritz / *Nordsieck-Schroer*, Hildegard (1969): Aufgabe. In: Grochla, Erwin (Hrsg.): Handwörterbuch der Organisation. Stuttgart 1969 Sp. 191 - 199

Ostermann, Jürgen / *v. Berg*, Malte (1974): Automation im Einwohnerwesen — Chance und Bewährung der öffentlichen Verwaltung. In: Öffentliche Verwaltung und Datenverarbeitung 4 (1974) S. 404 - 410

Paschen, H. (1973): Einige Bemerkungen zu Arbeit und Organisation der Studiengruppe für Systemforschung. In: Steinmüller, Wilhelm (Hrsg.): Systemanalyse. München 1973

Peters, Hans (1928): Zentralisation und Dezentralisation in der Verwaltung. Berlin 1928

— (1949): Lehrbuch der Verwaltung. Berlin u. a. 1949

— (1969): Die Gewaltentrennung in moderner Sicht. In: Rausch, Heinz (Hrsg.): Zur heutigen Problematik der Gewaltenteilung. Darmstadt 1969 S. 78 - 112

Pleiß, Ulrich (1963): Die Forschungsrichtungen der Organisationstheorie. In: Zeitschrift für Betriebswirtschaft 33 (1963) S. 665 - 675

Podlech, Adalbert (1972): Verfassungsrechtliche Probleme öffentlicher Informationssysteme. In: Datenverarbeitung im Recht 1 (1972/73) S. 149 - 169

— (1973 a): Prinzipien des Datenschutzes in der öffentlichen Verwaltung. In: Kilian, Wolfgang / Lenk, Klaus / Steinmüller, Wilhelm (Hrsg.): Datenschutz. Juristische Grundsatzfragen beim Einsatz elektronischer Datenverarbeitungsanlagen in Wirtschaft und Verwaltung. Frankfurt/M. 1973 S. 3 - 12

— (1973 b): Datenschutz im Bereich der öffentlichen Verwaltung. Entwürfe eines Gesetzes zur Änderung des Grundgesetzes (Art. 75 GG), zur Einführung einer Rahmenkompetenz und eines Bundesdatenschutz-Rahmengesetzes. (DVR Beiheft 1) Berlin 1973

Projektgruppe Juristisches Informationssystem (BMJ/GMD/CEIR) (1972): Das Juristische Informationssystem. (Hrsg.: Bundesministerium der Justiz) Karlsruhe 1972

Prüsse, Klaus: Personalabrechnung im öffentlichen Dienst. (Siemens-Schriftenreihe data praxis)

Rapp, Manfred (1972): Rechts- und Praktikabilitätsfragen des EDV-Grundbuchs. In: Datenverarbeitung in Steuer, Wirtschaft und Recht 1 (1971/72) S. 149 - 155

Rathleff, Ernst-O. (1971): Das kriminalpolizeiliche Informationssystem in Schleswig-Holstein. In: Öffentliche Verwaltung und Datenverarbeitung 1 (1971) S. 72 - 80

Rattel, Norbert u. a. (1971): Rahmen-Soll-Konzept Grundstücksdatenbank. Berlin 1971

Reblin, Erhard (1971): EDV in der Finanzbuchhaltung. (Integrierte Datenverarbeitung in der Praxis Bd. 5) Stuttgart 1971

Ritter, Gerhard (1931): Stein. Eine politische Biographie. 1. Bd. Berlin 1931

Ruckriegel, Werner (1969): Elektronische Datenverarbeitung in der Landesverwaltung Nordrhein-Westfalen. In: Die Verwaltung 2 (1969) S. 446 - 466

— (1973): Quo vadis, ADV? In: Öffentliche Verwaltung und Datenverarbeitung 3 (1973) S. 3 - 16

— (1974): Aspekte des DV-Verbundes. In: ÖVD 4 (1974) S. 14 - 24

Rupp, Hans H. (1965): Grundfragen der heutigen Verwaltungsrechtslehre. (Tübinger rechtswissenschaftliche Abhandlungen Bd. 15) Tübingen 1965

Schauss, G. (1969): EDV als Beitrag zur Verwaltungsreform. In: Der Landkreis 39 (1969) S. 21 - 23

Scheubel, Josef (1971): Stand und Organisation der Datenverarbeitung Bayerns. In: Öffentliche Verwaltung und Datenverarbeitung 1 (1971) H. 0 S. 19 - 23

Scheuner, Ulrich (1973): Zur Neubestimmung der kommunalen Selbstverwaltung. In: Archiv für Kommunalwissenschaften 12 (1973) S. 1 - 41

Schleswig-Holstein, Innenminister (Hrsg.) (1971): EDV-Recht. Sammlung der wesentlichen Vorschriften auf dem Sektor der elektronischen Datenverarbeitung in Schleswig-Holstein. Stand: 1. 9. 1971

Schmid, E. (1971): EDV in der Kommunalen Verwaltung und Finanzwirtschaft. In: Bürotechnik und Automation 12 (1971) S. 433

Schmidt, Werner (1972): Das Grundbuch in elektronischer Datenverarbeitung. In: Datenverarbeitung in Steuer, Wirtschaft und Recht 1 (1971/72) S. 322 - 328

— (1973): Grundsätzliche und methodische Probleme automativer Normsetzung bei einer Umstellung des Grundbuchs auf elektronische Datenverarbeitung. In: Datenverarbeitung im Recht 1 (1972/73) S. 329 - 349

Schmidt-Bleibtreu, Bruno / *Klein,* Franz (1973): Kommentar zum Grundgesetz für die Bundesrepublik Deutschland. 3. Aufl. Neuwied / Berlin 1973

Schneider, Jochen / *Steinmüller,* Wilhelm / *Mallmann,* Christoph (1971): Datenschutz- Datensicherung. (Siemens-Schriftenreihe) München 1971

Schnutenhaus, Otto B. (1951): Allgemeine Organisationslehre. Berlin 1951

Schödlbauer, Albert (1971): Stand der Datenverarbeitung in der bayerischen Verwaltung. In: BayVBl. 17 (1971) S. 135 - 138

Schütz, Karl (1971): Zur Normierung und Automatisierung bei der Programmerstellung. In: Öffentliche Verwaltung und Datenverarbeitung 1 (1971) S. 122 - 125

Schulze, Hans H. (1973): Zum Problem der Hochschulausbildung für die automatisierte Datenverarbeitung (ADV). In: Datenverarbeitung im Recht 1 (1972/73) S. 311 - 328

Schwarze, Jochen (1968): Bestimmung der Wirtschaftlichkeit elektronischer Datenverarbeitung. In: Der Betrieb 21 (1968) S. 493 - 500

Seidel, Ulrich (1972): Datenbanken und Persönlichkeitsrecht. Köln 1972

Shannon, C. E. / *Weaver,* W. (1949): The Mathematical Theorie of Communication. Urbana/Ill. 1949

Siemens AG (Hrsg.) (1970): Bayerisches Informationssystem. (Beiträge zur integrierten Datenverarbeitung in der öffentlichen Verwaltung Bayerns H. 1) 2. Aufl. München 1970

Simmerding, Franz / *Göttlinger,* Franz (1973): Integration von Liegenschaftskataster und Grundbuch in einer Grundstücksdatenbank. In: Öffentliche Verwaltung und Datenverarbeitung 3 (1973) S. 147 - 153

Simon, Herbert A. (1955): Das Verwaltungshandeln: Eine Untersuchung der Entscheidungsvorgänge in Behörden und privaten Unternehmen. Stuttgart 1955

Steinbuch, Karl (1965): Automat und Mensch. Berlin u. a. 1965

Steinmüller, Wilhelm (1971 a): Rechtsinformatik. Elektronische Datenverarbeitung und Recht. In: Juristische Rundschau (1971) S. 1 - 9

— (1971 b): Rechtsfragen der Verwaltungsautomation in Bayern. In: data report 6 (1971) H. 3 S. 24 - 30

— (1971 c): Allgemeine Grundsätze zur rechtlichen Regelung des Datenschutzes. In: Jochen Schneider (Hrsg.): Datenschutz — Datensicherung. (Beiträge zur integrierten Datenverarbeitung in der öffentlichen Verwaltung H. 5) München 1971 S. 15 - 17

— (1972 a): Leitungswissenschaft und Organisationswissenschaft als sozialistische Theorie der Planung und Automation. In: Arbeitsgruppe Rechtsinformatik (Hrsg.): Gesetzesplanung — Beiträge der Rechtsinformatik (EDV und Recht Bd. 4) München 1972 S. 1 - 31

— (1972 b): Rechtstheorie, Rechtsinformatik und Rechtspolitik. In: Jahrbuch für Rechtssoziologie und Rechtstheorie Bd. 2 Düsseldorf 1972

— (1972 c): Recht. In: Mertens, Peter (Hrsg.): Angewandte Informatik. (Göschen-Band Nr. 5013) Berlin / New York 1972 S. 57 - 68

— (1972 d): Gegenstand, Grundbegriffe und Systematik der Rechtsinformatik. Ansätze künftiger Theoriebildung. In: Datenverarbeitung im Recht 1 (1972/73) S. 113 - 148

— (1972 e): Das zweite Datenverarbeitungsprogramm der Bundesregierung — eine Wende in der Förderungspolitik des Bundes. In: Datenverarbeitung im Recht 1 (1972/73) S. 273 - 279

— (1972 f): Rechtsinformatikausbildung — Projektbericht und Perspektiven. In: Öffentliche Verwaltung und Datenverarbeitung 2 (1972) S. 231 - 234

— (1972 g): Stellenwert der EDV in der öffentlichen Verwaltung und Prinzipien des Datenschutzes. In: Öffentliche Verwaltung und Datenverarbeitung 2 (1972) S. 453 - 462

— (1973 b): Objektbereich „Verwaltungsautomation" und Prinzipien des Datenschutzes. In: Kilian, Wolfgang / Lenk, Klaus / Steinmüller, Wilhelm (Hrsg.): Datenschutz. Juristische Grundsatzfragen beim Einsatz elektronischer Datenverarbeitungsanlagen in Wirtschaft und Verwaltung. Frankfurt/M. 1973 S. 51 - 75

— (1974): Rechtspolitische Fragen der Rechts- und Verwaltungsautomation. In: DVR 3 (1974) S. 57 - 124

— (Hrsg.) (1973 a): Systemanalyse. München 1973

— u. a. (1970): EDV und Recht. Einführung in die Rechtsinformatik. (Sonderheft 6 der Juristischen Arbeitsblätter) Berlin 1970

— u. a. (1972): Grundfragen des Datenschutzes. Anlage 1 zur Bundestagsdrucksache VI/3826 vom 7. Sept. 1972

Stern, Klaus (1964): Kommentierung zu Art. 28 GG (Zweitbearbeitung vom Dezember 1964). In: Kommentar zum Bonner Grundgesetz (Bonner Kommentar)

Studiengruppe für Systemforschung e. V. (Hrsg.): Systemanalyse im Bundeskanzleramt.
(1968): 1. Zwischenbericht Sept. - Dez. 1968
(1969): 2. Zwischenbericht Jan. - Sept. 1969

— (1970): Bericht über Projekte und Studien der Studiengruppe für Systemforschung in den Jahren 1968 und 1969. Heidelberg 1970

Thieme, Werner (1967): Verwaltungslehre. 2. Aufl. Köln u. a. 1967

Thomas, Uwe (1968): Datenverarbeitung im Presse- und Informationsamt der Bundesregierung. Projektbericht 1968

Uhlitz, Otto (1967): Dekonzentration und Dezentralisation — oder abhängige u unabhängige Dezentralisation? In: Conrad, Hermann u. a. (Hrsg.): Gedächtnisschrift für Hans Peters. Berlin u. a. 1967 S. 248 - 266

v. Unruh, George C. (1973): Die kommunale Selbstverwaltung im Grundgesetz und ihr genetisches Modell. In: Achterberg, Norbert (Hrsg.): Öffentliches Recht und Politik. Festschrift für Hans Ulrich Scupin zum 70. Geburtstag. Berlin 1973 S. 391 - 419

Voss, Gerhard (1960): Die mechanisierte Steuerveranlagung. In: Betriebsberater 15 (1960) S. 699 - 701

Wagner (1969): Elektronische Datenverarbeitung im Einwohnerwesen. Grundstufe 1. Teil: Aufbau und Fortführung von Einwohnerdaten. (Hrsg.: Arbeitsgemeinschaft der Städte Baden-Württembergs. EDV-Arbeitsgruppe Einwohnerwesen) Stuttgart 1969

Waldo, Dwight (1966): Zur Theorie der Organisation. In: Der Staat (1966) S. 285 - 314

Walter, Eberhard (1974): ADV-Projekterfahrung einer kommunalen Datenverarbeitungszentrale. In: ÖVD 4 (1974) S. 462 - 469

Weber, Werner (1951): Gegenwartsprobleme der Verwaltungsordnung. In: DÖV 4 (1951) S. 509 - 518

— (1953): Staats- und Selbstverwaltung in der Gegenwart. Göttingen 1953

Wegner, Gertrud (1970): Systemanalyse. In: Grochla, Erwin (Hrsg.): Handwörterbuch der Organisation. Stuttgart 1969 Sp. 1610 - 1617

Wersig, Gernot / *Meyer-Uhlenried*, Karl-H. (1969): Versuche zur Terminologie in der Dokumentation. II.: Kommunikation und Information. In: Nachrichten für Dokumentation 20 (1969) S. 199 - 204

Weyer, Willi (1971): Die Neuorganisation der elektronischen Datenverarbeitung in Nordrhein-Westfalen. In: ÖVD 1 (1971) H. O S. 5 - 13

v. Wick, Georg (1956): Die Verantwortung des Bundesministers. In: DÖV 9 (1956) S. 113 ff.

Wild, Jürgen (1967): Neuere Organisationsforschung in betriebswirtschaftlicher Sicht. Berlin 1967

Witte, Eberhard (1968): Phasentheorem und Organisation komplexer Entscheidungsabläufe. In: Zeitschrift für betriebswirtschaftliche Forschung 20 (1968) S. 625 - 647

— (1969 a): Ablauforganisation. In: Grochla, Erwin (Hrsg.): Handwörterbuch der Organisation. Stuttgart 1969 Sp. 20 - 30

— (1969 b): Entscheidungsprozesse. In: Grochla, Erwin (Hrsg.): Handwörterbuch der Organisation. Stuttgart 1969, Sp. 497 - 506

Wittkämper, W. (1969): Über Systemforschung bei Regierungs- und Verwaltungssystemen. In: Die Verwaltung (1969) Bd. 2 H. 1 S. 1 - 19

Wolff, Hans J. / *Bachof*, Otto (1974): Verwaltungsrecht I. 9. Aufl. München 1974

Wolff, Hans J. (1970): Verwaltungsrecht II. (Organisations- und Dienstrecht) 3. Aufl. München 1970

Zeidler, Karl (1959): Verwaltungsfabrikat und Gefährdungshaftung. In: DVBl. 74 (1959) S. 681 - 687

Sachregister

Die Zahlen verweisen auf Seiten, hochgestellte Zahlen auf Fußnoten.

Kolibri 360 GmbH
Ferdinand-Jühlke-Straße 7
99095 Erfurt, Deutschland
produktsicherheit@kolibri360.de

Druck:
CPI Druckdienstleistungen GmbH
im Auftrag der
Kolibri 360 GmbH
Ferdinand-Jühlke-Str. 7
99095 Erfurt